전통교육에 기초한 단비교육

윤용남 · 노석준 · 김호범 · 류미경 · 우장문
이영옥 · 장양기 · 조승조 · 진은경 공저

동 문 사

머리말

2014년 5월 30일 서울역 건너편에 있는 LG유플러스타워 회의실에 교수 두 명과 수석교사 7명, 총 9명이 모였다. 이들은 사범대와 중등학교 교육현장에서 학생들을 가르치면서 어떻게 하면 잘 가르칠 수 있는지에 대해 많은 고민을 하는 사람들이고, 이제 외국 것이 아닌 우리 전통적인 교수법에 관심을 가져보자고 모인 것이다. 처음 만나 인사를 마친 후, 본인이 과거의 질문법을 중심으로 하는 교수법에 대하여 간단히 소개하였다. 다음에는 이 문제를 앞으로 어떻게 연구해 갈 것인지 협의하였다. 그래서 우선 우리 것이라고 할 만한 것을 기존 논문이나 책 등에서 찾아보기로 하였다. 다만 과거 서당교육은 현재의 초등학교에 해당하므로 그것은 제외하고 중등학교 이상이라고 할 수 있는 향교, 서원, 성균관 등의 교육방법에 한정하여 찾기로 하였다.

그해 6월에는 퇴계로 쪽에 있는 대우재단빌딩 회의실에서 모여 그간 조사·연구한 것을 발표하였다. 그런데 서당의 암기 교육에 관한 자료는 많았지만 향교나 서원 등의 교수 자료는 없었다. 이 과정에서 서당식 암기 교육의 특징은 1대1 개인별 맞춤교육이라는 것을 확인할 수 있었다. 학생이 몇 명이든 학생마다 배우는 교재가 다르고 진도도 달랐다. 한 사람의 서당 훈장이 수십 명의 학생을 한 사람 한 사람 개별적으로 가르쳤다. 이 때 학생이 많은 경우 선배 학생 중 한 사람을 접장(接長)으로 임명하여 후배들을 가르치고 통솔하게 하였다. 물론 접장은 보조자이지 훈장을 대리하는 것은 아니다. 또 학습 진도는 정해진 진도표에 맞추는 것이 아니라 돌아 앉아 외우는 배강(背講)을 실시하여 완전히 이해하고 외웠을 때 다음으로 나아갔다. 여기에 열흘마다 하는 순강(旬講), 보름마다 하는 망강(望講), 한 달마다 하는 월강(月講) 등을 실시하여 점검하였다. 이것은 『대학(大學)』을 배우기 시작하는 15세 이전까지 이어졌다. 그러나 『대학』을 배우기 시작한 후에는 이러한 배강 위주의 교육이 없다.

본인은 초등학교에 들어가기 전 7살 때 이웃동네 서당에서 성하순(成夏順) 선생님으로부터 『천자문(千字文)』을 배웠는데 위에서 말한 것처럼 하였다. 하루에 넉자씩 배웠는데 그날 다 외우고 검사받고 집에 갔다. 다음날 아침에 확인받고 잊지 않았으면 다음 것을 배웠다. 대학에 입학한 후 1학년 가을부터 재야 학자이신 계락(嵠樂) 이종술(李鍾述) 선생님을 사사(師事)하였다. 선생님께서 돌아가실 때까지 20여년을 모시고 『논어(論語)』, 『주역(周易)』, 『시경(詩經)』 등을 배웠다. 그런데 선생님께서는 한 번도 먼저 가르쳐주지 않으셨다. 본인이 읽고 해석하였는데, 크게 잘못된 것만 바로잡아 주셨다. 그 다음 질문을 드리면 거기에 최소한으로 답변하셨다.

이러한 방법들은 학교에서 주입식으로 배우는 것과는 다른 방식이다. 초등학교 때와 대학 때는 잘 몰랐지만, 대학원에 진학한 뒤 본격적으로 유학(儒學) 공부를 하면서 이것이 공자의 교육법인 것을 알게 되었다. 내가 하루하루 자라기를 기다리며 기고 앉고 걸을 때마다 한 단계 한 단계 이끌어 주시던 부모님처럼 이끄는 것이다. 부모님의 계획대로 가르치는 것이 아니라 나의 성장 속도에 맞춰 가르치는 것이다. 선생님께서 가르치고 싶은 것을 가르치는 것이 아니라, 내가 배우고 싶은 것을 가르치는 것이다. 이것이 공자의 교육법이다. 이것이 자연의 법칙이다.

아이는 젖먹이고 밥 먹이면 저절로 자라게 되어있고, 궁금하면 묻게 되어 있다. 그 때마다 조금씩 이끌어 주고 가르쳐 주면 그것을 받아들여 반듯하게 잘 자란다. 빨리 자라지 못하는 나를 보며 기다리는 부모님이나 선생님께서 얼마나 지루했겠는가? 그래도 그 분들은 포기하지 않으시고 끈질기게 기다렸다. 그 덕으로 오늘의 내가 있는 것이다.

대학 교수가 된 뒤로 본인도 우리 선생님들처럼 가르쳐야겠다고 마음먹고 학생들에게 질문을 유도하였다. 질문이 없으면 답변도 없다. 지루하게 기다리며 질문을 만들도록 학생들을 다그쳤다. 학생들은 지금까지 경험해 보지 못한 전혀 새로운 방식으로 공부하려니 굉장히 힘들어 했다. 그러나 그 덕인지는 확실히 모르겠지만, 어쨌든 그 뒤로 많은 학생들이 교원임용시험에 대거 합격하였다.

공자의 가르침은 성선설(性善說)에 입각한 자연의 섭리에 기반을 두고 있다. 본성(本性)의 내용은 인·의·예·지(仁義禮智)이고, 그 중의 지(智)가 지적(知的) 호기심을 일으켜 배움으로 이끈다. 사람은 이 지(智)를 본성으로 가지고 있기에 내버려 두어도 저절로 배우려고 애쓴다. 다만 안으로부터 지적(知的) 욕구가 뻗쳐 나올 때 막힌 것을 뚫어주고 바른 방향으로 이끌어 주는 정도의 도움이 필요하다.

지구상의 만물은 대부분 봄이 되면 소생하여 자란다. 그러나 구체적으로 싹 나는 시기와 시간, 자라는 속도 등은 종류마다 다르고, 같은 종류라 하더라도 각 개체마다 다르다. 이것이 자연의 섭리이다. 이런 자연의 섭리에 따르면 인위적인 노력은 최소화하고 자라기를 기다려야 한다. 오히려 인간이 그 만물의 생장(生長)을 방해해서는 안 된다. 산란기의 동물을 죽여서는 안 되고, 성장기의 나무를 베어도 안 되며, 봄에 화전(火田)을 일궈서도 안 된다. 바람에 넘어지려는 식물은 북돋아주고, 다친 짐승은 싸매주고, 눈 쌓인 겨울 굶지 않게 먹이주면 만물은 무럭무럭 잘 자란다. 사람도 그렇다. 일어나려고 버둥거리는 아이 손잡아 주고, 옹알이하는 아이 말을 열어주고, 몰라서 애타는 사람 가르쳐 주면 반듯하게 잘 자란다. 이것이 사람과 동식물이 어울려 사는 방법이며, 그들을 도와주는 방법이다.

인위적으로 학습목표를 세워놓고 몰아가는 것은 자연의 섭리가 아니다. 그것도 학생마다 다르게 하는 것이 아니라, 모든 학생이 같은 목표를 달성하도록 다그치는 것은 각자의 적성과 능력을 배려하는 것이 아니다. 이것은 많은 학생을 불편하고 불행하게 한다. 자연의 섭리를 거스르는 교육방식은 설혹 좋은 효과가 있다하더라도 해서는 안 된다. 학대(虐待)와 다르지 않기 때문이다.

한편, 우리 모임이 처음 시작하기 직전 매우 슬픈 일이 일어났다. 4월에 세월호가 침몰하여 아주 많은 사람, 특히 수백 명의 고교생들이 돌아오지 못하였다. 교육자의 한 사람으로서 더 큰 책임을 느끼지 않을 수 없는 것은 학생들이 배 안에 가만히 있어야 한다는 승무원의 말만 듣고, 이를 철석같이 믿고 배안에서 구조대를 기다리다 돌아오지 못했다는 것이다. 현재 우리나라 교육은 선생님이 정답이라고 가르치면 그것이 왜 정답인지 생각하지도 묻지도 않는다. 그냥 정답이라고 믿고 빨리 외워야 한다. 이렇게 길들여진 학생들은 목숨이 위태로운 상황에서도 그 정답을 지킬 줄만 알았지, 왜 그것이 정답인지 의문을 갖거나 검증할 생각을 하지 못했다. 여기서 그 답을 한번만 의심하거나 왜 그런지를 따져보도록 가르쳤다면, 그 사고가 그렇게 큰 비극으로 이어지지 않았을 것이다. 이러한 비극이 다시 일어나지 않도록 하기 위해서라도 이제는 교육방법을 바꿔야 한다. 이것이 현재 교육현장에 있는 교육자의 사명이다.

공자의 단비[時雨, timely rain]교육은 공자 이후 수천 년 동안 사용하던 교수법이다. 학생마다 배우는 것이 다르고, 배우는 것이 같더라도 진도가 다르다. 철저한 개인맞춤형 교육이다. 그러므로 학생들은 자기가 배우고 싶은 것을 배우되 그날그날 배우고 싶고 배울 수 있는 만큼만 배운다. 과정도 자신의 형편과 성향에 따라, 배우고 싶고 배울 수 있는 만큼 배우고 그친다. 『예기(禮記)』에 "와서 배운다는 말은 들었으나, 가서 가르친다는 말은 듣지 못하였다.(禮聞來學, 不聞往敎)"고 하였다. 학생이 스스로 와서 배우는 것이지, 선생이 가서 억지로 가르치지 않는다는 것이다. 학생이 배우고 싶은 것을 배우고 싶을 때 가르쳐야 학생과 선생이 서로 품위를 잃지 않을 수 있다. 그러므로 공자는 묻는 것만 물을 때 가르쳤다. 학생은 스스로 생각하고 고민해 보고 혼자서 해결이 되지 않는 것을 묻고, 선생은 그 얽힌 문제의 실마리만 풀어준다.

우리 모임이 그간 이 문제를 가지고 고민한 결과를 한 권의 책으로 정리하여 펴내려고 한다. 이 책은 총 3부로 구성되어 있다.

제 I 부 '우리 교육 돌아보기'에서는 현재 우리가 직면하고 있는 우리교육의 문제점을 중심으로 고찰해 보았다. 제1장 '기쁨도 경쟁하는 아이들'에서는 경쟁과 입시 문제를 생각해 보았고, 제2장 '읽지 않고 질문하지 않는 아이들'에서는 우리교육의 현주소와 입시위주의 주입식 교육의 폐해, 암죽식 가르침과 학원의 문제를 재조명히 보았다. 또한 아이들의 읽기의 중요성 및 질문하는 교육과 생각을 통해 창의성을 개발하는 방안에 대하여 살펴보았다. 제3장 '사람을 사람답게 하는 인간관계'에서는 교육공동체인 교사, 학생, 학부모 관계의 중요성에 대하여 기술하였고, 관계형성이 미래를 바꾼다는 중요한 의미를 담고 있다. 제4장 '삶과 배움이 공존하는 교육'에서는 우리 현재 교육의 정체성은 무엇이며, 지향해야 할 방향은 무엇인지 등을 살펴보았다.

제Ⅱ부 '단비교육에서 길을 묻다'는 현재 우리교육의 대안으로서 우리의 전통교육인 단비교육에 대해 심층적으로 고찰해 보았다. 제5장 '단비교육 소개'에서는 단비교육이란 무엇이며 어떻게 이 전통적인 한국교육이 현재의 우리 교육의 대안이 될 수 있는지를 그것의 주요 특징을 중심으로 살펴보았다. 특히 이 장(章)에서는 단비교육의 주요 특징인 학생 개인의 특성과 재능에 적합한 개인 맞춤형 교육, 기다림 교육, 경쟁이 아닌 서로 돕고 나누는 교육, 시기에 적합한 교육의 측면에서 살펴보았다. 이 장에서는 또한 질문하는 교육과 독서교육의 필요성 및 생활과 연관된 교육이어야 한다는 점을 재조명해 보았다. 제6장 '단비교육이 미래다'에서는 단비교육에서 지향하고 있는 인간상과 교수전략들이 21세기 미래형 인간 및 미래교육과 어떻게 연결되는지를 살펴보았다. 그리고 제7장 '단비교육의 수업모델'에서는 제5장과 제6장에서 언급한 단비교육의 주요 특징과 미래형 인재가 갖추어야 할 핵심역량을 육성하기 위한 구체적인 실천적 교수전략들을 체계적인 관점에서 고찰해 보았다. 즉, 이 장에서는 배움의 자세 갖기, 배움의 목표 갖기, 읽으면서 배우기, 강(講)을 통해 배우기, 평가를 통해 배움 확인하기의 단비교육의 핵심 6단계 각각에 대해서 구체적으로 살펴보았다.

제Ⅲ부 '한국 전통교육에서 길을 찾다'에서는 현행 교육의 문제점을 우리 전통교육의 관점에서 재조명하고 정신적인 철학에 대하여 고찰해 보았다. 즉, 제8장 '전통교육 속의 단비교육'에서는 배움에 목말랐던 우리 조상들의 교육에 대한 이론과 실제를 고찰해 보았고 다름을 인정하는 교육, 생활과 읽기를 중시했던 교육, 놀이를 통해 자연과 친화적으로 학습했던 조상들의 얼을 알아보았다. 제9장 '공자의 단비교육법 연구'는 이 책의 이론적 기초이다. 공자가 어떻게 학습동기를 유발시켜 학문에 의지를 갖도록 하였고, 어떻게 교육과정을 편성하고 수준별 교육과 재능별 교육을 하였으며, 그리고 어떻게 질문을 기다려 의혹을 풀어주는 단비교육을 하였는지를 고찰하였다.

단비교육은 어느 날 돌연히 창안해 낸 방법이 아니고 공자 이후 수천 년 동안 사용해 온 방법이다. 우리 조상들이 갈고 닦으며 수없이 검증한 방법이다. 목말라 할 때 물을 주고, 배고파할 때 밥을 주는 가장 자연스런 교육방법이다. 학습자와 교수자가 서로 존중하며 함께 배워가는 교육방법이다. 함께 편안하고 행복한 교육방법이다. 양계장의 닭장에서 나와 자연의 품에서 노니는 행복한 닭을 볼 수 있기를 기대한다. 우리의 이 작은 노력이 대한민국과 인류의 미래를 행복으로 이끌기를 기대해 본다.

2016년 7월
성신여자대학교 동양사상연구소에서
저자들을 대표하여, 윤용남 쓰다

차 례

제1부 우리 교육 돌아보기

제1부

우리 교육 돌아보기

제 1 장

기쁨도 경쟁하는 아이들

ㅣ수석교사 **이영옥**

출처: http://yswriting.egloos.com/m/1073619

행복도 기쁨도 경쟁 시대

한국교육에서 배우자! 한국교육이 답이다?

출처: http://news.chosun.com/site/data/html_dir/2015/08/13/2015081300288.html

버락 오바마(Barack Obama) 미국의 대통령이 한국을 방문한 후 한국교육을 예찬하며 한국교육제도를 본받아야 한다고 공식석상에서 여러 차례 언급한 것이 화제가 되었다. 오바마 대통령은 "미국의 어린이들은 매년 한국의 어린이들보다 학교에서 보내는 시간이 1개월이나 적다."며 "새로운 세기의 도전은 교실에서 학생들이 더 많은 시간을 공부할 것을 요구하며, 한국에서 그렇게 할 수 있다면 우리도 여기 미국에서 할 수 있다."고 말했다고 한다. 이를 두고 일부 언론은 오바마 행정부는 교육개혁정책을 한국의 교육정책과 교육열을 모범으로 삼은 것이라고 해석해서 보도하기도 했다.

그러나 과연 그러한 해석이 타당할까?

물론 우리나라 학부모의 교육열은 세계 1위라고 할 수 있다. 전쟁 후 가난과 무지에서 벗어나 성공을 위한 정당한 방법은 '교육'이었다. 부모들은 허리띠를 졸라매고 끼니를 걸으면서도 자식의 교육(정확히 말하면, 출세를 위한 입시공부)을 위해 자녀를 서울로 서울로 보냈다. 이것이 우리나라 경제를 일으키고, 최단기간에 급성장하게 한 근간이 되었음에 이의를 제기할 사람은 없을 것이다. 그러나 그 이면에 학벌지상주의, 성적지상주의로 한국 학생들은 새벽부터 심야까지 하루 종일 학교수업, 학원강습, 개인교습으로 보내는 과잉교육의 열병을 앓고 있다. 또한 학생들은 과열된 경쟁과 학부모들의 대리만족을 위한 꼭두각시로 내몰리고 있다. 심지어 엄청난 스트레스와 무한경쟁을 주도하는 사교육과 성적 압박감에 시달려 청소년 자살이 OECD 40여 개 나라 중 1위를 차지하고 있는데, 이런 우리나라의 교육 현실을 제대로 알고 칭송한 것인지 의문이다. 미국 남부지역의 경우 일부 저소득계층 학생의 중도 탈락률이 40%에 이르는, 교실 붕괴가 심각한 미국의 상황에서 볼 때 80% 이상의 대학 진학률을 보이는 한국은 흠모의 대상일 수 있을지 모르겠다. 그러나 그것은 한국의 교육 현실의 단면만을 본 허상일 수 있다. 우리는 현실을 직시해야 한다. 실패하기 싫어 새로운 것에 도전하기를 꺼리며, 우수한 성적과 좋은 결과를 얻기에만 치중하여 진정한 배움의 의미가 실종되고, 목적과 수단이 전도되어 허울 좋은 교육현실의 단적으로 보이는 성취도만을 예찬하며 우리 교육의 방향이 올바로 가고 있다고 판단하는 것은 매우 위험한 일일 것이다.

다음의 에피소드가 시간이 흐른 지금에도 회자되는 것은 우리나라 교육의 허상을 극명하게 보여주기 때문일 것이다.

2010년 2월 버락 오바마 미국 대통령 기자회견장

최근 인터넷상에서 회자되고 있는 '오바마에게 아무 질문도 못하는 한국기자들'이란 동영상의 한 장면이다. 2010년 서울에서 열렸던 G20 폐막식장에서 오바마 미국 대통령은 주최국인 한국 기자들에게 마지막 질문 기회를 주었다. 그러나 질문하겠다고 손드는 기자들은 없었다. 한 중국 기자가 한국 기자를 대표해 질문하겠다며 나서기까지 했지만, 오바마는 "마지막 질문은 한국 기자에게 주도록 하겠습니다."라고 끝까지 한국기자에게 기회를 주고자 했다. 그런데 황당하게도 단 한명의 한국기자도 질문을 하지 않는다. 오바마는 또 다시 한국기자들을 불러보지만 대답 없는 메아리일 뿐 한국 기자들은 끝내 응답하지 않았다. 그 결과, 중국기자가 한국기자를 대표하여 질문을 하게 되었다.

- EBS 다큐프라임 "왜 우리는 대학에 가는가 - 6부 생각을 터라" -

기자회견 후 유튜브(YouTube)에 오른 댓글 중에는 ‘우리나라 대통령 기자회견에서는 모든 질문이 사전에 조율된 질문과 준비한 답변만 있었으니...’라는 변명에서부터 ‘입시위주 영어교육이 초래한 병폐다.’, ‘국민적으로 영어교육에 쓰는 돈이 얼마인가!’, ‘외화 쓰며 어학연수 몇 년 다녀오면 뭘 해!’라는 개탄의 목소리 등 교육의 병폐로 결론지어지는 여러 비난조의 댓글들이 마음을 아프게 했고, ‘한국인의 개망신 인증이다.’는 말까지 나왔다.

출처: http://news.samsung.com/kr/전문가-칼럼-질문은-힘이-세다

물론 여러 가지의 복합적인 문제점들이 있겠지만, 여기에서 한국 교육의 현실로 진단해 보면, 먼저 입시위주의 주입식교육으로 ‘자신의 생각을 종합적으로 정리하고 논리적으로 의견을 제시하는’ 토론식 수업에 익숙하지 않은 우리나라 교육방식의 문제가 대두된다. 준비된 교사의 강의안에 따라 40~50여분 동안 바른 자세로 교사의 말을 하나도 빠짐없이 듣는 것이 가장 모범적인 학생으로 평가되는 교실에서, 잠시 궁금증을 물어 보려면 ‘이상한 질문을 한다.’며 질타를 받을까봐, ‘그런 쓸데없는 건 너 혼자 나중에 물어보던지.... 진도 나가기도 바쁜데 왜 수업의 흐름을 끊냐?’는 비난을 받을까봐 입을 닫아버리는 경우가 빈번하다. 그래서인지 교실 현장에서 학생들이 가장 많이 하는 질문은, “그래서 선생님, 시험엔 어떻게 나오는데요?”, “그럼, 답이 뭐예요?”, “이렇게 쓰면 정답이에요?”이다.

우리 아이들은 제대로 궁금증을 가질 시간도 궁금증을 물어 볼 공간도 주어지지 않은 채 남보다 1점이라도 더 성적을 올리기 위해서 다른 아이들과 경쟁을 벌인다. 교사도 내가 맡은 아이들이 경쟁에서 패하지 않도록 모범답안을 알려주려고 온 힘을 다해 입에 거품을 물고 일방적인 전달식 수업방법을 버리지 못하고 있다. 특히 고등학교에서는 입시를 위해 교사도 EBS 강의교재를 가지고 '문제풀이식－정답맞추기' 수업을 진행하거나 아예 수업 중에 인터넷 강의를 틀어 달라는 요구에 따라 수업이 수능방송 청취시간으로 운영되곤 한다. 심지어 수능에서 필요 없는(?) 과목들은 자습시간으로 전락되거나 밤늦게까지 해야 하는 공부시간 확보를 위한 수면시간으로 취급되기도 한다.

이러한 교육현실에서 자라 온 엘리트 집단이 기자들이다. 지금까지 궁금증이 수용되지 않고, 질문이 사치인 교육환경에서 30여 년 간 길러진 사람이, 타인의 이야기를 들으며 의문점을 가지고 예정에도 없는 다른 사람의 견해를 이끌어 내는 질문을, 그것도 전 세계 언론인이 지켜보는 가운데 일국의 정상에게 당당하고 소신 있는 질의를 할 수 있었겠는가?

유태인 부모들은 아이가 학교에서 돌아오면 "얘야, 오늘은 학교에 가서 무슨 질문을 했니?"라고 묻는다고 한다. "뭘 배웠니?"가 아니라 어떤 질문을 했는지를 중요하게 여기기 때문이다.

우리는 아이들을 미래의 인재로 제대로 가르치고 있는가? 이제는 아이들을 위해, 미래를 위해 진정한 교육의 의미를 다시 새겨야 할 때이다. 한국 교육의 패러다임 전환이 절실히 필요하다.

불행하면 지는 거다

출처: http://socialmkt.co.kr/archives/tag/소셜네트워크-서비스

요즈음 식당에서 음식이 나오면 스마트폰으로 사진 찍는 사람들을 흔히 볼 수 있다. 음식이 나오면 눈으로도 보고 냄새도 맡고 향도 맡아보며 즐겨야 할 텐데 사진을 먼저 찍는다. 행여 사진을 찍기 전에 음식에 손을 대는 사람이 있으면 날카로운 신경전이 오가는 경우도 발생한다. 이렇게 사진을 찍는 데 에너지를 소모하는 이유는 사진을 찍어서 본인이 보기 위해서가 아니라 남에게 보이기 위한 SNS에 올리기 위함이다. 이는 기쁨을 함께 공유하고 싶은 것일 수도 있지만 내가 이렇게 행복하다며 자랑하고 싶은 심리라고 한다. 남들보다 즐거워야 한다는 한국인들의 스트레스의 일종이다.

내가 지금 하고 있는 일 자체가 나를 위한 것인지, 내가 원하는 것인지, 나의 기쁨과 행복을 위한 일인지, 타인에게 보여주기 위한 껍데기에 불과한 행복인지 혼동되고 있는 것이다.

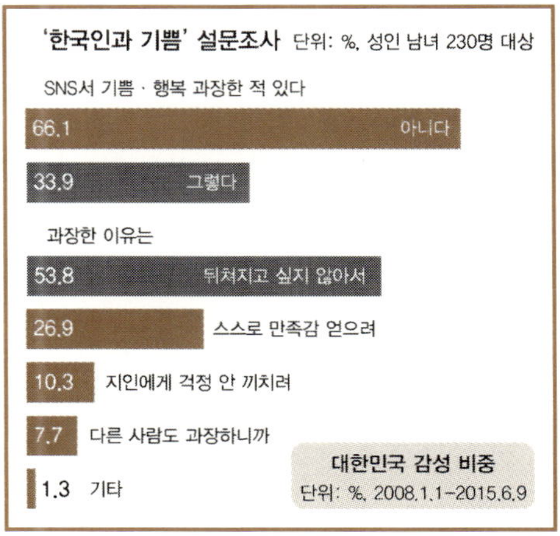

출처: http://news.joins.com/article/18050104

실제로 중앙일보에서 7년간 SNS에 올린 내용에 대한 조사에서 많은 사람들이 트위터나 페이스북 등의 SNS에서 '기쁨이나 행복을 과장한 적이 있다.'라는 질문에 '그렇다'에 34% 정도 대답을 했다. 이유를 물었더니 '뒤처지고 싶지 않아서'란

대답이 제일 많았다고 한다.

전문가들은 이것을 한국인들이 남들보다 즐거워야 한다는 일종의 '기쁨 스트레스'에 시달리기 때문이라고 설명한다.

요즘 많은 사람들이 다양한 SNS로 자신의 행복을 과시하는데, 각 SNS마다 과시의 내용이 다르게 표현된다고 한다.

싸이월드(cyworld)는 내가 이렇게 감수성이 많다, 페이스북(FaceBook)은 내가 이렇게 잘 살고 있다, 블로그(Blog)에는 전문성을, 인스타그램(Instagram)은 내가 이렇게 잘 먹고 있다, 카카오스토리(KakaoStory)에는 내 아이가 이렇게 잘 크고 있다는 이야기가 넘쳐난다. 트위터(Twitter)는 내가 이렇게 이상하다는 것을 타인에게 알리면서 자신을 과시하는 용도로 사용된다고 한다. 기쁘고 행복한 삶도 일종의 스펙이나 남보다 잘해야 하는 것처럼 인식되는 것이다. 특히 행복한 삶을 위한 사회적 여건이나 시스템이 부재한 상황에서 단편적인 보여주기식 '기쁨 경쟁'에 매달린다는 것이다.

경쟁은 스트레스를 낳는다. 그래서 '행복 경쟁'을 하다 보면 '왜 행복해야 하나?'라는 질문까지 나오게 된다. 물론 불행하고 싶은 사람은 없겠지만, '무엇보다도 대체 뭐가 행복이며, 온전히 자신을 위한 행복은 없는 것일까?' '우리는 누구를 위해 무엇을 위해 살아가고 있는 것일까?'하는 이러한 자신을 성찰하는 질문들을 스스로에게 던져야 할 때이다.

실제로 우리나라 사람들의 삶에 대한 만족감, 행복지수는 34개 OECD 가입국 중 최하위에 머문다고 한다. 특히 우리나라 청소년의 행복지수는 전 세계에서 최하위에 머문다. 행복을 결정하는 요인도 성장할수록 돈이 중심 가치로 바뀌어 가족이나 사랑보다 더 우선시되고 있다. 이렇게 돈이 중심이 되는 사회는 경쟁을 더욱 가속화하며, 돈에 노예가 되기 위한 경쟁은 더 좋은 직장을 가지기 위해 남들보다 더 많은 스펙을 쌓아야 하고, 더 좋은 대학을 나와야 한다. 그리고 더 좋은 대학을 가기 위해 더 특별한 중학교로, 고등학교로 진학해야 하고, 그 경쟁의 꼬리는 초등학교를 넘어 이제 5~6살 아이들까지 명품유치원, 조기영어교육, 영재교육으로 내몰고 있다.

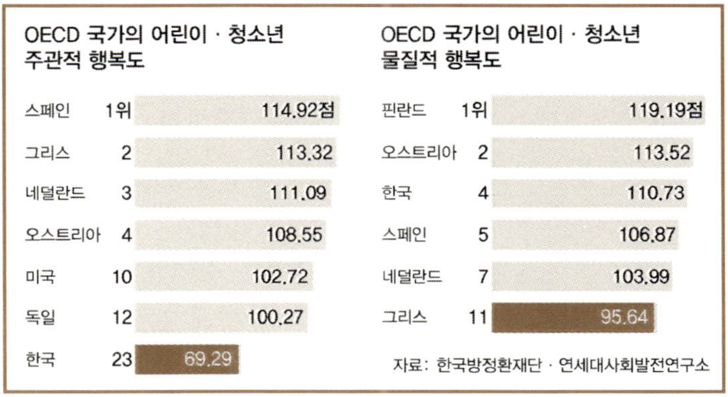

출처: http://news.chosun.com/site/data/html_dir/2012/05/05/2012050500012.html?Dep0=twitter&d=2012050500012

경쟁을 위한 경쟁은 수업 중 모둠별 협력학습 상황에서도 나타난다. 성적이 낮은 학생과는 같은 모둠원이 되는 것을 꺼려하여 짝을 바꿔 달라는 학부모와 학생이 있고, 모둠과제를 자기 혼자 다 했다며 다른 학생들이 점수를 받는 것이 억울하다고 호소하는 학생도 있다. 물론 무임승차했을 경우 점수의 차등을 주는 것이 합리적일 것이다. 하지만 협력적 학습에서 함께 할 수 있도록 도와주는 것 또한 배움의 핵심요소이다. 비교와 경쟁으로 성장해 온 우리 아이들에게 '더디어도 함께 가자'는 말은 책 속에만 있는 먼 나라 옛날 사람들의 고리타분한 글귀 정도로만 생각되는 것 같다.

몇 년 전 △△학교에서 영어시험에 민원이 들어왔다. (구문이어서 어법상 써도 안 써도 무방한) 부정관사를 쓰지 않은 학생은 감점을 시켜야 하는데, 모두 정답 처리한 것이 성적 부풀리기가 아니냐는 민원이었다고 한다. 그 속사정을 들여다봤더니 결국 내 아이만 맞아야 하는데, 다른 아이도 맞게 하면 점수 차이가 나지 않아 특목고에 진학하는 데 문제가 생긴다는 이유에서였다고 한다.

이제 경쟁은 타인의 불행을 딛고 얻는 원망의 열매를 획득하는 싸움이 되었다. 특히 경쟁이 낳는 비극 중 하나는 타자의 불행을 자신의 행복의 기초로 삼는 일이다. 경쟁이 낳는 최대 비극은 서로 경쟁하는 가운데 모두 공멸한다는 점이다. 스스로 의식하지 못하는 사이에 처음에는 작은 만족감에서 시작하다가 나중에는 거짓까지 만들어내고 부풀려 내고, 타인의 것을 해하는 경우들이 생기게 되는 것이다.

행복의 반대말은 불행이 아니고 비교하는 것이란 말이 있다. 비교해서 행복해지는 사람보다 비교해서 불행해지는 것들이 많은데, 경쟁의 소용돌이가 기쁨과 행복에도 휘몰아쳐 파고들고 있는 것이다.

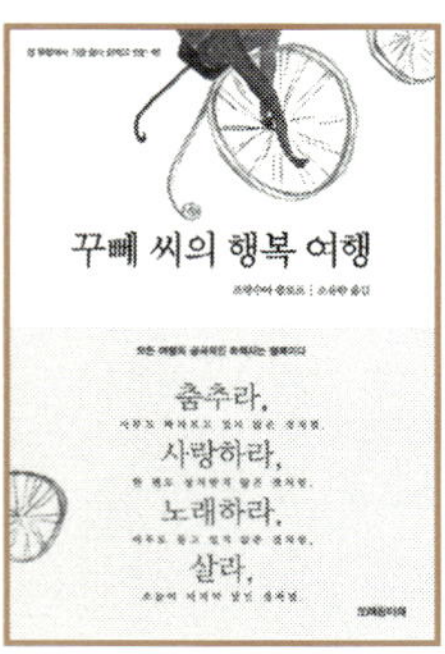

프랑수아 를로르(François Lelord)의 『꾸뻬 씨의 행복 여행』에서 꾸베는 '왜 모든 것을 갖고 있고 많은 행운을 누리는 사람들이 많은 지역에 정신과 의사가 더 많은 걸까?'라는 의문점을 가졌었다. 이는 여행의 끝에 꾸베씨가 뱅쌍에게 전하는 말에서 그 해답을 찾은 듯하다.

"두 종류의 평화로운 행복이 있어. 삶에 만족을 느끼는 거야. 그리고 그 만족감이 지속되기를 바라는 것이지. 비교를 하는 것, 주위의 아는 사람들이나 아니면 자신의 지난 과거와 비교함으로써 자신이 행복하다고 느끼는 것, 또는 전혀 비교하지 않음으로써 행복을 발견하는 것도 여기에 속하지."

또, 빌리 밀스와 니콜라스 스파크스의 『보키니』에서도 '행복이 무엇일까?'라는 질문에 '행복을 얻고 못 얻고는 오로지 우리 자신에게 달려있다.', '이 지구상에는 60억의 인구가 살고 있다. 따라서 행복에 이르는 길 역시 60억 개가 된다.'라고 말한다.

획일화된 행복의 가상현실을 숨 가쁘게 경쟁하며 누구를 위한 것인지도 모를 먼 나라의 남의 이야기와 같은 과장된 거짓을 남보다 더 많이 만들어 내는 우리들에게 뜨겁게 던지는 메시지가 아닐 수 없다.

경쟁만 남은 배움 없는 학교를 거부한다

출처: http://tastemoney.tistory.com/14

최근 '경쟁만 남은 배움 없는 학교에 있을 수 없다.'며 고등학교를 자퇴했던 학생이 학교 앞에서 1인 시위를 벌여 주변의 관심을 끌었다. 경남 진주에 사는 김다운(17) 양으로, "지금의 고등학교엔 아무런 정의도, 희망도, 미래도 없고, 그렇기에 나는 경쟁만 남은 배움 없는 학교에서 1등급 생산품이기를 거부한다. 정답 있는 공부를 해야 갈 수 있는 대학 진학을 포기한다. 내 몸을 옭아매는 실을 끊기 위해, 배움 있는 공부를 하기 위해, 정답 없는 삶을 살기 위해 나는 용기를 낼 것"이라고 말했다.

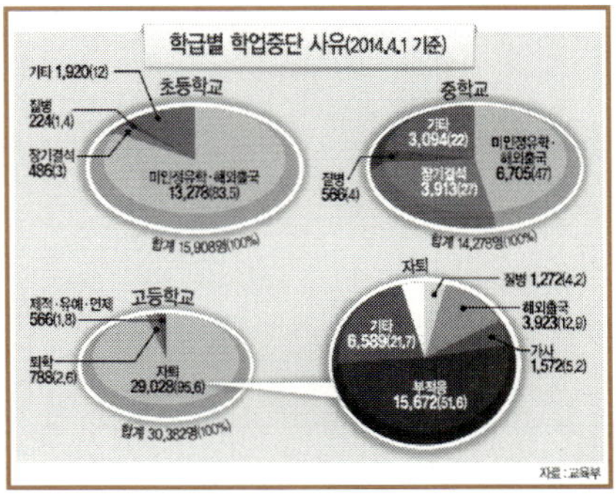

출처: http://mindlre.kr/board wQaS39/1437

학교에 있어야 할 아이들이 학교를 떠나는 사회, 학교가 아이들을 버리는 사회, 이것이 지금의 우리 교육현장이다.

교육부의 연구결과에 의하면, 초등학교와 중학교의 학업중단 사유로 어학연수 등 미인정 유학이 포함된 기타 사유가 가장

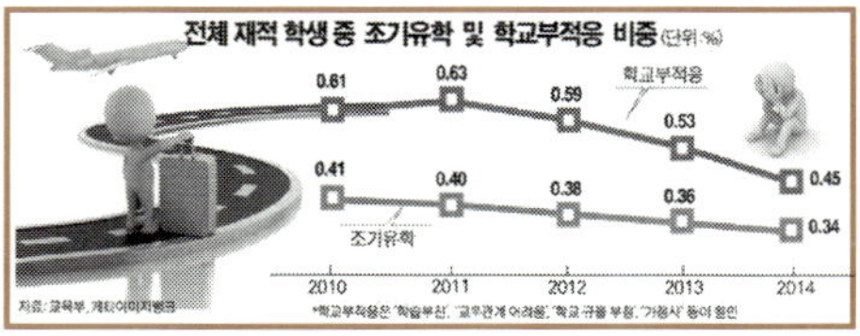

출처: http://www.hankookilbo.com/v/7758892ff1594524a383d71449e3010f

많다. 여기에서 우리는 다시 한 번 교육이 출세의 길이며, 스펙 쌓기의 가장 밑거름이 되고 있음을 알 수 있다. 한창 엄마 품에서 재롱을 부리며 가족의 사랑 속에 성장해야 할 시기에 대학입시 지옥에서 살아남기 위해 초등학생 때 어학연수를 가려고 학업을 포기하는 것이다. 남들보다 더 좋은 학교를 진학하기 위해 학교를 중퇴하는 아이러니는 아시아에서도 한국과 중국의 입시전쟁에서 크게 나타나는 뼈아픈 일이다.

경쟁에서 살아남기 위해 또 다른 경쟁으로 내몰리는 아이들.... 진정 아이가 원한 유학(배움의 길)인지, 부모의 과욕이 부른 과잉교육의 폐해인지, 어릴 적부터 남과 달라야 한다는 압박감과 우월감으로 세상의 왜곡된 이면을 너무도 빨리 접하게 하는 것은 아닌지 우려가 되는 것은 기우일까?

어느 날 고등학교를 다니는 자녀가 "나도 어렸을 때 어학연수를 다녔으면 지금 이렇게 고생 안 할 텐데. 아무리 영어를 잘하는 아이도 미국에서 살다 온 아이한테는 안 돼."라며 불안에 찬 눈으로 바라볼 때 따끔하게 "어디서 듣지 다 자기 할 나름이지, 핑계대지 말고 더 열심히 해."라고 당당하게 꾸짖지 못하고 가슴 한 끝으로 밀려오는 미안함은 부모의 사랑일까, 부모의 욕심일까?

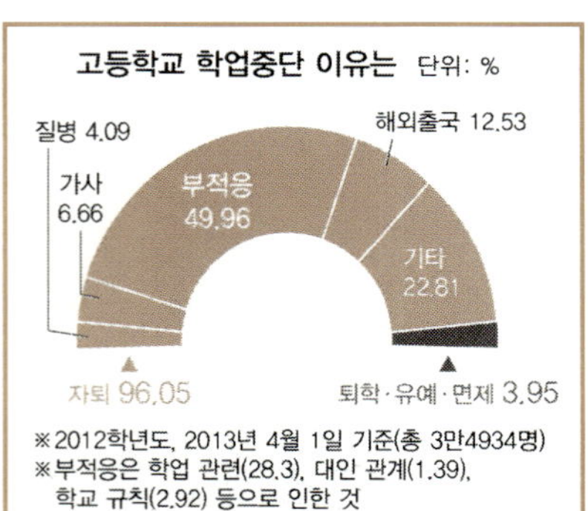

출처: http://www.ktcunews.com/sub03/article.jsp?cid=16027&gotoPage=27&code

고등학생의 학업중단 사유는 부적응, 유학, 가사, 질병, 품행의 순으로 나타났다. 특이한 점은 일반고의 경우 질병 사유가 학년이 올라갈수록 급격히 증가하는 것이다. 학업 스트레스가 반영된 결과라고 한다.

특히 고등학교 과정에서 학업을 중단한 학생들의 부적응 사유 1위는 '학교에서 배울 것이 더 이상 없다.'는 것이다. 특목고(특수목적고등학교)나 자사고(자립형사립고등학교)에 다니던 아이들이 중도 탈락하는 경우는 대부분 학교 내신 관리 때문이다. 일반고 학생들도 학교에서 더 이상 배울 것이 없는 것이 아니라, 대학을 진학하기 위한 선택과 집중을 하기 위해 스스로 학교를 포기하는 경우가 많다는 뜻이다.

학교는 아이들이 삶을 배우고 익히는 곳이다. 학교만큼 인생을 살면서 한 곳에서 몇 백 명의 또래가 부대끼며, 동시대의 즐거움과 아픔을 공유하고, 고민을 공감할 수 있는 곳이 또 어디 있겠는가? 이러한 삶의 공동체가 출세를 위해 서로가 서로를 경계하고, 악착같이 내 것을 챙기고, 빼앗기지 않으려고 긴장하는 전쟁터가 된 것이다.

경쟁은 둘 이상의 사람이나 정당이 무언가를 놓고 겨루는 것을 말한다. 경쟁은 보통 제한된 자원을 가진 환경에 공존하는 생물 사이에서 자연스럽게 일어난다. 짐승들은 한 군집 내에 같이 살고 있는 다른 종(種) 또는 같은 종 사이에서 물, 먹잇감, 짝짓기 대상 등의 자원이 부족할 때 경쟁이 나타나고, 사람은 부, 명예, 신임 등을 서로 차지하려고 경쟁한다.

'내가 성공하기 위해서 상대방이 실패해야 한다.'는 것은 개인에게도 사회에게도 정신적, 물질적으로 커다란 손실이다. 경쟁의 본성은 결과 지향적인 것이기 때문에, 욕망으로부터 벗어난 자유스러운 행동이 없다. 서로 비교하고 경쟁하는 것은 인간성의 부정적인 태도를 기른다고 한다. 경쟁 속에는 자기 과시와 자기 확대의 심리가 있다는 것이다.

그러나 여기서 우리가 간과한 것이 있다. 경쟁(competition)이란 말의 어원을 보면, 원래는 라틴어로 '함께 추구하는 것'이란 뜻이 있다. 비적대적 경쟁, 상생의 경쟁이 있는 것이다.

인간이 당장 나타나는 결과만을 더 이상 추구하지 않을 때, 처벌의 불안과 보상의 기대감으로부터 자유로워지고, 모든 형태의 강제로부터 자유로워진다고 한다.

1인 시위를 했던 김다운 양의 촌철살인(寸鐵殺人)과 같은 우리 교육현장에 대한 비판의 목소리를 다시 한 번 소개한다.

> 의미 없는 무한한 입시경쟁 속에 10대들이 죽어가는 게 내 목을 졸랐다. 나만 하면 된다. 나만 좋은 대학가면 된다는 의식으로 우리의 문제를 외면한 채 나만 잘 사는 방법만을 배우는 교육, 단 한 번의 시험으로 인생을 결정짓고 인간을 계급화 시키는 수능, 도대체 누굴 위한 제도인가. 학생들의 생각과 사고를 멈추게 하고 재능을 짓밟는 주입식 교육과 수험생들을 죽음으로 내모는 내신-수능-논술. 이 아름다운 삼각형에 분노를 느낀다. 각자 재능이 다른 친구들을 누가 더 주입이 잘 되고 말을 잘 듣는지 평가하는 시험을 폐지하기를 요구한다. 자식의 재능은 무시한 채 1등만을 강요하는 부모님께, 1등만을 강요하게 만들고 제대로 된 교육은 실시하지 않는 국가에게, 대한민국 교육 현실의 책임을 묻는다. 주입식 교육으로 학생들의 사고를 굳히면서 창의적 인재를 운운하는 학교와 국가의 모순을 고발한다.

답정너 - '답은 정해져 있고 너는 대답만 하면 돼'

다음 조리법 가운데 잘못된 것을 고르시오.
1. 깍두기를 담글 때 무는 3cm 크기로 팔모 썰기를 한다.
2. 미역국을 끓일 때 미역은 찬물에 불려 4cm 길이로 썬다.
3. 도라지 오이 생채에 들어가는 도라지는 6cm 길이로 얇게 찢어 소금을 넣고 주물러 씻는다.
4. 감자 볶음을 할 때 감자는 0.5cm 당근과 양파는 0.3cm 두께로 채썬다.

저는 중학생 아들을 둔 평범한 학부모입니다.

지난 봄 아들 학교의 중간고사 시험에 이런 문제가 출제됐습니다.

그런 것까지 시험에 나올 것으로 예상하지 못했던 아들은 문제를 보고 그동안 먹어봤던 음식을 떠올렸다고 합니다. 집에서 평소 먹던 미역국의 미역이 4cm보다는 짧았던 것 같아 2번을 골랐는데 틀렸다며 아쉬워하더군요. 미역을 작게 잘라 국을 끓여온 엄마 탓인 것 같더군요. 몇 번을 정답으로 고르셨나요? 정답은 1번입니다. 아들이 배우는 기술·가정 교과서에는 '깍두기에 들어가는 무는 2cm 크기로 팔모 썰기를 한다'고 분명히 적혀 있더군요.

깍두기뿐이 아니었습니다. 감자볶음, 미역국, 도라지 오이생채 등 다양한 음식에 들어가는 식재료 크기가 영점 몇 센티 단위까지 자세히 적혀 있었습니다.

수도 없이 깍두기를 담그고, 미역국을 끓여온 저 같은 주부도 맞힐 수 없는 문제였습니다.

먹기 좋은 크기로 각자 취향에 맞게 자르면 되는 것이지, 이렇게까지 배워야 하는지 이해가 되지 않았습니다. '2cm 정도면 적당하다', '4~5cm 가량이면 먹기 좋다' 이렇게라도 적혀 있었다면 조금은 이해가 됐을지도 모르겠습니다.

이러한 교과서로 배운 아이들이 즐겁게 음식을 만들어 먹고, 변형된 조리법을 시도할 수 있을까요? 요즘은 TV만 켜면 요리사들이 나온다고 해도 과언이 아닐 정도로 음식과 요리가 관심을 끌고 있습니다. 아들도 이러한 '쿡방'은 즐겨 보지만 기술·가정은 재미없는 암기 과목으로 제쳐 둔지 오래입니다.

앞의 내용은 어떤 중학교 학부모가 부총리 겸 교육부장관에게 보낸 서한 내용이다. 최근 들어 '성취평가제', '서·논술형 시험 비율 증가', '자유학기제로 꿈과 끼를 키워주는 시험 없는 학기 운영' 등 교육현장이 새로운 교육정책을 받아들여 정착시키려고 몸살을 앓고 있다.

현장의 교사들도 교육의 새로운 흐름에 발맞추기 위해 교사의 역량을 키우기 위한 각종 교육연수를 받는다. 성취기준에 의거한 교과교육과정을 재구성하고, 거기에 알맞게 학생의 배움이 일어나도록 수업을 설계하며, 수업한 것과 연계된 평가방안을 마련하여 적용하느라 입시체제와 21세기 미래인재 육성이라는 시소(seesaw)를 타고 있는 이 시점에 전 국민이 실소를 금치 못할 현 교육의 단면을 적나라하게 드러낸 사건이 발생한 것이다.

이는 해당 중학교 가정교사 1인의 미숙한 평가 역량이라고 치부하기에는 많은 교사들이 아직도 교과서를 성서로 삼고, 교과서의 내용은 절대불변의 진리처럼 학생들에게 주입하며, 암기하게 하고, 성적 편차를 내기 위해 교과서의 한 귀퉁이에서 가져온 의미 없는 평가 문항들이 만들어지며, 단 1점에 목숨을 걸게 하는 성적 줄 세우기가 교실에서 아직도 보편적으로 일어나고 있음을 보여준 사건인 것이다.

고등학교 때까지 자신의 인생을 담보로 치열한 경쟁을 뚫고 대학에 진학하여 상대적으로 자유로운 생활과 학습 환경을 경험한 대학교 1학년생들이 "고등학교 때는 암기과목인 역사가 싫었는데 대학에 와서 방학 때 친구·선후배들과 프랑스 혁명사를 공부해보니 정말 재미있었다."며 "고3 때 수능 공부를 하며 새로운 것을 '배운다'는 느낌을 받은 적이 없다."는 인터넷 자료를 본 적이 있다. 어떤 학생은 "고등학교란 수능 형식에 익숙한 학생을 찍어내는 공장이다. 각자의 해석이 중요한 문학 작품도 수능에선 문제를 푸는 방향이 이미 정해져 있다."고 말했다.

자사고·외고 출신 학생들은 1차 선발과정을 거친 동료들과의 지나친 경쟁의 폐해를 짚었다. "시험을 치면 교사들이 1등부터 50등까지 등수를 게시판에 써 붙였다. 우열반을 나눠서 우등반 학생들은 좀 더 쾌적하고 아늑한 공간이 배정되었으며, 야간 자율학습도 1시간씩 더 했다."고 털어 놓았다. "시험 기간에는 에너지 드링크를 하루 두 병씩 마시고 새벽 4시에 자고 6시에 일어나 공부해야 할 정도로 경쟁이 심했다."고 말했다.

무엇을 배우는지, 왜 배우는지, 의미가 무엇인지 영문도 모른 채 경쟁에 내몰려야 하는 수험생들로서는 두렵고도 고통스러운 일이다. 교실이 갈수록 살벌해지는 것도, 대학 입시를 치를 때마다 온 나라가 들썩이는 것도 당연하다.

최근 [EBS 다큐프라임] 4부 서울대 A+의 조건이 방영되면서 큰 반향을 일으켰다. '서울대에서 A+를 받으려면 어떻게 공부해야 할까요?'라는 질문에 서울대 성적 상위 1% 학생의 대답이 교수님의 강의내용을 문장으로 받아쓰고 외워야 한다는 것이었다. 요약 정리하거나 키워드로 정리하면 절대 A+를 받을 수 없다고 대답했다는 것이다. 몰랐던 지식을 아는 기쁨도 크겠지만 자신의 생각을 담은 해석을 자신의 언어로 표현해 내는 것. 이것은 오늘날 그토록 강조하는 비판적 사고를 기반으로 하는 창의성 발현의 근간이 될 것인데, 대학에서조차 평가라는 굴레에서 학생은 없고 교수의 지식을 복제해서 읊어대는 앵무새를 요구한다는 것이다.

이렇게 부모들은 사랑이라는 이름으로 자식들을 옥죄고 있으며, 기성세대들은 교육이라는 이름으로 10대들을 병들게 하고 있는 것은 아닌지 모르겠다. 어느 초여름 한 고등학생이 아까운 목숨을 끊었다. 공부를 무척 잘하던 이른바 '범생이' 여고 2학년생의 유서에는 "나는 애니메이션 공부를 하고 싶은데 부모님은 무조건 명문대학을 가라는 것"이라고 적혀 있었다.

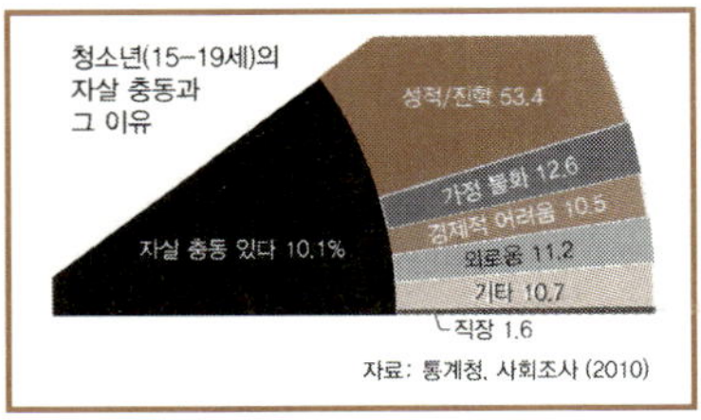

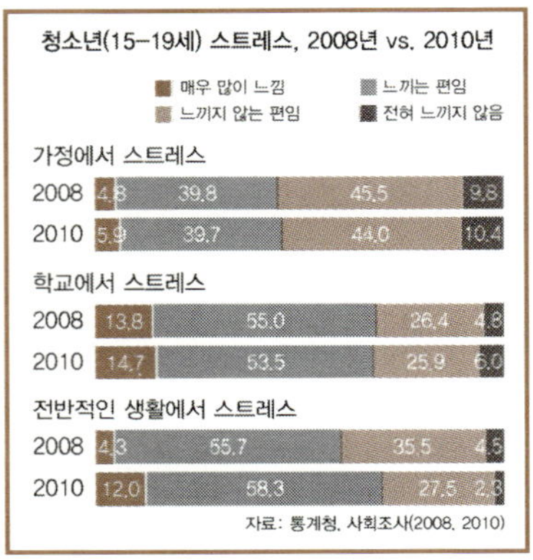

출처: http://slownews.kr/14562

우리 아이들은 입시지옥에서 꿈조차 허락되지 않고 있다. 이러한 삭막한 학습 환경은 청소년 자살률 1위를 낳았다. 더 심각한 것은 성적 및 가정환경을 비관하여 죽음을 택하는 아이들이 해가 갈수록 많아지고 있다는 것이다.

그나마 입시지옥에서 살아남은 아이들 중 시험 성적이 대개 상위권인 아이들은 강박적인 점수 경쟁 때문에 성적이라는 올가미에서 스스로 스트레스를 받고, 중하위권 아이들은 선생님의 '격려와 독려'라는 부담감을 받으며 올라가지 않는 성적을 붙들고 포기하지도 당당하게 나가지도 못하며 스트레스를 받는다. 특히 최하위권 아이들은 인생의 포기자 취급을 받으며 가정에서도, 학교에서도 아예 관심의 대상조차 되지 못한다.

이 아이들은 단지 학교 공부에 관심이 없고 학교 성적이 낮을 뿐인데, 가정에서는 밥값도 못하는 불효막심한 놈이 된다. 학교에서도 잉여 인간처럼 있으나마나한 사람으로 취급받고, 세상에서 아무짝에도 쓸모없는 놈으로 낙인찍히는 심리적 상처를 받고 있다.

이 옴팡진 압박과 부담에 해마다 많은 10대들이 목숨을 끊고, 수능을 전후하여 고3뿐만 아니라 대한민국의 모든 사람들이 안절부절못하며 스트레스를 받는다.

그러나 이러한 죽음에도 아랑곳하지 않고 기성세대들은 과거제도의 아류인 대학수학능력시험이 개인의 능력에 따른 가장 평등

한 선발이라며 밀어 붙이고 있다.

이제 학교를 다닐 때 아무도 '좋은 사람'이 되고자 공부하지 않는 시대를 살고 있다. 공부를 하는 까닭은 성적에 따라 학교가 갈라지고 지위가 바뀌며 몸값을 결정하는 도구로 전락한 것이다.

아는 것과 사는 것이 따로 놀고, 성적에 따른 차별이 당연시되는 한국사회에서는 살아남은 자도 자유롭지도 행복하지도 못한 것이 현실이다.

지나친 부모의 사랑은 아이에게 독이 될 수 있다

구호단체 호이(HoE: Hope is Education)의 대표 박자연 씨는 "20대까지의 제 목표는 아빠가 바라는 사람이 되는 것이었어요. 아빠를 사랑해서가 아니었어요. 아빠가 바라는 사람이 됐을 때, 아빠를 만나서 아빠에게 누구시냐고, 난 당신 같은 사람 모른다고 말해주고 싶었어요."라고 한다.

그녀는 이불집을 하는 아버지의 공부 못한 한을 풀어주는 희망이었다. 어려서부터 똑똑한 그녀에게 아버지는 기대가 컸다. 초등학교 때 거의 전 과목을 100점 맞았다. 그러나 아버지의 기대는 아주 높아서 하나라도 틀리면 혼을 냈다. 그래서 박자연 씨는 100점을 못 받은 날이면 집에 들어가기가 무서웠다고 한다. 그녀는 아버지로부터 탈출하기 위해 기숙사가 있는 외고에 진학했고, 우여곡절은 있었으나 아버지의 바람대로 명문여대 법학과에 진학할 수 있었다. 그러나 사법고시 준비를 하면서 그 의미를 전혀 찾지 못한 그녀는 우울증을 앓아 결국 사법고시를 포기했다. 그러던 중 2006년 인도네시아 자카르타에서의 자원봉사 활동을 계기로 그녀의 인생이 달라졌다고 한다.

박자연 씨의 이야기는 우리나라의 많은 아이들이 현재의 삶을 유예하고, 부모가 원하고 사회가 바라는 누군가가 정해준 것인지도 모르는 성공이라는 프레임에 갇혀 자신을 잃어버리고 타인에 이끌려 살아가는 단면을 보여주고 있다.

출처: http://ajl.co.kr/?r=home&m=bbs&bid=m1&uid=3173

많은 아이들이 학교 공부와 성적이라는 압박감에 짓눌려 그 상처가 곪을 대로 곪게 되면 부모는 아이를 상담소에 데리고 간다고 한다. "얘가 왜 이러는지 모르겠다고.... 지금 일 분 일 초가 아까운 시간을.... 맥없이 무기력하다며 처방을 해달라고" 한다는 것이다. 아이의 아픔보다는 부모의 답답한 마음이 먼저인 것이다. 부모는 "다 너를 위해서 그러지...."라는 말로 "지금 이러다가는 나중에 커서 남들한테 치여 산다."라는 협박을 하며 전쟁터에 나가 승리를 거두라고 하는 것이다.

그래서인지 그나마 입시전쟁을 뚫고 살아남은 공부를 잘한 학생들이 대학을 들어가서나 또는 대학을 졸업한 후 말없이 부모와 단절하고 자신이 그동안 유예했던 자신의 진정한 삶을 위해 떠나는 일이 일어난다.

삼수를 시켜서라도 기어이 의대를 보내고 싶어 했던 엄마의 지극정성에 결국 지방의대를 진학했고 의사국가고시도 통과한 아들이 지방의 한 대학병원의 인턴으로 가기로 해 놓고는 사라진 경우도 있었다.

"당신의 아들로 산 것은 지옥이었습니다. 이제 당신을 떠나니 저를 더 이상 찾지 마십시오. 찾는다면 또 떠날 것이니 저를 제발 괴롭히지 말아주세요."라는 쪽지를 남기고 떠났다. 이 아들은 그동안 자신 하나만을 바라보며 온 정성을 다하는 엄마에 대한 미안함과 출세 압박이라는 부당함을 견뎌내며 죄책감과 반항심이 적개심으로 변질되어 결국 자신을 가장 사랑하는 부모 곁을 떠나는 안타까운 선택을 한 것이다.

어떤 반항도 하지 못하는 어린 시절과 반항이라는 것을 하지만 그 벽이 너무 커서 상처만 입다가 드디어 저 밑바닥에 숨겨 놓았던 '자신'의 모습과 대면하게 되었을 때의 허탈감과 자괴감이 원망과 적개심으로 바뀌어 부모에게 돌아가는 것이다.

자식을 사랑하지 않는 부모가 어디 있을까? 자식의 성공을 위해 자신의 희생을 아깝게 여기지 않는 것이 부모라고 한다. 그러나 누구를 위한 성공이며, 무엇을 위한 희생인지 고민해 보아야 할 시점이다.

과거에 공부하는 이유는 집안과 가문을 위해 이름을 떨치고, 나라를 위해 공부를 했다면 지금은 개인의 경제적 성공을 위해 공부를 한다. 남들보다 잘 먹고, 잘 살기 위해서이다. 그러다 보니 아이였을 때 배우고 익혀야 할 기본적인 도리와 행실을 배우지 못하고, 놀이를 통해 형성되는 관계의 소중함도 알지 못하며, 오로지 부모의 대리만족과 자신의 출세를 위해 가장 아름답고 행복해야 할 학창시절을 상처투성이로 보내고 있는 것이다.

학교라는 감옥에, 공부라는 벌을 받으며, 교복이라는 죄수복을 입고, 생각과 선택의 자유를 저당 잡힌 채 남들이 가니까 어디로 가는지도 모르면서 따라 올라가는 애벌레 기둥처럼 학창시절을 보내고 있다. 우리는 무엇이 있는지도 모른 채 친구들을 밟으며 올라선 정상에서 느끼게 되는 허무함을 위해 지금도 우리 아이들을 내몰아 달려가게 하고 있지 않은지 되돌아 볼 때이다.

꿈도 속도를 잰다

출처: http://chamstory.tistory.com/2315

아이가 이제 막 말을 시작하면 부모들은 자기 아이들이 모두 천재로 느껴질 때가 많다. 다른 아이들은 아직 못하는 노래를 처음부터 끝까지 부르거나, 하나, 둘, 셋, …, 아홉, 열을 세면 수학적으로 영재성을 가졌다고 생각한다. 행여나 ABCD 알파벳을 술술 읊으며, '사과는 애플(apple), 코끼리는 엘리펀트(elephant)'을 외치면 영어 신동이 탄생한 듯 부모는 이제부터 우리 아이의 영재성을 어떻게 키워주어야 할지 고민하고, 부모의 잘못으로 영재성이 사그라질까 전전긍긍하게 된다. 어쩌면 비극은 이때부터 시작되는지도 모르겠다.

그 결과, 아이의 꿈과 장래 희망은 결정되어진다. 누가 봐도 부러워할 만한 외교관, UN대사, 법조인 등등.... 그렇게 아이의 꿈은 자신의 의사와 상관없이 정해지고, 아이의 꿈을 실현시키기 위해 부모는 아이를 조각하기 시작한다. 아이는 외교관이 무엇을 하는 사람인지, UN대사가 어떤 능력을 갖추어야 하는지, 법조인이 자신의 성향과 맞는지 고민할 여지도 없이 부모가 세워놓은 장기계획에 의해 재단되기 시작하는 것이다.

특히 입학사정관제, 학생부우수자전형, 글로벌인재전형 등 셀 수 없이 많은 대학입학전형이 등장하면서 아이에게 꿈이 강요되는 정도가 더욱 심해졌다고 볼 수 있다. 물론 이 전형들은 대학수학능력시험이라는 한 가지 방법으로 줄 세워 학생을 선발하는 문제를 수술하기 위한 대안으로 등장한 제도이지만, 이 또한 많은 부작용을 낳고 있는 것이다. 그 중 하나가 어려서부터 꿈을 정해야 한다는 것이다.

부모는 아이가 꿈을 가지는 것에 속도를 재며 조급해 한다. 학생생활기록부에 일관성 있게 정해진 진로에 따라 그 진로와 연관된 활동들을 얼마나 지속적으로 했는지, 그 꿈을 위해 무엇을 얼마나 노력했는지가 대입선발의 조건이 되면서, 꿈을 빨리 결정하도록 압력을 가하기 시작하는 것이다.

그나마 유치원생과 초등학생은 부모가 정해준 직업이라도 자신의 꿈이라 생각하고 그 꿈을 이룰 것이라는 막연하지만 희망을 가지고 생활한다. 그러나 중학생이 되어 "꿈이 무엇이니?"라고 물으면 대부분 "아직요.", "몰라요.", "별로 하고 싶은 것이 없어요.", "잘하는 것이 없어서요....", "공부를 못해요." 등 부정적인 대답이 많이 나온다. 고등학생이 되면 지극히 현실화되어 공무원과 평범한 회사원이 꿈이라는 이름으로 포장되어 나타난다.

꿈이란 무엇인가? 꿈은 살아가면서 하고 싶은, 원하는, 도전하고 싶은 자신의 삶을 지탱하는 힘이 되는 것이다. 그런데 우리나라에서 아이들의 꿈은 직업을 갖는 것이다. 그것도 생계유지를 목적으로 노동하는 일로 한정된다. 단지 타인에게 과시할 수 있는 일, 사회적 지위가 높은 일, 경제력이 있는 일을 위해 쉼 없이 현재의 행복을 유예하고 참고 견뎌내는 것이다.

그러나 모든 학생들이 자신이 원하는 직업을 모두 가질 수는 없다. 그로 인해 아이들은 모두가 선호하는 몇 가지 직업을 갖기 위해 유치원 때부터 남들보다 뛰어나기를 강요받고, 타인을 이기기 위해 서로 생채기를 내며 경쟁을 하고 있다. 그들은 꿈도 성적순으로 꾸어야 하고, 성적이 안 되면 꿈조차 꿀 수 없는 루저(loser)로 취급 받기도 한다.

우리 아이들은 하루가 바쁘다. 아침부터 밥도 제대로 먹지 못하고 무표정한 얼굴로 등교한다. 내 옆 친구를 이기기 위해 쉬는 시간에도 학원 숙제를 하는 데 투자한다. 학교가 끝나면 얼굴도 모르는 전국의 또래들을 이기기 위해 저녁도 인스턴트로 때우고, 지친 몸을 끌고 영혼이 없는 얼굴로 학원으로 향한다. 이렇게 매일 다람쥐 쳇바퀴 돌 듯 숨 가쁘게 살아가는 아이들이 너무 많다. 밤늦은 귀가 길에는 자기 몸보다 큰 가방을 늘어뜨리고, 스마트폰으로 게임을 하며 엘리베이터를 타는 아이들을 쉽게 만날 수 있다. 이들은 고등학생도 아니다. 한창 뛰어 놀 초등학생인 것이 이제는 놀랍지도 않다.

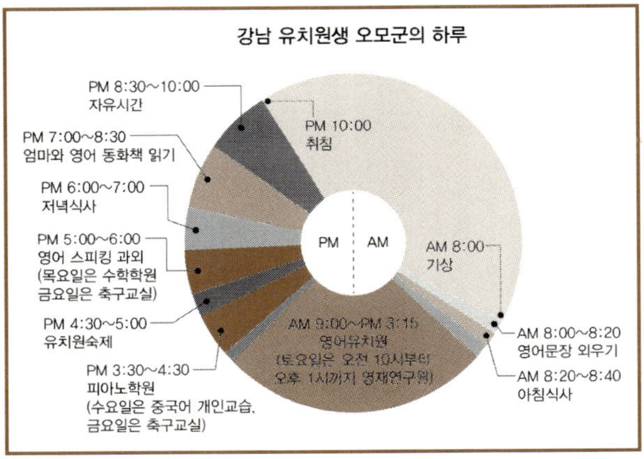

출처: bhumor.co.kr –강남 유치원 오모군의 하루

사람은 여유로움이 있어야 생각을 한다. 눈코 뜰 새 없이 바쁠 때는 아무런 생각도 하지 못한다. 사람은 생각할 수 있어야 자신의 삶도 돌아보고 자기가 나아가야 할 방향을 고민하기도 한다. 영국의 철학자 러셀(B. A. W. Russell)에 따르면, 사람은 약간 게으를 때 창조적이며, 빈둥빈둥할 때 상상력이 솟아오르고 꿈을 꿀 수 있다고 한다.

꿈을 가지는 것도 속도를 재며 조급해 하는 부모들이 많다. 유치원 때부터 남들이 꿈이 무엇이냐고 물으면 당당하게 대답할 수 있기를 바란다. 제대로 된 꿈을 가지려면 자기가 무엇을 잘하고 좋아하는지 알아야 그것을 기반으로 꿈을 가질 수 있을 텐데 말이다.

『대학(大學)』에 다음과 같은 글귀가 있다.

> 知止而后有定(지지이후유정)...... 慮而后能得(려이후능득)
> 머무를 곳을 안 이후에 일정한 방향이 있고, 생각한 이후에 얻을 수 있다.

이 글귀가 마음을 울리는 것은 지금 이 시간에도 부모의 꿈을 위해, 무엇에 필요한 것인지도 모를 스펙을 쌓기 위해 몸과 마음이 망가지고 있는 아이들이 눈에 아른거리기 때문일 것이다.

'머무를 곳을 안 뒤에야 정해진 방향이 있고, 정해진 뒤에야 차분해 질 수 있고, 차분해진 뒤에야 평온할 수 있고, 평온한 뒤에야 생각할 수 있고, 생각한 뒤에야 성취할 수 있다.'

우리 아이들에게 남보다 먼저 꿈을 가지라고 강요하기 전에 그들에게 꿈을 꿀 수 있는 시간을 주어야 할 것이다.

하루 종일 끊임없이 일방적으로 지식을 주입시키며 생각을 정지시키는 쳇바퀴를 멈추고, 자신을 온전히 바라볼 수 있는 '틈'을 주고, 평온을 찾을 수 있도록 '쉼'을 주며, 자신과 자신을 둘러싼 주변을 연결지어 '생각'할 수 있도록 해 주어야 아이들은 자신의 꿈을 찾기 위해 속도를 낼 것이고 도전할 수 있지 않을까?

제 2 장

읽지 않고 질문하지 않는 아이들

수석교사 **진은경**

배움에 목마를 틈을 주지 않는 오늘의 우리 교육

개성을 무시하는 주입식 교육이 판친다

출처: http://blog.naver.com/hoppangm5?Redirect=Log&logNo=220375363057

교육(敎育)에서 '교(敎)'의 사전적 의미는 '가르치다', '방향을 제시하다', '이끌다', '모범을 보여주고 따르게 하다'이며, '육(育)'은 '기르다'를 의미한다. 영어로는 교육을 'education'이라고 하는데, 이 말은 라틴어 'educare'에서 유래한 것으로, 'e(out, from, away: 밖으로)'와 'ducare(lead: 끌어내다)'의 합성어다. 따라서 교육이란 '아동이나 학생이 가지고 있는 선천적인 소질 또는 잠재적인 능력을 표출할 수 있도록 바람직한 방향으로 이끌어내는 작용'이라고 할 수 있다.

교육의 목적은 무엇일까? 한 인간이 스스로 생각하고 문제를 해결해 나가며 자신의 삶을 주체적으로 살아갈 수 있는 토대를 마련해 주는 것이 아닐까? 그러므로 교육은 아이들 입장에서 출발해야 한다. 아이들이 사고하고 사유할 수 있는 능력을 키워줄 수 있어야 한다. 아이들의 그러한 능력을 키워주지는 않고 수학 공식을 외우고 손가락으로 검색만 하면 찾을 수 있는 단순 지식들을 외워 점수를 올려야 한다면 그것은 교육이 아니다.

그러면 우리 아이들의 교육은 어떠한가? 우리나라 어머니들의 극성은 자녀가 태어나면서부터 시작된다. 아니, 어쩌면 뱃속에 있을 때부터 시작되는 것 같다. 아이가 어떤 것에 관심을 보이거나 의사를 표현할 시기가 될 때까지 기다릴 여유도 없이 아이를 온갖 종류의 학원으로 돌리기에 바쁘다. 미술, 피아노, 태권도에서부터 수영, 발레, 영어, 수학, 과학에 이르기까지 다양하다. 그러다가 조금 더 자라면 영어 조기교육이 필수 코스인 것처럼 아이에게 영어를 주입시킨다. 우리에게 낯설지 않은 단어인 '기러기 아빠'나 '기러기 가족'은 이러한 영어 조기교육의 대표적인 산물이라 할 수 있다.

한때 영어 발음에 좋다하여 혀 절개 수술이 유행처럼 번져가기도 했다. 아이가 무얼 좋아하는지, 무엇에 관심을 보이는지 관찰하고 적성과 소질을 발견해 나갈 여유도 없이 옆집 아이가 다니는 학원이면 불안한 마음으로 쫓아가는 우리의 현실은 분명 문제가 있어 보인다. 그렇게 부모의 욕심대로 잘 따라와 주던 아이들은 중·고등학생이 되면 입시중심 교육에 내몰리게 되고 자신이 잘하는 것과 좋아하는 것은 생각해 볼 겨를도 없이 당장 성적을 올릴 수 있는 일방적인 주입식 교육에 몰두하게 된다.

아이들이나 부모들은 스스로의 재능이나 개성에 대한 깊고도 관심 어린 관찰 없이 막연한 꿈을 좇아 방황하거나 너무 어린 나이의 선행학습으로 인한 피로감에 무기력해진다. 심한 경우 스트레스를 이기지 못해 자신을 파괴하는 행동을 하기도 한다.

학교 현장에 있다 보면 해가 갈수록 정신병리적인 행동을 보이거나 분노조절이 어렵거나 정서장애를 가진 학생들의 숫자가 늘어간다는 것을 실감하게 된다. 예전에는 학업을 잘 따라가지 못하고 집안에 문제가 있는 특이한 몇몇 아이들에게서 보여지던 행동들이 요즘은 너무나 평범한 집안의 평범해 보이는 아이들에게서 보인다는 사실에 가슴이 아플 때가 많다. 경쟁적인 학업에 대한 스트레스가 가장 큰 이유라 할 수 있겠다.

중·고등학교를 무사히 통과하여 명문대학에 입학한다 하더라도 대학생이 된 이후 적성에 맞지 않아 다니던 학교를 그만두고 방황하거나 직장을 가진 후 능력과 적성에 맞지 않아 퇴직하는 사례를 주변에서 심심찮게 본다. 이는 자신이 잘하는 것, 좋아하는 것에 대한 구체적이고 깊은 고민 없이 성적순으로 진로와 인생을 결정하게 만드는 줄 세우기식 교육 탓이다.

과거 산업사회와 달리 현대 지식정보화사회는 다양하고 종합적인 사고와 능력을 요구한다. 더 이상 과거와 같은 획일적인 교육으로는 이러한 다양성을 채우는 데 한계가 있다. 아이들의 개성을 무시한 일방적인 교육이 아닌 아이들에게 숨겨져 있는 재능을 찾아서 키워줄 수 있는 다양한 교육의 필요성이 절실하다 하겠다. 경쟁을 위한 주입식 교육보다는 예전 우리의 전통적 한국교육에서 했던 것처럼 개인의 능력에 맞는 삶과 연계된 교육이 필요한 시점이다.

기다리지 못하는 일방적, 암기·주입식 가르침을 언제까지 해야 하나요?

대학에 갓 들어간 한 학생이 대학생활을 3개월 가량 맛본 어느 날 이러한 말을 했다. 기숙사에 있다 주말에 집으로 오면서 길거리에서 마주치는 중·고등학생들을 보면 정말 불쌍해 보인다고 했다. 커다란 가방을 메고 학교에서 학원으로, 학원에서 학교로 이끌려 다니면서 마치 감옥에 갇힌 죄수들처럼 감시 속에서 살아가는 우리나라 청소년들이 너무 안쓰러워 보이면서 본인이 다니던 I영어학원이나 P학원 시절이 생각난다는 것이었다. 그래서 공교육에 몸담고 있는 나를 포함한 많은 선생님들은 우리 아이들을 죄수로 보지 않고 '어떻게 하면 아이들의 삶과 연계될 수 있게 수업내용을 구성하고 즐겁게 배울 수 있게 수업을 설계할까?'를 늘 고민하고 있다

고 답변했다.

비록 대학 입시를 최우선으로 하는 인문계 고등학교지만 '어떻게 하면 학생들에게 창의적인 사고와 훌륭한 인성을 길러줄 수 있을까?'를 끊임없이 고민한다고도 얘기했다. 그도 그럴 것이 그 학생은 수능, 내신, 논술 어느 하나도 포기하지 못하고 신경 쓰느라 힘들었고, 그래서 재미없고 찌들었던 고등학교 생활이 떠올라서 학교라면 감옥이라고 생각되어 더욱 그러했다고 한다. 대학 진학을 담보로, 행복을 담보로 '고진감래(苦盡甘來)'를 겪어본 학생이다. 다행히 소위 말하는 명문 대학에 진학을 했고 그것으로 위안을 삼고 있지만 지나쳐 가는 중·고등학생들의 가방 무게가 여전히 본인의 어깨를 누르는 무게로 느껴졌을 것이다.

그렇다면 우리 아이들은 어떻게 해서 유년기부터 학교와 학원, 그리고 입시라는 거대한 감옥에 갇혀 감시를 받으며 살아가게 되었을까? 우리나라의 교육은 대학 입시를 지상 목표로 하고 있다. 심하게는 초등학교 때부터 입시의 길로 들어선다고 한다. 보다 높은 서열에 있는 대학에 입학하는 것만이 학생, 학부모, 교사의 목표가 되다 보니 학생의 인격이나 개성은 고려 대상이 되지 못한다. 그래서 궁금증이 일어날 때까지 기다려 줄 여유조차 없이 경쟁적으로 다른 아이보다 더 많은 정보를 넣어 줄 수 있는 일방적인 교육방법을 쓸 수밖에 없는 것이다.

요즈음 교육현장에서 가장 빈번히 듣는 용어들은 '학생중심', '현장중심'이다. 입시결과에 신경 쓸 수밖에 없는 인문계 고등학교에서도 일방적으로 강의하지 않고 최대한 학생들이 참여하고 학생이 중심이 되는 수업을 하려고 늘 고민하고 애쓰는 교사들이 많다. 교사는 촉진자로서, 조력자로서만 머무르기 위해 역할을 최소화하고, 학생들이 학습활동에 최대한 참여하고 이끌어 갈 수 있도록 수업을 설계해 보지만 성적이 우수한 학생들일수록 그러한 활동이나 협업중심의 수업방법보다는 많은 정보를 손쉽게 전달받을 수 있는 요약된 암기·주입식, 소위 암죽식 수업방법을 더 선호한다. "옆 반 선생님은 상세하게 설명해 주셨대요." "옆 반 선생님은 이 부분에서 몇 문항 출제되는지도 말씀해 주셨대요."라고 더 많이 떠먹여 줄 것을 요구하는 경쟁에 익숙해진 우리 아이들을 보며 가슴이 답답해지곤 하는 것이 오늘의 학교 현장이다.

배움에 목마를 틈을 주지 않는 학원공화국인가?

10여 년 전에 뉴질랜드에 2년간 머무른 적이 있다. 뉴질랜드로 갈 때 두 아이의 1년치 수학 학습지와 수많은 학습과 관련된 책들, 그리고 그 나이에 읽어야 한다고 알려진 많은 한국 책들을 준비하여 가져갔던 기억이 난다. 왜냐하면 아이들이 다시 한국으로 돌아왔을 때 학습이 뒤쳐져 따라가지 못할까 걱정이 되었었기 때문이다.

그러나 한국인이 모여 사는 곳에는 어김없이 '학원'이 있다는 말을 뉴질랜드에 가서도 실감할 수 있었다. 학교에서 받는 일반 수업 이외에 외국 학생들을 위한 ESOL수업, 거기에 속성으로 영어를 배울 수 있는 원어민 과외선생님은 어디에나 존재하고 있었다. 수학도 한국에서 온 아이들을 위한 한국식 선행학습용 수학학원을 어렵지 않게 찾을 수 있었다. 한국에서 잘 나가는 부교재를 사용하고 있었고, 한국 커리큘럼에 맞춘 맞춤식 선행수업이 이루어지고 있었기에 1년치 학습지를 굳이 준비해 갈 필요가 없었던 것이다. 오죽하면 위키피디아(wikipedia)에 'hagwon(학원)'이라는 단어가 기재되어 있을까?

학원은 본래 정규 교육과정을 잘 따라갈 수 없을 때 부족한 학습을 보충해 주는 곳이다. 공교육을 보완해 주는 위치에 있어야 함에도 불구하고 사교육이 교육의 안방자리를 빼앗은 위상을 우리는 심심찮게 볼 수 있다. 한마디로, 굴러온 돌이 박힌 돌을 뽑아 버린 형국이 된 지 오래다.

해마다 실시하는 사교육 실태조사에 따르면, 도시 인근 지역의 경우 한 학급 35명 학생 중 20~30명은 학원을 다니고 있는 것으로 나타난다. 특히 상위권 학생들일수록 학원에서 영어, 수학은 기본이고 논술 또는 국어나 과학도 수강하고 있었다. 일명 빡센 학원일수록 유명한 학원이고 숙제가 많다 보니 아이들은 학교에서 학원 수업을 듣느라 모자란 잠을 자거나 학원 숙제를 하는 경우가 허다하여 사교육에 공교육이 밀린, 안방을 내준 꼴이라며 교사들끼리 푸념을 한다. 또한 학교에서 체벌을 했다가는 학생들이나 학부모로부터 고발당하기 십상이지만 학원에서의 체벌은 오히려 달게 받는 주객이 전도된 상황이 심심찮게 벌어지는 것이 현실이다.

그러나 이렇게 학원에 매달리는 현상이 중·고등학교에만 한정되는 것이 아니라는 것이다. '학원공화국'임을 증명해 주듯이, 대학을 포함한 사회 전반에서 나타나는 각종 어학시험, 자격시험, 공무원시험, 대학 편입학시험 심지어 각종 국가고시에서조차 사교육에 의존하는 현상이 점점 늘어나고 있다. 요즈음은 대학교 전공과목도 사교육을 받는다는 보도가 있었다. 심지어 군 복무를 위한 시험 전문 학원이 있을 정도라 한다.

서열화된 대학입시와 만연한 학벌 위주의 사회 구조로 인해 중·고등학교에서는 반복과 암기 위주로 많은 양의 정보를 억지로 머리에 쑤셔 넣는 암죽식 교육이 판을 치고, 그러한 암죽식 교육의 선봉에는 학원이 있는 '학원공화국'이 되어 있는 것이다. 남들보다 조금이라도 앞서 나가려는 경쟁심과 개인의 욕구를 만족시켜 줄 수 없는 대학교육 시스템으로 인해 대학생이 된 이후까지도 학원에 의존하는 것이 현실이다. 바로 이러한 이유 때문에, 학문에 대한 궁금증이 일어날 때 그 갈증을 해결해 주는, 그리하여 학문적 답답함을 풀어주는 단비교육이 절실하다 하겠다.

오늘 대한민국 아이들의 모습은 어떠한가?

아이들은 읽고 싶어 하지도, 읽지도 않는다

요즘 아이들은 문제풀이는 열심히 하지만 읽지는 않는다. 요점만 읽으려하고 원문을 다 읽으려 하지 않는다. 교과서나 부교재를 제외한 일반 도서를 읽지 않는다는 것만을 말하는 것은 아니다. 예전에는 국어교과든 영어교과든 사회교과든 대부분의 교과서를 소리 내어 읽어 보는 것을 가장 먼저 해야 할 일로 알고 있었다.

그러나 현재의 학교의 모습은 어떠한가? 해마다 느끼는 것이지만 우리 아이들이 점점 더 문제풀이에는 익숙해져 가는데, 기본적인 어휘 실력은 떨어져 가고 있다는 사실을 실감한다. 그러다 보니 발문(questioning)에 나오는 말이 무슨 뜻인지를 묻는 아이들이 늘어간다. 영어교과의 경우도 언제부턴지 모르게 문제를 풀기 위한 읽기와 듣기 연습은 해도 영어 문장을 읽는 것, 특히 소리 내어 읽는 모습은 흔치 않은 것이 되어 버렸다. 언어를 익히는 과목의 경우는 소리 내어 읽는 것이 읽기의 기본임에도 말이다.

아이들이 독서를 하지 않게 된 원인을 생각해 보면 학교가 공부와 독서를 분리시켜 왔기 때문이 아닐까 생각된다. 교과서나 부교재 이외의 다른 책을 보는 경우 아이들은 종종 책을 보지 말고 공부하라는 말을 듣게 된다. 공교육에서 독서는 오직 논술을 위한 보조수단이 되어 버린 것이다. 공부는 무엇보다도 독서로부터 시작되어야 한다. 독서는 공부의 시작이며 공부의 핵심이다.

독서기피 현상의 또 다른 원인은 스마트폰의 본격적인 보급 때문이기도 하다. 예전에는 가을을 독서의 계절이라 불렀건만 요즈음은 그러한 말을 들어보기도 힘들다. 옛날 우리나라 교육방법의 기본은 읽고 또 읽고, 이해될 때까지 읽는 것이었다는 사실을 명심해 볼 일이다.

아이들은 질문하지 않는다

아이들이 질문을 하지 못하는 원인은 우리 교육에서 찾을 수 있다고 생각한다. '질문'을 자녀교육의 가장 중요한 덕목이라고 강조하는 유대인 부모들이 항상 아이에게 생각할 수 있는 질문을 던진다는 것은 널리 알려져 있는 사실이다. 유대인 부모들은 학교에서 돌아오는 아이에게 우리나라처럼 "오늘 학교에서 수업 잘 들었니?"가 아니라 "오늘 수업에서 무슨 질문을 했니?"라고 물어봄으로써 질문을 통해 지식을 얻어가는 과정을 즐기도록 안내해 주는 역할을 한다고 한다. 부모에게서 질문을 받은 아이는 제 답을 찾기 위해 끊임없이 생각하고 논리적인 대응을 하기 위해 고민하는 과정에서 사고력이 움트고 저절로 지혜가 자라날 것이다. 유대인 부모는 아이를 억지로 공부시키지 않고 늘 '답을 얻기 위해 스스로 생각할 수밖에 없는 질문이 무엇일까'를 고민한 후 가장 좋은 질문을 골라 아이에게 던진다. 그리하여 그러한 부모 슬하에서 자란 아이는 질문하기를 두려워하지 않게 되는 것이다.

사고력을 키우는 가장 효과적인 방법은 자기 나름의 의문을 품는 것이다. 사람은 알면 알수록 숱한 의문에 부딪히게 된다. 지적인 성장은 그러한 의문들을 풀기 위해 무수히 질문하고 더 깊게 사고하는 과정에서 이루어진다. 따라서 질문은 인간을 발전시키는 길잡이이자 출발점인 셈이다. 그러나 오늘날 우리의 교실에서는 질문이 사라져가고 있다.

학생들이 질문을 하지 않게 된 또 다른 이유는 지나친 선행학습 때문이라고 생각한다. 선행학습은 우리 아이들에게서 공부하는 재미와 흥미를 빼앗아 가고 있다. 학부모들의 불안한 마음을 잘 이용하는 학원의 마케팅 전략 때문에 절대적으로 보충학습이 필요한 하위권 아이들까지 무조건적으로 선행학습에 내몰리다 보니 아이들은 스스로 공부하는 능력과 학교 수업에 대한 흥미를 잃어버렸다. 질문이란 먼저 스스로 공부하려는 의지와 흥미가 있어야만 나오는 것이다. 질문이란 '왜?'를 생각하며 자기 주도적으로 생각하고 답을 찾으려 애쓰는 과정에서 나오는 것이다.

질문이란 학생이 교사에게만 할 수 있는 것이 아니라 친구들끼리 하기도 하며, 친구들에게 자기 생각을 표현하고 타인의 생각을 듣는 과정을 통해 상호작용할 수 있는 좋은 인성교육의 토대가 되기도 한다. 단순히 학습내용에 관한 질문에서부터 자기 생각을 표현하고 토론하는 데 이르기까지 활용되어야 할 질문이 사라져 가는 것은 오늘날 교육에서 분명 생각해 보아야 할 큰 문제임에 틀림없다. 예전 우리의 전통교육에서 동료에게, 접장에게, 스승에게 할 수 있었던 질문을 오늘 우리 교실에서 살아나게 할 수 있는 방법이 절실하다.

아이들은 스스로 생각하는 것이 힘들다

영어 교과서의 한 단원은 대개 '듣기와 말하기', '읽기', '쓰기'로 나누어져 있다. 아이들은 이 중 '쓰기' 단원을 대체로 가장 어려워하고 싫어한다. 듣기평가와 읽기평가는 수능에서 뿐만 아니라 EBS 듣기평가와 학교의 정기 지필평가에서도 다루기 때문에 늘 유념해서 문제를 풀어온 원인도 있지만, 쓰기에서는 많은 생각을 해야 하기 때문에 아이들이 어려워한다. 요즘 아이들은 "문제를 풀어볼까요?"에는 익숙하지만, "한 번 생각해 볼까요?"라고 하면 "싫어요."를 남발한다. 게다가 더욱 더 싫어하는 말은 "생각해서 써 볼까요?"라는 말이다. 생각하도록 교육을 받아 보지 못한 아이들에게 생각하라고 하니 죽을 맛인 것이다. 교육은 아이들 입장에서 출발해야 한다. 아이들이 사고하고 사유하도록 키우지 않고 단순히 암기하도록 하는 것은 교육이 아니기 때문이다.

앨빈 토플러(Alvin Toffler)가 "오늘날 많은 학생들이 현재의 학교가 자신에게 내일이 아니라 어제를 준비시키고 있다는 사실을 확실하게 인식하고 있다."고 말한 것처럼, 우리의 아이들을 교육의 주체가 아니라 '훈련'의 대상으로만 여기는 인식이 너무 강하다. 오로지 학벌을 위해 달려왔기 때문에 주입식 교육 이외의 다른 것은 모른다는 것이다.

오늘 우리의 교육은 사고를 억압한다. 생각할 틈을 주지 않을 뿐만 아니라 생각 자체가 필요 없다. 입시 중심의 암죽식 교육으로 인해 국가와 학교가 제시한 문제의 해답만 찾으면 된다. 또한 해답을 찾는 방법은 간단하다. 외우면 되고, 그 외우는 요령은 사교육을 통해 터득하면 된다. 이렇게 외우는 데는 '사고'가 전혀 필요 없다.

정답을 맞히고자 짧은 시간 동안 외웠던 것을 시험지에 깡그리 쏟아내고 그 이후 잊어버리는 것이 '사고(思考)'와 '사유(思惟)'는 아니다. 퀴즈풀이식 교육으로는 문제제기 능력만이 아니라 사유 능력도 불가능하다. 우리 교육에서는 대상과 마주쳐 머리에 쥐가

나도록 생각하고 고민하는 것을 중요하게 여기지 않았다.

어려서부터 국어, 영어, 수학, 과학, 사회, 체육 등의 교과목뿐만 아니라 피아노, 태권도, 골프, 스케이트 등을 가르치며 '만능 엔터테이너'가 되기를 강요하는 교육 환경에서 생각하고 사유할 줄 아는 능력이 탄생하기란 불가능에 가깝다. 손가락으로 몇 번 두드리면 찾을 수 있는 그러한 어제의 정보들을 달달 외워 정답만 찾아내고 그 다음날이면 다 잊어버리게 만드는 그러한 교육은 이제 정말 사라졌으면 좋겠다.

질문을 하면 역적이 된다

교실에서 선생님은 계속해서 설명을 하고, 설명이 다 끝나면 학생들에게 질문을 하라고 한다. 그러나 학생들은 질문을 하지 않는다. '질문'이라고 하는 단어를 국어사전에서 찾아보면 '알고자 하는 바를 얻기 위해 물음'이라고 나온다. 학생들이 '알고자 하는 바'라는 단어를 모르기 때문일까? 아니면 '알고자 하는 바'가 없기 때문일까? 전자이든 후자이든 그들은 질문을 거의 하지 않는다. 그렇다면 처음부터 학생들은 질문을 하지 않았을까? 그것은 아닌 것 같다.

몇 년 전에 신문에서 질문이 없는 교실을 보도한 적이 있다. 그 신문은 교실에서 질문이 사라진 첫 번째 이유로 입시위주의 암죽식 교육 때문이라고 보도했다. 입시위주의 암죽식 교육이 아마도 가장 중요할 것이다. 우리 학생들의 문화적 특성도 있을 수 있고 선행학습에 따른 이유도 있을 수 있다. 그러나 입시위주로 간다면 결국 학생들은 '왜?'라고 하는 질문보다는 그저 5개의 선택지 중에서 고르는 것에 익숙해지고 결국 암죽식으로 갈 수밖에 없다. 그래서 대학입시가 바뀌면 우리 교육 전체가 바뀐다. 대안이 있느냐? 그 질문에는 아직은 없다고 할 수밖에 없다. 어떤 것이든 다 문제가 있기 때문이다.

질문이 사라진 교실은 우리 선생님들에게는 이제 너무나 익숙하다. 학생이 질문을 하면 오히려 아주 반갑거나 아주 의아해거나 당혹스럽기까지 하다. 질문에 답할 수 없어서가 아니라 그러한 경험들이 매년 갈수록 적어지기 때문이다.

학생들이 교실에서 질문을 하지 못하는 가장 큰 이유 중 하나는 교육과정 때문이기도 하다. 수업을 하다보면 정말로 많은 양을 가르쳐야 한다. 수업진도를 생각하면서 수업을 하다보면 강의식으로 학생들과 교감(交感) 없이 수업을 할 수밖에 없다. 선생님이 설명을 일사천리로 해나가니 학생들은 듣는 데 익숙해진다. 학생들은 선생님이 수업을 하는 중간에 질문을 하게 되면 질문으로 인해서 수업의 맥이 끊기게 된다고 생각한다. 그러면 질문한 학생은 또 계면쩍어하고 다른 학생들도 수업 중간에 질문을 하지 않게 된다. 그리고 선생님은 자신이 생각하는 진도를 성공적으로 다 마치고 수업이 끝날 때쯤 되어서야 비로소 학생들에게 묻는다.

"질문 있나요?"

이때 질문하는 학생은 없다. 왜냐하면 선생님이 이 말을 할 때면 수업이 거의 끝나갈 시간이기 때문이다. 이때 질문을 하지 않으면 어영부영 지나가면서 쉬게 되고 그것은 쉬는 시간으로 이어져 결국 질문시간은 쉬는 시간의 연장이기 때문이다. 그런데 그때에,

"선생님, 저 질문 있어요!"

라고 하는 학생은 정말 교실에서 역적이 된다.

이렇듯 선생님은 계속해서 수업을 진행해 나가야 하고 그러한 강의식 수업은 결국 학생들의 입을 막게 된다. 그렇다고 강의식 수업이 나쁘다는 것은 아니다. 강의식 수업은 일정부분 필요할 때도 있고 지식전달 측면에서 볼 때 상당히 효율적인 방법이라고

생각한다.

굳이 거창한 이론을 들지 않더라도 교직을 이수하면서부터 들어온 말이 있다. 또는 교수방법에 관한 연수에서 거의 빠지지 않고 약방의 감초처럼 들어온 말 중 하나가 있다. 그것은 수업을 할 때 가급적 학생들에게 '예' 혹은 '아니오'식의 수렴적 발문보다는 가능한 다양한 생각들을 표출할 수 있도록 해 주는 확산적 발문, 개방적 발문을 하라는 것이다. 강의식 수업을 하다가도 가능한 학생들이 사고할 수 있도록 질문거리를 만들어 주라고 한다. 그러나 현실은 질문을 해도 학생들은 답이 없다. 선뜻 답을 하지 않는다. 결국 선생님들은 기다리다 당신이 질문하고 답하는 원맨쇼를 연출하면서 수업을 진행해 나간다.

오래 전의 이야기다. 키가 작은 김정식이라는 개그맨이 있었는데, 임하룡 씨와 같이 출연하는 개그 코너에서 그의 별명은 '밥풀떼기'였었다. 수업이 한창 진행되는 중간에 김소월의 '진달래꽃'의 한 구절이 나왔다. 그래서 이 정도는 알고 있겠지? 하는 생각으로 질문을 던졌다.

"김정식의 호가 뭐지요?"

학생들은 답이 없었는데 교실 어디에선가 작은 소리가 들렸다.

"밥풀떼기요."

당황한 나는 그것이 아닌데 '밥풀떼기'가 뭐지? 하는 순간 학생들도 움찔하는 것을 보았다. 분명히 소월이라고 해야 하는데 '밥풀떼기'..... 잠시 생각하다가 텔레비전에서 본 것이 생각났다. 그래서 한바탕 웃고 지나갔다.

누군가 엉뚱한 대답이라도 해준다면 그나마 수업은 잘 진행될 것이다. 엉뚱한 대답이나 틀린 답을 엮어서 설명하고 또 이끌어 가다보면 결국 정답에 가까워지는 경우가 많기 때문이다. 이러한 상황에서 화를 내는 선생님은 없을 것이다. 이러한 엉뚱한 대답을 통해서 학생과 교사들의 관계는 더욱 좋아지고 수업은 물 흐르듯이 자연스럽게 진행된다. 수업뿐만 아니라 모든 학교행사에도 영향을 미친다.

오늘날 교실에서는 학생들의 소리는 없어지고 교사의 소리만 있다. 과거 우리나라의 서당교육에서는 학동(學童)의 소리는 높고 많은 반면, 훈장님의 소리는 낮고 적었다. 글을 배우는 학동들은 소리 높여 읽고 훈장님은 그 소리를 듣고 판단하며 한마디를 던진다.

"잘 했다."

"더 공부하거라."

그러면 학동들은 또 읽고 외우며 그러한 과정에서 의미를 찾아가며 공부했다. 모르면 주변 친구들에게나 먼저 배운 학형(學兄)에게 물었다. 내가 교사로 발령받았을 때에도 수업시간이 시작되면 학생들은 오늘 공부할 부분을 반장이나 과목부장이 주도하여 책을 읽었다. 복도에는 책 읽는 소리가 들렸고 선생님들은 책 읽는 소리를 들으며 교실에 들어갔다. 그러나 지금은 조용하다. 질문이 없어진 것은 두말할 것도 없고 책 읽는 소리조차 들리지 않는다.

제 3 장

사람을 사람답게 하는 인간관계

▎수석교사 **장양기**

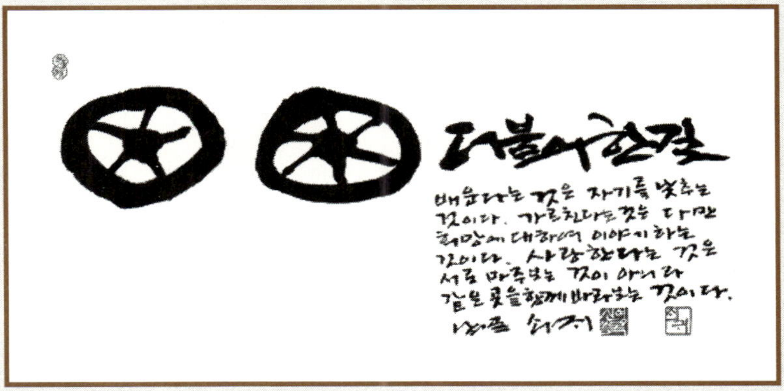

출처: http://blog.daum.net/_blog/BlogTypeView.do?blogid=0Ur5f&articleno=762

콩쥐는 원님과 결혼 후에 행복했을까?

내가 수업을 할 때 도입부분에서 자주 사용하는 것은 학생들이 많이 알고 있는 동화나 우화의 내용이다. 내가 동화를 수업자료로 사용하는 이유는 수업을 할 때 동기유발 부분에서 많은 학생들이 알고 있는 사실에서부터 끄집어내면 공감대를 형성할 수 있기 때문이다. 그리고 동화에 나오는 여러 사실이나 사건, 그리고 지형들을 수업에 활용하려고 동화를 다시 읽고 또 읽는다.

동화나 우화를 다시 읽다보면 그 뒷이야기가 궁금해진다. 동화를 다 읽고 나면 '결혼을 해서 잘 살았다고 합니다....' 하면 그냥 믿어야 하는데 막장드라마를 많이 본 탓인지 그 뒷이야기가 궁금해진다. 심청전에서 효녀 심청은 아버지 눈을 뜨게 하고 왕비로서 잘 살았다고 하는데 그것을 본 뺑덕어멈은 과연 가만히 있었을까?

우리가 어릴 때부터 많이 들어왔던 동화에 콩쥐팥쥐 이야기가 있다. 콩쥐는 물에 빠트린 꽃신을 계기로 원님과 결혼을 하게 된다. 원님은 신분이 높고 공부를 많이 한 양반집 자제였을 것이고, 콩쥐는 밭을 매는 것을 보면 여염집의 자식이었을 것이다. 원님과 콩쥐는 결혼을 해서 잘 살았다고 한다.

그런데 정말 잘 살았을까? 괜히 이러한 것의 뒷이야기가 궁금해진다. 왜냐하면 두 사람이 자라온 환경이 너무도 다르기 때문이다. 정말 평탄하게 잘 살았을까? 하는 생각이 든다.

그들이 불행한 최후를 맞이하기를 바라는 것은 아니다. 그러나 원님의 친구들은 학식이 높은 사람들일 것이고, 콩쥐의 친구들은 그렇지 못했을 것이다. 두 사람의 자라온 환경이 너무 다르기 때문에 생각이나 행동도 많이 달랐을 것이다.

만약 원님과 콩쥐가 시장에 갔다고 가정해 보자. 시장에서 같은 물건을 보더라도 값이 '싸다'와 '비싸다'에 대한 기본 개념이 다르기 때문에 혼돈이 오기도 했을 것이고, 물건의 품질에 있어서도 '좋다'와 '나쁘다'를 가르는 기준도 달랐을 것이다.

예를 들어, 원님과 콩쥐가 시장에 갔는데 100만원짜리 시계가 있다고 해보자.

그러면 콩쥐는 다음과 같이 생각했을 것이다.

"아니? 무슨 시계가 100만원씩이나 해? 저렇게 비싼 것을 누가 사지?"

그러나 원님은 같은 시계를 보고 다음과 같이 생각하여 더 비싸고 좋다고 하는 시계를 고르려고 시선을 돌릴 것이다.

"저렇게 저렴한 시계를 콩쥐에게 사주면 안 되겠지?"

친구나 친척과의 관계에서도 불편함을 나타냈을 것이다. 처음에는 새롭기 때문에 모두 신기해하고 좋은 관계를 유지했을 것이다. 그러나 모든 사람들이 같은 마음이 아니기에 시간이 지나면서 시기하는 사람들도 있었을 것이고, 친구들의 말 한마디나 친척들의 눈빛 하나하나에도 상처를 받고 그것 때문에 불편한 관계가 될 수도 있었을 것이다.

처음에 만나는 사람들과 인사를 하고 관계를 맺는 것은 어려운 일이다. 그러나 그 관계를 유지해 나가는 것 역시 쉬운 일이 아니다. 주변 사람들과의 관계가 좋다고 해도 그 관계를 유지해 나가는 것에는 어려움이 따른다. 관계가 좋으면 모든 일은 잘 이루어진다. 사람들은 살아가면서 주변 사람들과의 관계 때문에 흥망성쇠가 바뀌는 경우가 종종 있다.

교실에서도 마찬가지고, 학교에서도 같은 현상이 나타난다. 교실도 작은 사회다. 『우리들의 일그러진 영웅』에서도 관계를 잘 맺으려고 노력하는 부분이 있다. 병태는 엄석대에게 대항하려고 하다가 결국 외톨이가 되고 만다. 지금의 개념으로 말하면 '왕따'라고 표현하는 것이 가장 좋을 것이다. 그 후 병태는 엄석대와 관계를 개선하려고 노력한다. 교실에서도 관계가 중요하다.

가장 훌륭한 교육은 지식을 가르치는 것이 아니라 감동을 주는 것이다. 교실이라고 하는 곳이 지식을 전달하는 공간으로서만 한정되면 결국 교실에서 학생들이 배우는 것이 적어진다. 수업을 한 시간 한다는 것은 지식을 전달하는 시간일 수도 있지만 사람과 사람의 관계 속에서 배워야 할 것들이나 먼저 살아온 분들의 선행 경험을 통해 습득하는 지혜를 배우는 시간이기도 하다.

감동을 주는 교육은 좋은 관계에서 시작된다. 좋은 관계가 이루어지기 위해서는 먼저 선행되어야 할 것이 신뢰(信賴)이다. 신뢰를 바탕으로 한 관계만이 좋은 관계를 유지할 수 있기 때문이다. 현재 교실에서 이렇게 신뢰를 바탕으로 한 관계가 형성되어 있다고 할 수 있겠는가? 서로의 관계를 잘 맺고 살아가고 있는가? 학생들은 동료 학생들과 서로 믿음을 가지고 생활하고 있는가? 선생님과 학생들은 편안한 관계 속에서 수업을 하고 있는가? 선생님과 학부모의 관계는 서로 불편한 관계는 아닌가?

시험 볼 때 외우면 되잖아요!

많은 사람들은 중·고등학교 선생님들은 같은 과목을 각 반마다 가르치기 때문에 수업준비를 한 번 하고 나면 몇 시간을 똑같이 사용할 수 있어서 좋겠다고 한다. 그런데 수업이란 것을 조금만 해 보면 그것은 전혀 사실이 아님을 금방 알게 된다. 만약 앞에서 말한 대로 한 번 수업준비를 하고 몇 시간을 사용할 수 있다고 한다면 교실수업은 인터넷 강의가 될 것이다. 인터넷으로 강의를 들으면 언제든지 보고 싶을 때 볼 수 있고 강의를 듣다가 잠시 쉴 수 있어서 편리하다.

내가 아는 선생님 중 한 분의 별명이 '인강'이다. 외모가 수려해서 텔레비전에 나오는 선생님처럼 생겼다. 그러나 이 말은 수업에 들어가서 열심히 설명은 하지만 학생들과의 피드백은 없음을 의미한다. 뭐라고 설명을 계속 이어 나가지만 알아듣는 학생들은 별로 없다는 것이다. 인터넷 강의는 강의 중에 어느 부분이 모르거나 이해가 안 가는 부분은 다시 듣기를 통해서 복습할 수도 있다. 그러나 학교에서의 실제 수업은 그렇지 못하다.

그러면 학생들을 학교에 보내는 이유는 무엇일까? 학교에 보내는 이유가 의무교육 때문이라면 초등학교만 마치고 검정고시를 통해 해당 자격을 취득할 수도 있고 나름대로 학문을 계속하여 자신의 업적을 쌓아갈 수도 있다.

수업(teaching)을 면밀히 살펴보면 환자를 대하는 의사와도 같은 입장이다. 감기라고 해서 같은 감기가 아닐 수도 있다. 감기에 걸린 사람의 체질에 따라서 약을 다르게 처방할 수도 있다. 교실에서 교사도 같은 입장이다. 수업시간이 어느 반은 항상 점심 먹고 5교시에 든 반도 있고, 체육시간 다음에 든 반도 있다. 때로는 고맙게도 오전에만 든 반도 있을 수 있다. 또는 이전 시간에 담임선생님에게 혼난 반도 있을 수 있고, 내 수업이 체육대회 축구시합 예선 전 시간일 수도 있다. 어떤 반에서는 수업분위기가 좋게 시작했다가 예기치 못한 학생의 태도에 반 전체가 경직되어 수업이 진행될 수도 있다. 그러한 경우 교사는 어떻게 해야 할까?

수업에 들어가면 정말 다양한 상황이 벌어질 수 있다. 따라서 선생님들은 여러 가지 수업모형을 공부하여 체득한 후에 그것을 상황에 맞게 바꿔 가면서 수업을 진행해야 한다. 아무리 좋은 수업방법이라 할지라도 한 시간을 온전하게 적용할 수 없을 때가 많다. 이러한 상황을 대비하기 위해, 선생님들은 각종 연수를 통해 여러 가지 수업방법을 배우고 익혀서 다가올 수업에 대처하게 된다. 모든 선생님이 그런 것은 아니지만 많은 선생님들은 끊임없이 연수에 참여하고 적극적으로 배운다. 자비(自費)를 들여서라도 의미 있는 연수는 적극적으로 참여한다.

교실은 신뢰와 관계를 바탕으로 하는 작은 사회다. 교실에서 수업이 이루어지는 것은 단순히 교사가 학생에게 지식을 전달하는 것으로만 국한되지는 않는다. 교실에서의 관계는 다양하다. 선생님과 선생님의 관계, 선생님과 학생의 관계, 선생님과 학부모의 관계, 학생과 학생과의 관계 등 다양하다. 학생과 학생과의 관계라고 해도 한 반에 30명 정도가 되니 그들의 관계도 무시하기 어려울 정도다. 그래서 수업은 단순히 지식을 전달하는 형태나 수단이 아니다. 따라서 관계가 무너지면 결국 수업은 단순한 지식의 전달로 끝을 맺는다.

몇 해 전 수업시간이었다. 수업을 하는데 공부를 잘한다고 알려진 학생이 엎드려 자고 있었다. 수업시간에 엎드려 잘 때는 보통 선생님의 허락을 받는다. 그런데 주변에서도 가만히 있는 것으로 보아 무슨 이유가 있겠지 하고 수업을 했다. 수업을 1/3 정도 마치고 여전히 엎드려 자고 있기에 무슨 일인지 궁금하기도 하고 다른 학생들과의 형평성 문제로 시비가 될까 싶어서 조용히 책상을 두드려 깨웠다.

"무슨 일이 있니? 어디 아픈 것은 아니니?"

"......"

부스스 일어나면서 아무 말이 없기에 다시 물어 보았다.

"어디 아픈 건 아니지? 아프면 보건실 갈래?"

"......"

책상 위에는 내 수업에 필요한 책이 아닌 다른 책이 펼쳐져 있었다. 아무 말이 없기에 그냥 수업을 진행했다. '다 이유가 있겠

지'하면서 수업을 진행하는데 조금 있다 보니 또 엎드려 잔다. 그래서 옆으로 가서,

"자! 이젠 책을 펴 놓고 공부를 하자."고 했다. 그 대답으로 학생은 퉁명스럽게 이렇게 대답한다.

"시험 볼 때 외우면 되잖아요."

이때 훌륭한 선생님이라면 분명 대화로 풀어가야 한다고 머릿속으로 알고 있을 것이다. 예를 들어, '○○야, 많이 힘들구나! 그러면 안 되지. 시험 볼 때 공부를 하더라도 지금은 수업시간이니까 수업에 집중해야지.' 아니면 다른 말로 다독여서 수업을 해야만 했지만 난 그렇게 하지 못했다. 순간 화가 나서 아무 말도 하지 못하고 있었다.

교실은 조용해졌고 아이들은 책만 바라보고 있었다. 과연 내가 어찌 해야 할 것인가? 잠시 생각하다가 그만 돌아서고 말았다. 이러한 곳에서 수업을 해야 하는가? 학생과 교사와의 관계에서 교사만이 예(禮)를 지키고 학생들은 예를 지키지 않아도 되는 것인가?

교권은 무너지고 학생의 인권은 교권 위에 군림한다

요즘 학생들은 언어가 욕이라고 여겨지는 말들을 평상시에도 아무 생각 없이 사용한다는 보도가 있었다. 내 수업시간에 잠시 서로 이야깃거리를 주면 자신들도 모르게 욕을 접두어처럼 사용한다. 특히 점심시간에는 자연스럽게 사용하는 경우를 종종 본다.

내가 아는 국어 선생님은 수업을 하거나 복도에서 학생들끼리 이야기를 할 때 소위 욕이라고 하는 '존나', '씨팔' 등의 말을 자주 듣는다고 한다. 그러면 그 말을 한 학생을 보면서 조용한 소리로

따라하면서 끝을 올린다고 한다. 그렇게 따라하면 자신들도 움찔 놀라면서 손으로 입을 막는다고 한다. 왜냐하면 자기들도 모르는 사이에 그러한 단어를 사용했다는 것을 알았기 때문이라고 한다.

그런데 어느 날 그 국어 선생님이 교장실로 불려갔다. 이유는 교육청에 민원이 접수되었는데 그 선생님이 심한 욕을 하면서 수업을 했다는 것이다.

사실 자체로 본다면 분명 선생님의 입에서 욕이 나온 것은 사실이다. 그러나 그것이 욕을 한 것이라고 보기는 어렵다. 그것은 그 선생님의 교육방법이기에 인정해야 하는 것 아닌가 싶은 생각이다. 학생이 그러한 행동을 했을 때 엄하게 꾸짖고 벌점을 주는 것보다 자신도 모르게 나온 욕이니 타이르듯이 이야기 해주는 것이 바람직하다고 생각한다. 학생들에게 욕을 한 것이 아니고 그러한 욕을 사용하지 말라고 하는 의미에서 선생님이 그것을 아이에게 반영해 준 것인데 그것으로 교육청에 민원을 접수한 것이다.

교장선생님은 그 선생님을 불러서 다음과 같이 말씀하셨다.

"선생님, 이야기하기 어려운 데 혹시 수업시간에 욕을 하시면서 수업을 한 적이 있으세요?"

"교장선생님, 무슨 말씀이세요? 저는 욕을 하면서 수업을 한 적이 없습니다. 제가 그런 적은 없습니다."

"잘 생각해 보세요. 몇 반 들어가지 않으니 생각해 보시면...."

"절대 하지 않았습니다."

그래서 혹시 이것인가 하고 이야기를 했더니 그것도 욕이라고 했다고 한다. 그러나 민원이 들어간 이상 해결해야 한다고 했다고 한다. 그래서 교사는 그 학부모가 누구인지를 알 수 없냐고 물었더니 알 수 없다고 한다. 누가 그랬는지도 모르는데 그냥 당하고 있어야 하는 것이 교사다. 학교에서는 시끄러워질 수 있으니 교실에서 학생들에게 사과를 하라고 했다. 그 선생님은 황당했지만 교실에서 학생들 앞에 머리 숙여 사과를 했다고 한다. 이것이 현재 학교의 현실이다. 교권은 무너지고 학생의 인권은 교권 위에 군림하고 있다.

학생이 잘못을 해도 교사는 꾸짖을 수 없다

학생이 잘못을 할지라도 교사는 꾸짖지 않는다. 아니 그렇게 하지 못한다. 그것은 곧바로 평가로 이어지고, 선생님을 객관적으로 바라보는 지표가 된다고 한다. 교사의 질을 향상시키기 위해서 상부기관에서는 여러 가지를 주문을 한다. 그 중 하나가 평가다. 그러나 교육의 질은 강압적으로 통제한다고 하여 좋아지는 것은 아니다.

요즘 학교에서 선생님들은 버릇없이 구는 학생, 엎드려 자는 학생, 수업을 방해하는 학생들을 보기만 해야 한다. 그러한 행동을 하는 학생들을 꾸짖거나 매를 대서는 안 된다. 설령 그것이 교육적이라고 해도 절대 그렇게 해서는 안 된다. 나도 학교에서 젊은 층은 아니기에 선생님들과 이야기를 하면서 조언을 해주는 입장이다. 그러나 정말 안타까울 때가 많다. 그래서 가능한 학생들을 위해서 무엇인가를 해 준다고 하면 조심스럽게 하라고 이야기한다.

학교의 교수·학습 모델

연구수업은 이렇게 하는 것이다

아직도 기억이 생생한 연구수업이 있다. 내가 초임발령을 받은 D중학교에서 역사 선생님이신 A부장님의 연구수업이었는데, 그 수업은 이렇게 진행되었다. 선생님이 교실에 들어와서 학생들과 인사를 하시고 오늘 배울 것에 대한 학습목표를 이야기하시면서 칠판 왼쪽에 색분필을 이용해 정갈하게 쓰신 후 동기유발을 위해 학생들의 호기심을 자극하는 사진을 보여주셨다. 7분 정도 이어진 이 과정을 마치고 1차 세계대전이 발발하게 된 배경을 약 25분 정도 장황하게, 주변국의 상황부터 이야기를 이어 나가셨다. 뒤에 교장, 교감 선생님을 비롯하여 동일 교과 선생님들이 계신 탓인지 학생들은 수업에 집중을 하였으나 10분 정도 지나자 서서히 고개를 떨구는 학생들이 하나 둘씩 보였다.

나는 그분의 설명을 들으면서 '아! 맞아, 생각난다. 아! 그랬구나. 그러한 연유로 세계대전이 총성 한 발로 싸움이 시작되었구나!'하면서 서로 복잡한 관계를 이해하게 되었다. 그런데 학생들이 저렇게 많은 사람 이름과 국가명이 나오는데 잘 이해할 수 있을까? 하는 생각이 들었지만 선생님의 수업은 계속되었다. 전쟁 발발 배경에 대한 설명을 다 마치고 나니 수업을 시작한 지 35분 정도가 지나고 있었다. 활동지를 바삐 마치고 수업에 대한 정리를 하시고 형성평가 문제를 풀고 나니 종이 치고 말았다. 선생님도 학생들도 바쁜 한 시간이었다. 수업을 마치고 평가회를 하는데 참여한 모든 선생님들이 칭찬 일색이었으며 의무적으로 답변을 하는 것 같았다.

"잘 하셨습니다. 수업을 이렇게 하는 것이구나! 하고 배웠습니다."

"학습목표를 잘 쓰셨습니다."

"설명을 참 잘 하셨습니다."

"수업지도안에 있는 시간대로 정확히 지켜가면서 수업을 하셨습니다."

"역시 A부장이야."

"연구수업은 이렇게 하는 것이야." 등 칭찬을 했다.

그러던 중 어떤 한 선생님이 지적을 하셨다.

"부장님, 수업을 아주 잘 봤습니다. 저도 나중에 그렇게 해야겠어요. 저도 그 부분이 너무 어려웠는데 많이 배웠습니다. 그런데 한 가지 아쉬운 점은 차시예고를 하지 않으셨습니다."

차시예고를 안 한 것이 뭐가 그리 대단한가? 학생들은 지루해하고 선생님은 일방적으로 말씀을 하시고 수업의 흐름을 파악하지 못한 상태에서 수업을 한 것이 분명한데 말이다.

어느 조직에서나 '두 명의 친구를 사귀기는 것보다 한 명의 적을 만들지 마라'는 이야기가 있다. 즉, 어려움이 닥쳤을 때 친구가 도와주는 것보다는 한 명의 적이 당신을 더 어렵게 한다는 것이다. 교무실에서도 교사들과의 관계가 나빠지면 학교는 정상적으로 돌아가지 않는 경우가 있다.

정형화된 수업모델이 학생들과의 관계를 망친다

수업을 참관할 때마다 D중학교에서 부장님의 수업을 되새겨 보면서 들어간다. 혹시 그와 같은 수업방법을 적용하는 분들이 나오면 어찌할 것인가? 이러저러한 생각으로 수업을 참관한다. 최근 몇 년 동안 우리나라에도 정말 다양한 수업방법이 소개되고 있고 실천연구회도 많이 생겼다. 아마도 우리나라에 소개되어 있는 수업방법을 내가 체득하고 한 달에 한 가지 씩만 활용한다 해도 정년퇴임을 할 때까지 다 못할 수도 있을 정도로 많다. 텔레비전에서도 다양한 학습방법을 소개하고 있고 그러한 프로그램이 우수 프로그램으로 상을 많이 받기도 했다.

우리나라에 소개된 많은 수업방법은 그 나라 사람들과 그 나라 문화에 적응되어 나온 것이다. 따라서 많은 수업방법이 들어왔을 지라도 우리나라의 토양과 여건에 맞는 수업방법으로 바꾸어 적용해야 한다는 것을 잊어서는 안 된다. 학습자의 문화가 다르고, 역사가 다르고, 정서가 다르다면 교육하는 방법도 달라야 하기 때문에 수업방법도 다르게 적용되어야 한다.

수업을 진행하는 것은 교사의 재량권이다. 교사가 어떤 방법을 사용하든 그것을 제재할 수는 없다. 그러나 너무 엇나가서는 안 되기에 교수·학습과정안을 보기도 하고 동료장학을 하거나 멘토(mentor)를 지정해서 수업방법을 공유하기도 한다.

D중학교에서 부장님의 수업을 통해 학생들은 얼마나 많은 배움이 일어났을까? 1차 세계대전을 전체적으로 설명한다고 하지만 그것을 이해하려면 배경지식이 있어야 함에도 불구하고 부장님은 학생들에게 계속 설명을 하신다. 학생들은 나라의 위치도 모를 뿐더러 지금 부장님이 말하고 있는 외국 사람의 이름들을 기억할 수 없다. 아마도 우리의 수업이 다 이렇게 되고 있는 것은 아닌지 궁금하다. 나 역시도 그렇게 가르치고 있지 않은지 반성을 해본다.

선생님은 한 가지 수업방법을 가지고 1년 내내 끌어 나갈 수 없다. 내가 알고 있는 수업방법만이 모든 것을 설명할 수 있다고 생각하고 자신의 생각을 관철시켜서는 안 된다. 다양한 수업방법을 배우고 익혀 시시각각 변화하는 학생들의 상황에 맞추어 수업을 진행해야 한다. 선생님은 생각을 열고 다양한 수업방법을 통해 학생들의 사고를 넓힐 수 있도록 도와주어야 한다.

교육은 새로운 문제를 스스로 해결해 나갈 수 있도록 도와주는 것이다

우리는 요즘 도입되는 서양의 많은 교육방법이 좋다고 생각하는데, 우리 선조들 역시 그러한 교육을 행해 왔었다. 다만 그분들은 그러한 교육방법에 대해 세련된 이름을 붙이거나 규격화시키려고 하지 않았을 뿐이다. 우리 동네 앞에 있는 산이니 '앞산', 마을이 산 위쪽에 있으니 '윗마을' 그보다 아래쪽에 있으니 '아랫마을'이라고 한 것처럼 늘 편하게 사용해 왔기 때문에 특별한 이름을 붙이지 않은 것이다. 규격화되지 않고 수업방법에 대해서 이름을 붙이지 않았다고 해서 아예 없었다는 것은 아니다.

언젠가부터 우리 교육에 널리 퍼져있는 강의식 일변도에서 다양한 수업방법을 적용할 때가 되었다. 그렇지 않고 기존 방식대로 계속 간다면 학생들은 생각하지 않고 외우기만 할 것이고 창의적으로 생각한다는 것은 기대하기 어렵다. 지금도 많은 부분에서 창의적 사고, 융합적 사고 등을 요구한다. 그렇게 해야 미래 사회에 적응해 나갈 수 있고 미래를 주도할 수 있다고 한다. 그 말에 대해 많은 부분 공감한다. 우리 학생들이 활동하는 미래사회에서도 노동력이나 자본으로 승부할 수는 없다. 미래사회를 이끌어나갈 동력은 아이디어라고 생각한다.

우리도 학생들에게 미래 사회에서 자신의 능력을 발휘하고 살 수 있도록 생각하는 수업을 제공해 주어야 할 것이다. 어떤 사실에 대해서 생각하고 고민해서 스스로 해결해 나갈 수 있도록 하고, 교실에서 선생님은 그것을 도와주는 사람이 되어야 할 것이다.

많은 교육학자들이 교육을 다양하게 정의해 왔다. 굳이 거창한 교육학자들의 이름을 거명하지 않더라도, 교육에 대해서는 어느 누구라도 한 마디씩은 할 수 있는 전문가다. 그러나 나에게 있어

교육이란 무엇이냐고 묻는다면 '교육이란 기존의 지식을 배우고 익혀 학생이 새로운 문제에 봉착했을 때 그 문제를 스스로 해결해 나갈 수 있도록 도와주는 것이다'라고 말하고 싶다. 또한 그렇게 될 수 있도록 다양한 방법을 가르쳐주고 생각하면서 수업에 임하게 하는 사람이 교사라고 생각한다. 지식의 양은 기하급수적으로 증가한다. 우리가 그러한 모든 지식을 다 알려줄 수 없다. 지식을 찾아가는 방법과 지식을 창출해 내는 방법을 알아가도록 한다. 그것이 교사의 책무라고 생각한다.

학생이 사회에 나가서 새로운 문제에 봉착했을 때 그것을 해결해 나갈 수 없다면 우리 세대가 다음 세대에 대한 교육을 잘못한 것이 된다. '물고기를 잡아주지 말고 물고기를 잡는 방법을 알려주는 것'이 더 현명한 방법이듯, 스스로 생각하고, 모르는 것을 동료들과 같이 협력적으로 해결해 나갈 수 있도록 방법을 가르쳐주어야 한다. 단순한 지식을 전달하는 것이 아니라 지식을 찾을 수 있는 방법, 지식을 요리할 수 있는 기초 요리법을 가르치고 응용하는 방법을 알려 주어야 한다.

인생의 모든 과정은 관계에서 시작된다

'관계'하면 우리는 부정적인 단어로 인식을 한다. 뉴스에서도 이 단어가 그리 좋게 표현되지 않는 경우가 많다.

유명한 사람들이 누군가에게 돈을 받아서 어디에 전해 주었다는 등의 뉴스로 떠들썩할 때 신문 한 귀퉁이에서 '일도이부삼관'이란 말을 본 적이 있다. 얼핏 보면 무슨 한자숙어 같기도 하지만 해석을 보면 별것 아니다. '일도(一逃)'란 사건이 발각이 되면 가장 먼저 할 일로 그곳에서 도망을 가라는 말이다. 도망을 갈 때는 우리나라에 머물지 말고 해외로 가되, 가장 빨리 갈 수 있는 방법으로 우리나라의 국경을 벗어나라는 것이다. '이부(二不)'는 두 번째 할 일로, 어디로 가든 도망을 갔다가 붙잡히게 되면 무조건 부정하라는 것이다. 어떤 말을 해도 일단은 부정을 해야 하고 어떤 회유에도 빠지지 말라는 것이다. 많이 들어본 말이지만 '기억이 나지 않습니다.', '모릅니다.' '부하직원이 한 일이라....' 등으로 부정을 하라는 것이다. 마지막으로, '삼관(三關)'이란 최후 수단으로 확고부동한 증거를 들이대서 옴짝달싹 하지 못하게 되면 그때는 자신이 아는 모든 인맥을 동원하고 관계를 통해서 해결할 수 있도록 해야 한다는 것이다. 이처럼 관계란 신문지상이나 드라마, 영화와 같은 곳에서 많이 나오던 말이기에 우리 주변에서는 일반적으로 좋은 의미로 사용되지 않은 듯하다.

사람들은 태어나면서부터 자의든 타의든 관계 속에서 살아간다. 태어나면서부터 부모님과의 관계가 형성된다. 부자관계 그리고 형제, 부부 더 나아가 외가나 친가 등의 친족과의 관계가 있다. 이러한 관계는 우리의 의지대로 형성되는 관계가 아니다. 내가 부모님을 바꾸고 싶어서 바꿀 수 있는 것도 아니고 내가 형이고 싶어서 인위적으로 할 수 있는 것도 아니다. 따라서 이것은 나의 생각과는 관계없이 결정되는 관계다.

그런데 내 의지에 의해서 결정되는 관계도 있다. 내가 2일 간 숙박을 하는 어떤 연수에 참석을 했다고 가정해 보자. 그러면 사람들을 많이 만나게 될 것이다. 전체 모임이든 모둠별 모임이든 또는 같은 고향, 같은 학교 모임이든 여러 가지 형태로 만나게 될 것이다. 그곳에서 사람들을 만났다고 해도 다른 계기가 되어 나와 연락을 계속하는 사람들도 있는 반면 그때만 만나고 헤어진 뒤 연락을 하지 않는 경우도 있다. 그 이유야 어찌되었든 만남을 지속하는 경우가 있고 그렇지 않은 경우가 있다. '저 사람은 나랑 맞지 않아'라고 생각하면 더 이상 연락을 하지 않을 것이다. 이렇듯, 우리는 여러 가지 관계를 가지고 삶을 영위해 간다.

학생들과 이야기를 하다보면 '이 학생은 가정에서 부모님과 어떻게 지내기에 이렇게 반듯할까?'하는 생각이 들게 하는 학생이 있다. 이 학생은 집에서 부모님과 대화를 어떻게 할까? 부모님에게 자신의 일을 상의하는 것 같은데 그 내용은 무엇일까? 등이 궁금해질 때가 있다. 그래서 물어본다.

"넌 집에서 부모님하고는 어떻게 이야기하니?"

하고 말하면 대부분이 비슷한 대답이다.

"그냥 이야기해요."

이 단어 속에 포함된 의미는 무수히 많겠지만 그 의미를 함축적으로 표현한 것이라 생각한다. 즉, 부모님과 이야기를 많이 한다는 이야기다. 그러한 학생들의 부모교육 또는 가정교육을 구체적으로 모아서 책으로 내고 싶을 정도다. 반면, 학교에서 평범하지 않아 많은 선생님들에게 지적을 받는 학생들을 보면 그 학생의 부모님을 한 번 꼭 보고 싶어진다.

인간은 모두 가장 기본적인 관계가 가족관계라고 본다. 가족관계에서부터 출발하여 친족관계도 형성되고 그것을 바탕으로 학교에 다니면서 친구관계도 형성된다. 친구관계는 언제나 중요하겠지만 특히 청소년기에는 교우관계가 중요하다. '질풍노도의 시기'라고도 할 정도로 감정기복이 큰 학생들이다. 청소년기는 가족들과 같이 지내는 시간이 많았던 아동기에서 벗어나 친구들과 지내는 시간이 많아지는 단계다. 그러다보니 의존하는 것이 친구들이다. 고민이 있어도 가족보다는 친구에게 먼저 이야기하고 그곳에서 해결책을 찾는다.

이렇게 민감한 시기에 교우관계는 더욱 중요하다. 교우관계가 악화되면 학업에도 신경을 쓰지 못할 뿐만 아니라 더 큰 고민에 빠지게 되어 시간을 낭비하게 된다. 친구들과의 관계를 좋게 하는 방법을 교과서에서는 가르쳐 주지 않는다. 친구관계는 주변의 친구들과 지내면서 묵시적으로 배우게 된다. 그런데 이러한 관계를 맺는 방법이나 좋은 관계를 유지하는 방법에 대해서 집에서는 어떻게 가르치고 있을까? 영어 과외를 더 시키는 것보다 수학 학습지를 하나 더 하는 것보다 친구들과의 관계가 악화되지 않도록 가르쳐 주거나 친구들과의 관계가 악화되었을 때 해결하는 방법을 가르쳐 주면 어떨까? 나는 내 아이들에게 다른 사람과 좋은 관계를 유지하는 방법을 가르쳐 본 적이 있는지 되돌아본다.

교사와 학부모, 학생 간의 관계가 좋아야 한다

학생들은 수업시간에 말을 하지 않는다. 그동안 입을 다물고 수업을 받아 왔기 때문에 선생님과 있을 때는 말을 하지 않는다. 그러나 선생님이 교실에서 나가면 교실은 시끄러워진다. 학생들은 선생님이 교탁 앞에 계시면 분위기는 '조용해야 한다'는 생각이 만연해 있다. 학생들도 이미 제도권 교육에서는 그러한 방법으로 수업을 하는 것이 몸에 익숙하기 때문에 그냥 조용히 한다.

최근 들어 학생들이 자유롭게 떠들고 선생님이 들어와도 있는 둥 마는 둥 하는 학생도 있지만, 일반적으로 선생님이 들어오시면 조용해지는 분위기다. 한 분의 선생님이 30~40명을 담당하다보니 전달할 것도 많고 수업의 양도 많아 나타난 분위기일 것이다.

1교시 수업을 들어가는데 해당 교실에서 학생들은 큰 소리로 떠들고, 일부 학생들은 사물함 위에서 자고, 학생들의 책상 위가 어지럽혀 있고 수업준비가 안되었다고 생각해 보자. 이때 여러분이라면 어찌 하겠는가? 이때 교사가 큰소리로 "조용히 해!"하면서 교탁 위에 책을 세차게 내려놓는 등의 행동을 하면 교실에서 학생과 선생님과의 모든 관계는 악화되기 시작한다.

선생님과 학부모와의 관계도 중요하다. 그런데 그 관계는 아주 복잡하다. 학부모와 교사의 관계나 학생과 교사의 관계가 좋을 때는 모든 것이 용서가 되고 모든 것이 우리 아이를 위해서 그렇게 행동하는 것 같아 보인다. 그러나 어떤 계기로 인해서 그들 간의 사이가 나빠지면 결국 모든 행동과 언어가 서로를 공격하는 것 같고 서로 간에 불신이 쌓인다. 이러한 것을 몇 번 경험한 선생님들은 학생들을 대할 때 가능한 사무적으로 대하는 것에 익숙해진다. 그러다보면 수업에서도 사무적으로 대할 수밖에 없다. 모든 업무 처리도 역시 사무적이다. 결국 교사와 학생, 교사와 학부모의 관계도 사무적일 수밖에 없어진다. 사무적인 관계를 유지하면, 다툼은 덜 생기겠지만 인간적인 관계는 단절되고 만다.

관계가 결과를 바꾼다

학교의 일이든 회사의 일이든 일이라고 하는 것은 구성원 간의 관계가 좋다면 잘 진행된다. 학년에서 추진하는 어떤 계획이 약간은 무리가 있을지라도 교무실에서의 선생님들 간에 관계가 좋으면 선생님들은 어려운 일도 기꺼이 감당해준다.

사람을 대하는 것이 정말 힘들다. 선생님들은 자신을 희생하면서까지 일을 한다. 학생들을 위하는 일이라면 힘들어도 한다. 그런데 관계에서 상처를 받게 되면 그 일을 포기하게 되고, 다음에도 그러한 일을 추진하기 싫어하게 되며, 결국 아무런 일도 하려고 하지 않는다. 그래서 학교에서 선생님들 간의 관계는 그 학교의 성패를 좌우한다.

동료교사였던 선생님이 교감선생님으로 발령을 받았다. 한 학기가 지나서 안부도 물을 겸 식사를 같이 하기로 했다.

"잘 지내? 우리 훌륭하신 김 교감님!"

하고 장난기 섞인 말투로 물었다.

"친구야, 힘들어...."

이 말을 듣고 약간 놀랐다. 항상 긍정적이었던 사람이었기 때문에 놀라게 된 것이다.

"왜?"

"벌떡 교사가 너무 많아."

무슨 일을 하려고 하면 몇몇 선생님들이 교무회의 시간에 하나하나 반대를 한다고 한다. 분명히 다른 학교에서라면 일반적인 업무인데도 불구하고 법을 운운하며 이야기를 하는 바람에 일을 못한다고 한다. 그래서 "그래도 교감 선생님이잖아!"라고 말하면서 김 교감의 장점을 살려보자고 용기를 북돋아 주었다.

워낙 활동적이고 선생님들과 친밀하고 유쾌한 선생님이었는데도 그렇게 힘들어 하는 것을 보니 안타까웠다. 그리고 그 해 겨울방학에 다시 보게 되었는데 전에 만났을 때 보다 얼굴이 좋아 보였다. 사사건건 반대하던 분들이 모두 다른 학교로 발령을 받은 것도 아닌데 이상해서 무슨 일이라도 있느냐고 물었다. 그랬더니 가을부터 퇴근 후에 시간을 내서 선생님들하고 활동을 같이 했다고 한다. 퇴근 시간에 맞춰서 그들의 소모임에서 취미활동을 같이 하기도 하고 개인적으로 저녁을 먹으면서 사사건건 반대하는 선생님들과 함께 하는 시간을 가졌다고 한다. 그들이 반대할 때는 다 이유가 있기 때문이라고 생각하고 그들의 이야기를 들어주었다고 한다. 처음에는 큰소리도 오갔지만 이야기를 계속하다보니 이해 가는 부분도 있었다고 한다. 그래서 그러한 부분에 대해 대화를 계속해서 풀어 나갔다고 한다. 반대하는 몇몇 선생님들 모임에 들어가서 같이 어울리기도 하다보니 관계가 좋아졌다는 것이다. 아직도 몇몇은 반대를 하지만 학년 초보다는 훨씬 좋아지고 교장 선생님도 만족해하신다는 이야기를 했다. 학교나 어느 조직이나 모든 것은 관계에 의해서 좌우된다.

제 4 장

삶과 배움이 공존하는 교육

수석교사 **조승조**

출처: httpcfile25.uf.tistory.comimage131755454FB761C433BEA3

교육의 정체성을 찾아보기

현재 우리 교육의 정체성?

오늘날 교육의 정체성이 무엇인가에 대해 깊이 생각해본 사람들은 긴 한숨과 자라나는 우리의 아이들에게 어떤 교육을 해야 하는지에 대해 고민을 할 것이다. 지난해 아주 흥미로운 방송을 보고 우리나라의 교육의 정체성에 대해 이야기를 나눈 적이 있다. 학부모 상당수가 우리나라에서 가장 선호하는 대학은 아마도 서울대학교일 것이다. 대부분의 학생들도 진학하고 싶어 하는 대학이기도 하다.

[EBS 다큐프라임] 교육대기획 시험 4부-서울대 A+ 조건을 보면서 많은 충격을 받았다. 서울대학교에 재학 중인 학생으로 비교적 학점이 상위권인 A+학생들의 학습 방법의 비밀은 무엇인가를 연구하기 위해서 실시한 것이었다. 그러나 결론을 발표할 수 없었다고 한다. 교사 학생 학부모 교육 관계자들에게 우리교육의 방향이 잘못되어진 것을 보여준 하나의 사례였다. 연구 결과를 공표하지 못한 이유가 뭘까? 오늘날 한국 경제는 여러 가지 면에서 고전을 면치 못하고 있다. 특히 취업을 해야 하는 대학생들에게는 참으로 어려운 시기임엔 틀림이 없다. 대학이 취업을 위한 장으로 변한 것은 너무 안타까운 현실이지만 이들이 대학에서 배우는 학문이 진정한 학문이 아니라 오로지 취업을 위해 학점을 따야 하는 취업 학원이 되어버린 것이 더 안타까울 뿐이다. 좋은 학점을 얻기 의해서는 최고의 학점을 받아야 하는데 최고의 학점을 받은 학생들을 연구해보았다. 그 학생 대부분이 최고의 학점을 얻기 위해 교수의 모든 강의를 녹취하여 암기를 하고 그 내용을 빠지지 않게 본인의 생각은 배제하고 답안을 작성할 때 학점이 높게 나온

다는 것이다. 비판적이고 창의적인 내용을 작성한 학생들은 결코 학점이 높을 수 없었다는 것이다. 학생들의 창의력은 평가에서 그다지 중요치 않다는 것이다. 우리의 교육은 이제 바라보는 관점에 대한 생각을 다시금 해야 한다. 초중고 대학까지의 교육이 우리가 삶을 살아가는 데 어떠한 도움이 되는지에 대해 생각해 보자. 우리도 그런 어린 시절을 보냈지만 지금 학창시절에 기억에 남는 것은 어떤 것이 있는가? 수학공식을 외우고 영어단어를 외우던 기억은 별로 나지 않는다. 친구들과 어울렸던 생각, 감명 깊게 읽었던 책, 이론보다는 체험 등이 지금도 기억에 남아있다. 우린 학교 교육이 시험을 위한 교육, 평가를 위한 교육, 실제 삶에서는 전혀 필요하지 않은 교육, 사람을 줄세우기 위한 교육 등 공부를 위한 공부를 강요하고 있지는 않는가? 올바른 삶을 살아가기 위한 교육, 행복한 삶을 살기 위한 교육이 필요하다. 그리고 우리의 학생들을 그렇게 성장해가야 한다. 그들이 배움을 통해서 삶을 행복하게 살아 갈 수 있도록.

우리의 아이들은 모두가 다르다

우리는 거의 동일한 교육과정인 유치원과 초·중·고등학교 과정을 거치면서 배우고 생각하고 자라온 것이 사실이다. 몇몇 유명(?) 사립 유치원과 초등학교 그리고 국제중 등 특수목적학교를 제외하고는 거의 국가공통교육과정을 운영하는 학교를 다닌 것이다. 대한민국에서 자라나는 청소년과 교육을 마친 일반인들 90% 이상이 이러한 교육과정을 운영하는 학교에서 배우고 자라온 것이다.

요즘 창의성 교육과 인성교육이 교육의 새로운 쟁점으로 부각되고 있는데 왜 이러한 쟁점들이 문제가 되는 것일까? 학생인권이 강화되면서 공교육에 문제점이 부각되기 시작하였다. 교사와 학생과의 관계는 예전에 생각하던 모습을 벗어나고 있는 참으로 어려운 지경까지 이르게 되었다. 이로 인하여 수많은 교사들이 명퇴를 신청하고 교단을 떠난다.

이러한 문제의 발단은 무엇일까? 여러 가지 원인이 있겠지만 가장 중요한 것은 교육과정의 획일화일 것이다. 우리의 아이들은 제각기 다른 개인적인 존재이며 같이 태어난 쌍둥이조차 전혀 성격이나 좋아하는 것 싫어하는 것이 다를 수 있다는 것이다. 우리의 현재 교육과정은 이러한 창의성과 인성교육이 중요하기보다는 전체적인 국민교육을 중심으로 계획되어 처음부터 운영되어왔던 것이다. 개인의 개성과 창의성 및 인성교육을 강조하지 않았다는 것이다. 획일화된 교육이 보완되었다면 오늘날처럼 많은 아이들이 상처받고 헬조선, 흙수저, 금수저하는 어려운 지경까지는 가지 않았으리라 생각한다.

이 시점에서 우리는 우리 교육의 현주소를 피드백해 보아야 한다. 우리 선조들의 교육방법을 우리는 돌아볼 때가 된 것이다. 조선시대의 교육은 오늘날처럼 국민공통교육과정을 국가가 수립하여 운영하지는 않았지만 오늘날보다는 체계적인 교육기관이 설립·운영되었다. 각 마을마다 있었던 서당교육만 보더라도 오늘날 우리가 다녔던 초등학교와는 차이가 많음을 알 수 있다. 훈장 선생님 한 분이 나이와 수준이 다른 20~30명에 이르는 학생들을 가르치고 그 학생들에게 맞는 교육을 했다. 오늘날 학교 공교육에서는 생각하기 어려운 방법으로 가르침이 이루어진 것이다.

요즘 교사들은 수업 변화를 위하여 갖가지 연수를 받고 연구를 하고 있다. 또한 창의적이면서도 학생 참여를 유도하는 수업을 위하여 다양한 수업방안을 연구하여 현장에 적용하고 있다. 그러나 대부분의 학교현장에 사용되는 교육방법이 우리나라의 전통교육과는 거리가 많은 미국 등 서양교육방법들이 연구·적용되고 있다. 문맹퇴치를 위한 의무교육의 중요성도 필요하겠지만 이제는 교육의 다양화가 필요하다. 우리 아이들의 삶은 매우 다양하고 살아가면서 겪게 될 무수한 일들에 적응하고 잘 이겨나가게 하기 위하여 다양한 교육이 필요하다. 획일적인 교육과정이 아닌 아이들의 소질이나 개성을 중요시하고 그들이 삶을 행복하게 살아갈 수 있는 배움의 교육이 필요하다.

우리는 다시금 우리의 것을 찾아야 할 시기가 도래한 것은 아닐까? 우리 선조들의 교육방법이 서양식 교육방법처럼 체계적으로 연구되고 지속적으로 현장에 적용되지는 않았지만 조금씩이라도 연구하고 우리의 아이들에게 선조들의 훌륭한 교육방법이 사용된다면 아마도 우리가 겪고 있는 이러한 교육의 문제들은 조금씩 완화되지 않을까 생각한다.

우리의 아이들에게 무엇을 가르칠 것인가?

요즘 사회를 정보화 사회라 일컫는다. 지식의 발전 속도가 점점 빨라지고 있다. 학자들은 인류 문명이 시작한 시대부터 1970년까지 5000년간 누적된 지식의 양이 1이라고 가정하면, 1971년부터 1990년까지 20년간 누적된 지식의 양이 27이라고 주장한다. 그럼 1991년부터 20년이 지난 2010년까지 누적된 지식의 양은 과연 얼마나 될까?

플라톤처럼 과거에는 한 사람이 과학자, 수학자, 철학자 등 다양한 분야에서 전문가로 활동할 수 있었다. 그러나 지식의 양이 기하학적으로 늘어나는 현실에서는 한 사람이 다방면에서 전문가로 활동하기에는 너무나 많은 지식이 필요한 시대가 되었다.

1970년대 미국에서 자동차 정비사가 되기 위해서는 6000쪽의 매뉴얼만 이해하면 전문 정비사가 되었다고 한다. 그렇다면 오늘날에는 전문 정비사가 되려면 어느 정도나 되는 자동차 정비 매뉴얼을 이해해야 할까? 20만 페이지 분량의 매뉴얼을 알아야 한다고 한다. 예전의 정비사는 오늘날의 매뉴얼의 3%만 알아도 정비 일을 할 수 있었다는 이야기다. 오늘의 전문가가 내일의 전문가는 아니다. 지속적으로 공부하지 않으면 전문가가 될 수 없다.

그럼 우리 아이들은 무엇을 배워야 하는가? 학교에서는 거의 매일 아이들에게 거의 대부분의 시간을 할애하여 새로운 지식이나 기능을 불어 넣고 있다. 아이들은 그것이 어떻게 필요할지는 잘 모르지만 일단 좋은 상급학교에 진학하기 위해서는 배워야 한다. 과연 이것이 우리 아이들이 삶을 살아가면서 필요한 지식일까? 그 수많은 지식을 우리 아이들은 어떻게 수용할까?

요즘 교육계에서는 아이들에게 자기주도적 학습능력이 뛰어난 아이들로 키워야 한다고 이야기한다. 교육심리학용어사전(2000)에 따르면, 자기주도적 학습[自己主導的 學習, self-directed learning]은 "학습자 스스로가 학습의 참여 여부에서부터 목표설정 및 학습목표 달성을 위한 학습계획의 수립, 교육 프로그램의 선정과 학습계획에 따른 학습 실행, 교육평가에 이르기까지 교육의 전 과정을 자발적 의사에 따라 선택·결정하고 조절과 통제를 행하게 되는 학습형태이다. 학습자는 이러한 학습의 전 과정을 독자적으로 수행할 수도 있고 타인의 도움을 받아 수행할 수도 있다"(p.323).

간단히 말해, 자기주도적 학습이란 학습자 스스로 혼자 목표를 정하고 실행 및 평가까지 수행하는 학습능력이다.

그렇다면 학생은 어떻게 자기주도적 학습, 즉 학생 스스로 학습할 수 있을까? 예전에 같은 학교에서 근무하였던 선생님이 계셨는데 독서교육에 대한 열의가 대단하신 분이었다. 지금은 독서교육에서는 매우 유명하신 분인데 같은 2학년 담임을 하였을 때 이야기다. 그 선생님은 아이들이 어떠한 잘못을 하면 항상 방과 후나 점심시간에 그리고 주말에 독서를 시키곤 하셨다. 처음에는 아이들이 기겁을 하였지만 얼마 지나지 않아 손에 책을 쥐어 잡고 독서하는 습관을 기르게 되었다.

그런데 그렇게 독서교육을 받은 아이들이 변해간다는 것이다. 생각을 하게 되고 자기의 삶에 대해 고민을 하게 된다는 것이다. 독서교육을 받은 아이들은 그렇지 않은 아이들에 비해 훨씬 자기 삶을 생각할 수 있는 기회를 갖게 되었다. 학교교육에서 얻을 수 없는 삶의 양분을 그들 스스로가 찾을 수 있다는 것이다.

우리 선인들이 그토록 강조하였던 독서습관은 우리의 삶의 방향을 스스로 찾게 해주며 인생을 살아가면서 겪게 되는 다양한 문제들의 답을 찾게 해줄 수 있는 자기주도적 학습이다. 우리 아이들은 제각기 삶의 방향과 방법이 다르다. 굳이 거창하게 가드너(H. Gardner)의 다중지능이론과 같은 이론들에 근거하지 않더라도 우리는 주변에서 심지어 쌍둥이라 하더라도 그들의 삶의 방향과 방법이 상당히 다름을 보곤 한다. 따라서 아이들은 그들 스스로 자신들만의 삶의 방향과 방법 등을 찾아야 하고 행복한 삶을 살아가야 한다. 교사들을 포함한 성인들은 단지 모름에서 오는 삶의 방황을 줄일 수 있도록 그들에게 적절한 방법을 제시하거나 가이드해 줄 필요가 있다.

우리의 선인들은 독서에 대해 강조를 많이 하였다. 아래에 그러한 한 가지 예를 소개한다.

> 독서는 정신을 기쁘게 함이 가장 좋고,
> 그 다음은 받아들여서 활용하는 것이다.
> 그 다음은 해박해지는 것이다.
>
> -이덕무, 〈이목구심서〉-

우리교육의 방향?

우리나라의 교육과정은 초등학교 1학년부터 고등학교 1학년까지 공통의 국가교육과정이 편성되어 있다. 최근 들어 대안학교, 혁신학교 등 국가에서 정한 교육과정과 좀 다르게 운영하는 교육기관도 생기게 되었다. 국가가 국가교육과정을 편성하여 모든 학생들이 공통교육과정을 교육받게 하는 이유는 무엇일까? 한번쯤 생각해 볼 문제다. 우리나라의 국가교육과정의 핵심은 무엇일까?

요즘 대학입시를 보면 참 많이도 변해가는 것을 느끼곤 한다. 수시 비율이 월등히 높아가고 수시를 위하여 학생부니 자기소개서니 과거 우리가 다녔던 80년대하곤 너무도 다르다. 암기식 위주의 교육에서 벗어나 자기 생각을 만들고 표현하며 학교 교내외 다양한 활동을 해야만 한다.

특히, 2016년부터 전국의 모든 중학교에서 자유학기제가 전면 실시되고 있다. 우리는 지금껏 교실 안에서 모든 배움의 문제를 해결하고자 하였다. 그러나 우리가 살아오면서 배움과 삶은 학교 현장보다는 학교 밖에 더 많은 것들이 존재함을 안다. 세상을 살아가기 위한 다양한 문제 해결력! 이것이 바로 삶과 배움의 가장 중요한 교육이 아닐까?

다행히 공통교육과정에 자유학기제가 포함되어 실시되기 시작했으니 그것이 올바른 방향으로 운영되어 소기의 목적을 달성할 수 있기를 기대해 본다. 교실수업에서도 배움, 삶, 철학 등을 깨달을 수 없는 것은 아니지만, 자유학기제를 통하여 스스로 찾아가서 만나고 경험하는 현장성 있는 살아있는 배움은 무엇과도 바꿀 수 없는 소중한 것이 될 것이다.

지금 학교 현장은 어떤 모습일까? 아이들이 제각기 어쩌면 공중에 붕 떠있다는 기분(?). 상당수의 아이들이 학교에서 너무 무기력해 있다. 그들은 꿈도 희망도 어디에서 찾아볼 수 없을 만큼

지쳐있고 힘들어 한다. 고등학생이면 스스로 무엇을 목표로 공부하는지는 알아야 할 시점이지만 실제 그렇게 하거나 할 수 있는 학생은 그렇게 많지 않다.

아이들이 학교에서 공부하는 시간은 1주일에 34시간 정도 된다. 정규교육과정을 마치고 방과후 활동이나 야간 자기주도학습을 한 후 집으로 가고 있는 학생의 뒷모습을 본 적이 있는가? 학교 앞에는 학원차들이 그들을 태워 가기 위해 즐비하게 서있다. 그들이 집으로 향하는 시간은 저녁 11시가 넘어서다.

우리 아이들이 공부하는 시간은 세계 1위라고 한다. 얼마 전 미국 오바마대통령은 우리나라의 교육을 본받아야 한다고, 그리고 우리 부모들의 교육열을 부러워했다. 그런데 그들의 얼굴을 본적이 있는가? 심지어 초등학생들조차 집으로 돌아가는 모습을 보고 어떤 분은 40대 일용직노동자의 모습과 흡사하다고 하였다. 우리의 사랑스런 아이들이 힘들어하고 아파하고 있는 것이다.

많은 아이들이 공부를 포기한다. 부모나 교사에게 이젠 “나 아프니 나 좀 힘들게 하지 말라”고 외치는 것이다.

우리의 교육열은 참으로 대단하지 않는가? 동네 학원마다 그 학원 출신 어떤 학생이 어느 특목고에 또는 어느 대학에 진학했는가를 홍보하느라 열기가 대단하다. 이것은 우리가 가지고 있는 학벌 위주의 사회적 풍토 탓일 것이다.

아이들의 진정한 꿈과 소질 그리고 재능을 살리는 교육이 아닌 좋은 대학(?)에 진학시키고자 하는 교육열에 의해 우리 교육은 엄청난 부작용을 초래하고 있다. 우리는 아이들이 살아가야 할 삶과 분리된 교육, 획일화된 교육과정, 수능처럼 객관식화된 평가방법 등으로 아이들에게 많은 것을 강요하고 따라주길 원하고 있는지도 모른다.

요즘 학교 현장은 줄 세우기식 상대평가 교육에서 절대평가형

성취평가제로 전환되고 있는 시점이다. 그러나 초·중·고등학교의 이러한 교육이 제대로 자리를 잡으려면 대학 입시방법의 변화부터 선행되어야 한다. 지금까지 그러해 왔듯이, 단언컨대 대학 입시방법의 변화 없이 초·중·고등학교에서 변화를 기대하기는 어렵다.

성취평가제는 과정평가중심 평가다. 오늘날의 객관식 위주의 정답찾기 교육이 아닌 학습과정에서 일정한 성취기준을 제시하고 평가하는 방식이다. 정답찾기 교육이 아닌 과정중심의 교육 그리고 평가, 우리 전통의 교육과 많은 면에서 통하는 것이다. 우리 한국적 전통교육은 정답찾기 교육이 아닌 학생 스스로 배움을 통해 삶을 살아가는 방법에 대한 교육이었다. 우리가 가야 할 교육의 방향도 이제는 전통적인 교육방법에서 다시금 생각해 볼 문제다.

우리 교육이 버려야 할 것

우리나라의 교육을 바라보면 정답찾기 선수를 양성하는 것 같다. 쓰기나 논술교육 등으로 예전보다는 조금 덜해지기는 하였으나 각종 선발시험에서 여전히 정답찾기 교육이 실시되고 있다. 유치원에서부터 대학을 졸업하고 회사 취업 시까지 문제 하나라도 더 풀기 위한 틀에 박힌 학문 위주의 교육만 집중하고 있다.

현재의 우리 교육은 상급학교로 진학하기 위한 단계에서 뒤지지 않기 위한 줄 세우기 교육, 학교 경쟁에서 탈락하지 않기 위한 교육, 자기 생각을 키우는 교육보다는 교과서 위주의 학습교육이다. 시험성적만 좋으면 된다는 결과지향의 교육, 과정은 그렇게 중요하지 않다는 교육이 우리 교육의 가장 큰 문제다.

영어나 수학 한 문제의 정답이 중요할까, 아니면 우리가 삶을 살아갈 때 필요한 갖가지 지식이 더 중요할까? 거의 대부분의 한국 학부모들이 우수 학생이라고 기준으로 삼고 있는 것은 다양한 특성을 지닌 다른 사람들과 더불어 살아가는 데 필요한 사회제도, 경제, 인간관계, 철학, 사회 실제에 적용할 수 있는 법률적 지식 등 일생을 살아가면서 반드시 알아야 할 것들이 아닌 단순한 학술적 문제풀이식 능력이다.

우리는 학교 우등생이 사회에 진출하여 우등생으로 지속적인 삶을 살아가는 학생이 많지 않음을 자주 보곤 한다. 우리는 또한 학교에서는 우등생이 아니었지만 사회에 진출해서는 매우 열심히 살아가고 성공한 아이들도 자주 접하곤 한다. 이러한 '학교생활에서의 우등생과 사회생활에서의 우등생의 불일치' 문제가 발생하는 것은 교과서적 문제풀기의 학습에서 비롯된 결과라 할 수 있다.

또한 초등학교에서 대학교까지 약 16년간의 정규 교육과정을 통해 영어를 공부하였지만 막상 외국인 앞에서는 영어를 제대로 구사하지 못하는 교육이 우리의 현실이기도 하다. 이제는 교과서 위주의 교육보다는 삶에 필요한 교육을 해야 한다.

학교교육의 주요 목적 중 한 가지는 학생들이 세상 삶을 혼자가 아닌 수많은 사람이나 생태계와 함께 각자의 인생을 살면서 경험하게 될 미래의 문제를 해결할 수 있는 역량을 배양할 수 있도록 도와주는 것이다. 이를 위해서는 학생들이 독서나 다수의 선각자의 깨달음을 통해, 직·간접적인 배움을 통해 보람되고 행복한 삶을 살 수 있도록 도와주어야 한다.

아이들은 학교에서 윤리, 사회교과 등을 배운다. 그럼에도 불구하고, 아이들은 학교폭력이나 왕따, 자살과 같은 여러 가지 윤리적, 사회적 문제들로 어려움을 겪고 아파하고 있다. 우리 아이들이 배우는 공부의 최종 목적지는 경쟁을 위한 문제를 잘 푸는 것이 아니다. 그들이 행복한 삶을 살아갈 수 있는 방법을 익히게 해주는 것이다. 그들에게 문제가 생기면 그들 스스로가 협의하고 논의하여 해결할 수 있는 방법을 가르치는 것이다. 줄 세우기식 경쟁교육은 사회 전체에 갈등만 초래하고 결코 인간 개개인의 행복한 삶을 이루기 어렵다. 우리의 아이들이 행복한 삶을 위한 우리 교육의 방향에 대해 다시 한 번 깊이 생각해 보아야 한다.

토론을 중시한 한국 전통교육

학부모이든 아니든 아이들이 학교 현장에서 어떻게 지내는지를 한번쯤은 경험해 보았거나 생각해 보았을 것이다. 아래 도표는 미국 고등학교 학생들이 학교에서 얼마나 자주 지루해하는지에 대한 설문조사 결과다.

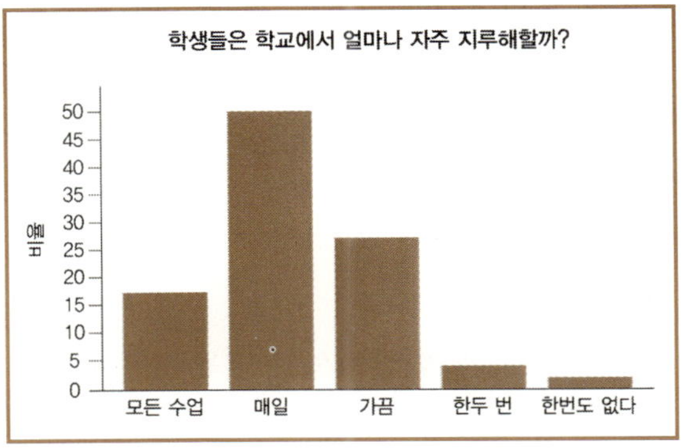

주: 위의 막대그래프는 "고등학교 수업에서 지루했던 적이 있습니까?"라는 설문에 대한 학생들의 답을 나타낸 것이다.

출처: E. Yazzie-Mintz, 2007, "참여도에 관한 학생의견: 학생 참여도에 관한 2006년 고등학교 조사 보고서", Bloomington, IN: 평가와 교육 정책 센터(Center for Evaluation and Education Poicy), Inofana University.

위의 그래프를 보면, 약 50% 정도의 학생들은 매일, 그리고 약 20% 정도의 학생들은 모든 수업을 지루해하고 있음을 알 수 있다. 요즘 우리의 학교 현장도 아마 이 정도는 되지 않을까?

가끔 매스컴을 통해 수업시간에 책상에 엎드려 잠자는 학생이 가득한 교실을 본 적이 있을 것이다. 그러나 사설학원의 수업 모습은 어떠한가? 아마도 두 곳의 수업 모습은 판이하게 다를 것이다. 도대체 왜 이러한 일들이 벌어지고 있는 것인가?

현행 공교육이 제 역할을 수행하고 있는가에 대한 문제가 대두되기 시작한지는 이미 오래되었다. 학생들은 언제부터인가 학교는 잠자러 가는 곳, 대학을 가기 위한 자격증을 따는 곳(내신성적) 등으로 인식하고 있다. 문화는 전승하고 사회화를 한다는 등등의 거창한 학교교육의 기능은 이미 상당히 상실되어 버렸다. 학교는 또한 현장 교사들이 학생인권이니 학교 폭력이니 학부모민원 등으로 어려움을 호소하는 곳이 되어 버렸다.

그렇다면 우리가 되찾아야 할 학교의 참모습은 어떤 모습일까? 학생들이 즐거워하는 학교, 배움이 실현되는 학교? 최근에 공교육을 통해 이상적인 학교를 만들기 위한 노력의 일환으로 혁신학교를 지정 또는 설립하여 운영하고 있다. 우리는 또한 학생중심 수업, 배움중심 수업, 협업수업 등 다양한 수업방법을 통해 공교육을 되살리려고 노력하고 있다.

혁신학교는 국가교육과정 안에서 운영된다. 따라서 혁신학교에서 행해지는 교수-학습활동의 대부분은 여전히 국가교육과정 틀 안에서 운영된다. 그러나 최근에 이러한 국가교육과정의 틀을 벗어나 좀 더 다양한 교육과정의 운영을 통한 교육의 혁신을 꾀하고자 여기저기에 대안학교들이 설립·운영되고 있다. 다음은 대안학교 설립 취지는 잘 보여준다.

> 우리는 이제 더 이상 학교에 기대를 걸지 않을 것입니다. 학교가 바뀌기를 진정으로 바라는 만큼 우리는 학교를 대신할 수 있는 새로운 교육 환경

을 만들어가고자 합니다. 우리 자신들이 곧 길인 것입니다. 그러나 이 길은 잘 닦여져 열려 있는 그런 길이 아니라 우리가 함께 열어 가야만 하는 길입니다. 자기를 찾을 수 있도록 돕는 것, 그래서 삶을 꽃피울 수 있도록 돕는 것이야말로 교육의 본질을 잊지 않는 한 우리는 길을 잃지 않을 것입니다. 이제 진정한 교육을 시작할 때입니다.

- 『민들레 창간호』 창간사

우리나라의 혁신학교나 대안학교 중 상당수가 모델로 삼고 있는 나라가 유럽 선진국이다. 핀란드, 프랑스 등 유럽 선진국의 자연주의 교육을 많이 표방하였다. 그 중 프랑스의 유명한 공교육 희망 프레네교육을 살펴보면 우리나라처럼 획일화된 교육이 아닌 교사 개개인의 프레네교육을 인정하는 것이다. 이는 우리 전통교육의 방법과 많은 면에서 유사하다. 즉, 학생 개개인의 소질과 자질을 중요시하고 정해져 있는 교육과정보다는 학생중심 교육과정을 구성하여 교육하며 배움에 대한 '동기부여'와 '자발성'을 중요시 한다.

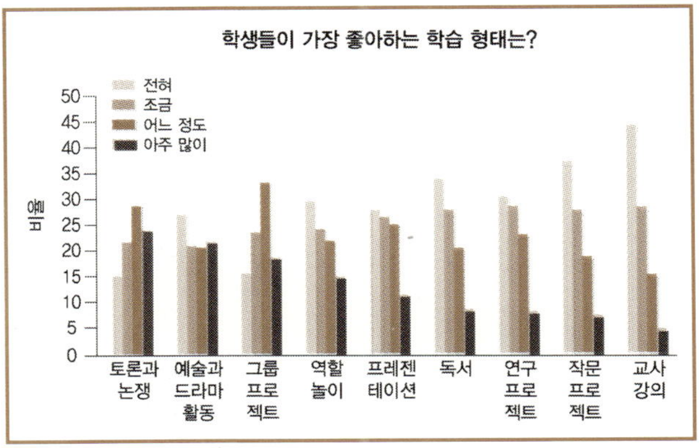

출처: E. Yazzie-Mintz, 2007, "참여도에 관한 학생의 목소리: 학생 참여도에 관한 2006년 고등학교 조사 보고서", Bloomington, IN: 평가와 교육 정책 센터(Center for Evaluation and Education Poicy), Inofana University.

프레네교육의 가장 주된 교육방식은 우리 전통교육의 가장 장점인 질문과 토론이다. 아래 도표는 학생들이 가장 선호하는 수업 형태를 설문한 것이다. 토론과 논쟁에 관한 수업 형태를 가장 선호하며 학생 참여도 또한 가장 높다. 교사 강의 중심의 일제식 수업은 학생들이 가장 좋아하지 않는 수업으로 인식되고 있다.

지금도 학교 현장에서 상당수 교사들이 강의식 수업을 진행하고 있으며 일반계 고등학교의 경우 대학입시 때문에 어쩔 수 없다는 식으로 합리화를 한다. 우리 아이들이 배움에 대한 동기부여와 자발성 강화를 위한 토론식 수업방안 등 우리 전통적 교육방법의 장점이 학교현장에서 다시금 논의되고 충분히 재조명되어야 한다. 학교현장에 유럽 선진국이나 미국, 일본의 교육방법을 계속 투입하는 것보다 우리 전통교육의 장점을 찾아 우리의 것을 더욱 발전시켜야 할 것이다.

제 II 부

단비교육에서 길을 묻다

제 5 장

단비교육 소개

▎수석교사 **김호범**

고전에서 길을 물어야 한다

동도서기론(東道西器論)은 유교식의 토대 위에 방식만을 민주주의식으로 하면 민주주의가 되는 것을 의미한다. 어정쩡한 상태로 하나가 되지 못하여 실패할 확률이 높다는 의미를 내포하고 있다. '대한민국 서울'에 사는 '홍길동'이 미국에 가면, 'Seoul, Korea'에서 온 'GilDong, Hong'이라고 소개된다. 동서양에서 지명과 성명을 쓰는 어순의 차이를 살펴보면, 양자는 각각 공통점을 가지고 있다. 즉, 우리말로는 큰 단위가 앞에 오고 작은 단위나 개체가 뒤에 오는데, 영어는 그 반대다(윤용남, 2006).

한스 토마의 1889년작 '낮잠'

김정희의 '세한도'

좌측 한스 토마(Hans Thoma)의 '낮잠'은 월계관을 쓴 소녀와 한가로이 누워 낮잠을 청하고 있는 소년이 마치 아담과 이브를 연상시키는 작품이다. 우측 김정희의 '세한도'는 제주도 귀양살이에서 먹만으로 유배지의 소나무와 집을 나타낸 작품이다. 미술작품을 통해서 살펴봐도 동양과 서양의 차이를 알 수 있다. '낮잠'은 전체 화면이 꽉 차있는 느낌과 모서리 부분까지도 빈틈이 없이 강조된 점을 볼 수 있는 반면, 수묵화인 '세한도'는 우측에서 좌측으로 시선을 두고 보아야 하고 특이점은 그림에서 여백을 미(美)로 보았다는 것이다.

학습을 보는 시각도 동서양이 조금 다르다. 서양은 좌뇌와 우뇌로 나누어 학습을 실시해야 한다고 보았지만, 동양은 문자처리형, 수리처리형, 그림처리형, 소리처리형으로 보고 학습의 방향을 잡아야 한다고 보았다. 서양의 학습 방향을 보면 좌뇌형은 차분하고 교재를 중심으로 지적인 진행에 적합한 형으로 보았으며, 우뇌형은 운동이나 활동에 적합한 형으로 구분하였다. 반면 동양에서는 사람의 성향 중에서 외부자료를 받아들여 처리하는 데 있어서 서로 다른 방식을 가지고 있다고 보았다. 즉, 문자처럼 기호화된 것을 잘 입력하고 처리하는 문자처리형, 논리적으로 정리되고 이해되어야 잘 처리하는 수리처리형, 사진기처럼 있는 그대로의 모양을 잘 처리하는 그림처리형, 소리처럼 모양을 가지고 있지 않은 것들을 잘 처리하는 소리처리형이 있다고 보았다(윤용남, 2015).

교육은 문화와 역사가 동반된다. 어떤 이론이나 수업의 배경에는 그 나라의 오랜 역사와 문화를 배경으로 하고 있다. 교육도 그 나라의 역사와 문화가 정신적인 기저를 이룬 바탕위에 교육이론을 적용하고 수정하는 가운데 그 나라만의 고유한 학습이 체계화되는 것이다. 현재 우리나라에서 운영되고 있는 다양한 형태의 교육이론은 그 배경에 우리의 문화와 역사가 포함되어 있는가? 만약 우리의 문화와 역사를 포함하고 있지 못하다면 그 원인과 대책을 세워 재구성하는 방안을 모색해 보아야 한다. 교육시스템에서 동도서기론(東道西器論)처럼 한국이라는 지역을 기반으로 하고 서구의 민주주의 이론과 그들의 문화와 역사를 포함한 교육이론이 혼합되어 우리 고유의 교육 본질을 잃어가는 과정은 아닌지 되돌아보아야 한다. 우리가 관심을 가져야 하는 교육의 방향은 대한민국의 얼과 혼이 깃들어 있고 오랜 시간동안 우리와 함께 해

온 우리 고유의 문화와 역사를 포함하고 있어야 한다는 점이다.

우리나라 전통교육에서는 가르침이 우선이 아니라 인간이 우선된 교육이었다. 배우고자 하는 사람이 무엇을 배우고자 하는지, 또한 무엇이 부족하고 남는지 등을 고려하여 거기에 맞는 교육을 해야 한다고 보았다. 이것이 바로 재주에 따라 가르침을 베푼다는 인재시교(因材施敎)다. 가뭄이 지속되고 비가 땅에 내리기를 원할 때의 비는 홍수가 진 다음에 오는 비보다 더 유익하다. 시우교육(時雨敎育)은 적절한 때에 비가 오는 교육으로 적절한 시기에 적절한 교육이 행해진다는 전통교수법이다. 시우교육의 우리말이 바로 '단비교육'이다. 이제 우리교육도 단비교육으로 가는 패러다임의 변화가 필요하다.

목마를 때 물을 주는 교육이어야 한다

목이 마르지 않은데 물을 주면 고마워할까?
홍수 뒤에 식물에게 물을 주면 식물이 좋아할까?

화려함에 가려진 우리의 전통 교육!

출처: http://jellytiger.net

학교현장에 있는 교사들이 2013년 대안을 마련해 보고자 하는 생각으로 모임을 열었다. '왜?'라는 의문과 깊은 사고 없이도 답을 찾아가는 교육에 대한 문제점에 인식을 공유하고 더불어 미래교육을 고민하게 되었다. 2014년 대안교육에 뜻을 같이 하는 교사들이 속속 모였고 두 분의 교수가 함께 했다. 서울역 앞 세미나실을 빌려 모임을 시작한 지 2년이 지났다. 외국의 이론과 용어들로 도배되어 있는 교육현장의 교수·학습이론들이 우리나라에서 뿌리를 내리기에는 많은 시간이 소요되고 뿌리를 내리고도 기반이 약해 새로 등장한 또 다른 이론에 밀려 금방 사라져 버리는 악순환이 되풀이되고 있다.

이러한 현실에 대한 대안을 찾던 중, 미래 사회의 역량을 모두 갖추고 있는 우리 전통교육 안에 답이 있다는 사실을 알게 되었다. 『삼국사기』에는 고구려 소수림왕 2년(372)에 국립대학인 태학(太學)이 만들어졌다는 기록이 있고, 백제는 근초고왕 30년(375)에 서기를 편찬한 고흥이 박사였다는 내용 등을 통해 교육제도가 오래 전부터 발달했었음을 알 수 있다.

2000년 가까운 기간 동안 우리의 토양에 적합하게 수정되고 보완되면서 뿌리 내린 우리 교육이 있다. 우리 교육을 심도 있게 탐구하는 것과 다른 나라의 교육 이론에서 대안을 찾으려는 것 중 어느 것이 바람직할까? 이러한 의문에서 연구를 시작했다. 2년여에 걸친 노력 끝에 다른 사람들에게 뽐낼 만한 우리의 교육을 알게 되었고 '단비교육'이라는 이름으로 탄생하게 되었다. 적절한 시기에 비가 와서 가뭄을 해결한다는 의미로, 적절한 시기에 도움을 주어 알게 하는 교육인 시우교육(時雨敎育)을 미래를 위한 교육방법으로 상정하게 되었다. 시우교육을 순수 우리말로 바꾸면 단비교육이 된다. 단비교육은 책속의 내용에 대해 의심하고 의심한 내용을 서로 질문을 통하여 소통하는 내용을 핵심으로 보았고, 학생이 질문한 내용을 교사와 학생이 나누는 강(講)을 그 중심에 두었다.

대나무는 속이 텅 비어 있지만 높게 자라고 바람에 몸을 맡겨 이리저리 휘청거리지만 쓰러지거나 송두리째 뽑히는 경우는 별로 없다. 그러나 보통 나무들은 속이 꽉 차 있고 뿌리를 깊이 내려 바람에 쓰러지지 않으려 하지만 뿌리째 뽑히는 경우가 있다. 대나무는 약하고 속도

비어 있음에도 불구하고 왜 강할까? 대나무의 비밀은 마디에 있다. 대나무는 얼마만큼 자라면 마디가 생기고 마디가 생긴 자리 위로 다시 성장이 이루어지는 과정을 반복한다. 대나무에서 마디가 없으면 어떻게 될까? 대나무의 성질을 잃고 튼튼하고 곧게 성장하지 못할 것이다.

발달과업(development task)이라는 교육학 용어는 대나무 마디와 같은 성장을 교육의 입장에서 바라본 것이다. 발달과업은 성장 마디라 할 수 있다. 유아기에는 배설과 걷기 후 말 배우기를 거친다. 아동기에는 학교에서 기본적인 학습과정을 거친 후 청소년기 정체성을 확립한다. 청년기에는 배우자 및 직업을 가지는 성장 마디를 거친다. 이처럼 각각의 발달 단계에서 달성해야 할 내용이 정해져 있다는 의미이다.

공자(孔子)도 서양의 발달단계와 같은 내용, 즉 "발달의 각 단계마다 해야 할 역할이 따로 있음"을 역설하였다.

> "공자께서 말씀하셨다.
> 젊어서는 혈기가 절제되지 않아 여색을 경계해야하고,
> 장성해서는 혈기가 강해 서로와의 다툼을 경계해야하고,
> 늙어서는 혈기가 쇠약해져 경계할 것이 재물에 있다"(『論語』「季氏」7).

베일런트(G. E. Vaillant)는 발달과업을 새롭게 정립했다. 공자에서부터 해빙허스트(A. Havinghurst)까지 주장된 이론인 특정 시기에 반드시 특정한 과업을 수행해야 한다고 본 것에 대한 새로운 시각이었다. 아이들은 대소변을 가리고 걸음마를 시작하며 배움이 시작된다. 놀이를 배우고, 공부를 하고, 청소년기에 자기를 개발하는 과정으로 진행된다. 그러나 베일런트는 꼭 그 시기에 정해진 과정을 해야 하는 것은 아니라는 점을 강조한다. 그 시기는 늦어도 되고 앞당겨도 무방하다는 것이다.

우리 전통교육에서 나이는 중요하지 않았다. 재능이 있으면 그에 적합하게 진도를 정하였고 재능이 없으면 그에 적합한 속도 교육을 실시하였다. 나이에 메이지 않고 재능에 적합한 학습을 시켰던 전통적인 우리의 교육이 베일런트가 표현하려 했던 내용과 같다. 전통적인 한국교육에서는 나이에 구애받지 않고 각 개인의 적성과 능력에 따라 개별화 교육을 실시하였다.

카운터 테너(Counter Tenor) 문지훈의 이야기는 교육을 다시 생각하는 계기가 된다. 갑자기 찾아온 질병! 잘 보이던 눈이 초등학교 시절 점차 보이지 않아 실명을 하게 되면서 겪게 되는 좌절에서 카운터 테너로 성공하게 된 가슴 먹먹한 내용이 있다.

문지훈이 다니는 학교 음악 선생님께서 실명을 하게 된 문지훈의 음악성을 알아보고 그가 합창단의 일원으로 음악을 시작할 수 있도록 추천해 주었다. 문지훈에게 가슴으로 하는 음악을 가르쳐 준 음악선생님은 그의 새로운 인생을 열어 주었다.

부모와 교사의 역할이란 바로 이러한 것이어야 한다. 미래 사회가 요구하는 교사는 지식 전달자가 아니다. 아이들의 마디마다 그들의 재능을 분별해 주어야 한다. 각자의 재능에 적합한 삶의 방향을 제시해 주고, 오랜 시간 기대를 가지고 기다려 주는 역할이 부모와 교사다. 대나무가 속이 비어 있으면서도 튼튼하게 자라고 쓸모가 있는 것은 마디가 있고 그 마디마다 역할을 수행하는 단계가 있기 때문이다.

묻고 답하는 강(講) 교육이어야 한다

요즈음 교육에서의 화두는 질문이다. 질문은 생각 없이 나오지 않는다.

3월! 아이들과 만나는 첫 시간은 언제나 설렘이다. 학생들과 만나는 첫 시간, 처음, 최초, 이러한 단어들이 주는 힘은 가슴을 뛰게 하는 힘의 근원이 된다. 나를 소개하고 아이들이 자신을 소개할 때 해맑다. 그 다음에는 꼭 질문이 있다. 너무도 많은 질문이 오가면서 아이들은 자신들의 입장에서 질문을 쏟아낸다. 수업을 하다 돌이켜 보아도 그렇게 진지한 시기는 거의 없었던 듯하다.

표 5-1 »» 교학상장 전통교육과 서양교육 비교

한국 전통교육	논점	서양 교육
교사, 접장, 학생	가르침	교사
학생, 접장	배움	학생
학생	익힘	학생
학생 → 접장 → 교사	배움 방향	교사 → 학생
개인별, 능력별	교육과정	같은 또래, 동일집단

교학상장(敎學相長)은 가르치고 배우는 일로 함께 성장한다는 교육의 기본 원리다. 한국의 전통교육과 서양의 학교제도에서 의미하는 교학상장에는 근본적인 차이가 있다. 서양교육에서 교사는 가르치고 훈육하는 교육(敎育)을 담당하였고, 학생은 배우고 익혀서 자신의 것으로 소화하는 학습(學習)하는 원리로 수업이 진행된다. 우리 전통교육에서는 학생의 수준과 재능에 따라 개인별 학습과제가 주어지고 자기주도적 학습을 진행하다가 접장(接長)과 상호 질의응답을 통해 내용을 익힌다. 익힌 내용을 토대로 훈장(訓長)과 강(講)을 실시하는데, 이것이 질문 교육이다.

우리의 전통교육과 서양 교육의 차이점은 방향성이다. 교사가 수업을 우선하고 학생이 익히는 구조는 서양 교육방식이고, 학생이 공부하고 접장과 상호 소통하고 난 후에 강을 통해 교사와 배움을 형성해 가는 것이 우리의 교육방식이다. 1000년이 넘는 시간

동안 실시되고 수정·보완되면서 자리 잡고 있는 우리 전통교육은 자기주도학습과 강이다. 미래역량에 적합한 교육이 바로 우리가 해오던 전통 우리교육이지만 1895년을 전후해 사라지고 있는 상태다.

미래 교육의 대안으로 제시할 수 있는 것이 우리 전통교육의 지식 형성 과정이다. 근대 서양교육이 들어오면서 없어져 가고 있는 전통교육에서는 교사가 수업하고 학생이 배우는 시스템이 아니었다는 점에 주목해야 한다. 동양과 서양의 지식을 구성하는 방식이 다름을 기반으로 교사가 가르치는 시대는 이제 종말을 고해야 한다. 우리의 전통 방식은 아이들이 자기주도적으로 학습하는 것이다. 다양한 형태의 접장제도는 학습 능력이 뛰어난 아이가 그렇지 못한 아이를 도와주는 제도이다. 서로 배움을 나눈 후 그 배움을 교사와의 질의응답을 통하여 지식을 형성해 나간다. 미래 사회는 지식을 전달하는 전달자가 필요한 세상이 아니다. 다양성과 속도에 순응하는 지식을 형성해 가는 과정이 요구되는 사회다. 강(講)을 통해 질의응답 하는 것이 우리의 전통교육 안에 보물로 숨겨져 있었다. 이제 그 보물을 사용해야 할 시기가 도래했다.

학생이 질문하게 해야 한다

누가 질문해야 하는가? 학생? 교사?

질문이라고 하면 일반적으로 교사가 질문하고 학생이 답하는 것으로 생각한다. 많은 학생이 있는 규모가 큰 학교에 속해있는 교실에서 학생이 질문하고 교사가 대답하는 것을 고민해 보지 않았다. 그 이유는 교육과정상의 문제 때문이다. 교사가 질문하고 학생이 대답하는 서양식 교육에서는 이러한 학습방법이 일반적으로 시행되고 지금도 일반화된 학교시스템이다.

학교에서의 질문은 질문(質問)과 발문(跋問)이 있다. 어떻게 하는 질문이 학생이 대답할 수 있는 좋은 질문인지에 따라 질문과 발문으로 나누어진다. 발문에 대한 괄목할만한 연구 결과물도 시중에 나와 있다. 최근에 '배움 중심'이라는 용어가 새로운 교육의 방향으로 제시되고 있다. 교사가 질문이나 발문하는 것은 교사중심 수업이다. 그러나 학생이 질문하는 수업은 학생중심 수업이다. 교사가 주도하여 가르쳐야 한다는 짐을 내려놓고 학습의 주체를 학생에게 주어야 한다. 더 나아가 질의응답 시 활발한 수업을 진행해야 한다.

훈장님이 먼저 화두를 제시하는 경우도 있었지만 우리 전통교육에서는 학생이 질문을 했다는 점에 주목해 보자. 자기주도적으로 학습한 내용을 또래집단인 접장과 질의응답을 통해서도 해결하지 못한다면 그 내용은 훈장과 강(講)을 실시하면서 해결하였다. 이것이 현재 우리 교육이 나가야 할 방향이다.

생각을 하지 않는 학생은 질문을 하지 못한다. 학습을 스스로 진행하는 학생만이 궁금증이 생기고, 그 궁금증을 해결하지 못하는 학생이 질문을 할 수 있다. TV나 매스컴에서 대학생들도 과외를 받고 있는 비율이 점차 늘어난다는 내용을 종종 접하게 된다. 언제까지 배울 수 있을지 의문이 생긴다. 또한 배움만으로는 창의성 발현에 어려움이 있음을 우리는 잘 알고 있다. 스스로 학습하지 않으면 속도라는 틀 안에서 벗어나지 못하고 미래사회에 적응하지 못할 것이다. 이제 교사가 가르치고 학생이 대답하는 패러다임은 최소한 사라져야 한다. 우리 선조들이 시행했던 학생이 공부하고 질문하면 교사가 대답하는 전통교육 패러다임을 한국적 교육방법으로 정착시켜야 한다. 한국적 전통교육방법은 전 세계 어디에 내놓아도 훌륭한 좋은 사례가 될 것이다.

배우고 싶을 때 교육해야 한다

어느 여름 오후 수업시간, 덥고 집중이 되지 않던 학생들이 옹기종기 모여 이야기를 하고 있었다. 무슨 이야기가 그리 재미있는지 볼이 발그레하게 열띤 토론을 하고 있었다.

유경: 야, 동민아! 너 어제 동상이몽 봤냐?
동민: 짱 웃기지!
성경: 뭐 나왔는데?
동민: 화장하는 애 나왔잖아. 중학교 1학년!
유경: 유재석이 화장을 많이 하면 안 좋다고 하던데.
성경: 선크림은 상관없다던데....
유경: 상관없어도 조금만 발라야 하는 거 아냐?

1990년대의 학생들은 알고 싶은 내용이 있으면 삼삼오오 교무실로 찾아왔다. 교무실에서 네가 옳으니 내가 옳으니 하며 명쾌하게 해결해 달라고 조르곤 했었다. 그러던 학생들이 2000년대에 들어와 알고 싶은 내용은 선생님보다는 컴퓨터나 친구들에게서 답을 구했다. 문제해결은 정보를 서로 공유하면서 해결했고 교사와는 점점 소원해진다는 느낌이 들었었다. 2010년대의 학생들은 궁금한 내용이 생기면 스마트폰이나 컴퓨터의 검색을 통해서 바로 찾고 결론지으면서 선생님께는 질문을 하지 않는다.

동민이와 유경이가 중학생들의 화장에 관심을 보이고 이야기를 나누는 것은 자신들과의 연결고리가 있기 때문이다. 그리고 유경이는 TV에서 본 내용으로 자신만의 생각과 결론을 내리고 있다. 또한 TV에서 본 내용이 자신의 생각인 것처럼 확신하고 있다.

우리 아이들은 컴퓨터, 스마트폰, TV로 대표되는 매스컴을 통해 본 것을 믿으려 한다. 스마트폰이나 인터넷을 통해 보았던 내용은 옳고 그름의 여과 없이 무조건적으로 믿으려는 경향이 있다. 친구들 사이에서 이야기 하는 것을 듣다보면 그 내용이 확신에 찬 믿음으로 변하면서 내가 찾아낸 법칙이라도 된 것처럼 자연스럽게 받아들이고 주장한다. 자신이 본 장면이나 내용은 법칙이 되고 법칙들은 마음의 동요를 일으켜 인터넷 매체를 클릭하게 된다. 클릭 몇 번으로 본인의 믿음과 앎을 확인하는 것이 종종 구매활동으로 이어진다. 그리고 물건을 산 이후에는 그 상품에 관한 전문가가 되어 신앙을 전파하듯 전한다. 여기에서 다시 생각해 볼 문제는 보는 것을 인식되었다고 믿고, 인식된 것이 앎이며 앎이 지식이라고 사고하는 청소년들의 가치관이다.

앎에는 인지(cognition)와 메타인지(meta-cognition)가 있다. 어떤 대상을 다른 대상과 구별하여 아는 것을 인지라 한다. 메타인지는 인지과정뿐만 아니라 그와 관련된 것들에 대한 지식을 정확하게 아는 것을 의미한다. 인지의 사전적 해석은 '심리 자극을 받아들이고 저장하며 인출하는 일련의 정신 과정. 지각, 기억, 상상, 구상, 판단, 추리를 포함한 넓은 의미의 지적 작용'을 말한다. 그러나 메타인지는 인지과정과 연관된 더 넓은 의미를 가지고 있으며, 그러한 인지과정이 옳고 그름에 대하여 판단하는 내용까지 포함한다. 학생들은 인지와 메타인지를 구분하지 않고 사용하는 경향이 있다.

학생들이 게임을 할 때 컴퓨터 속도의 문제로 기다리는 시간이 생긴다. 이렇게 컴퓨터 기다림의 시간을 로딩이라 한다. 그런데 학생들의 일부는 기다리는 로딩 시간을 참지 못하고 짧은 시간에 다른 선택을 하거나 다른 게임으로 바꾼다. 자신이 좋아하면 집중하는 시간이 길어지고 몰두하는 경향을 보인다. 게임에 한정되었던 이러한 성향이 수업시간에도 영향을 주고 있다.

수업시간에 집중하지 못하는 학생이 늘어나고 있다. 집중 못하고 있는 상황에 대해 '왜?'라고 물으면 많은 아이들이 "저, 그 내용 알아요!"라고 한다. 학원도 다니고 개인교습을 받고 있으니 그렇게 대답할 수 있다. 그러나 막상 시험을 보고 나면 상황이 달라진다. 자신 있게 안다고 대답한 학생들 상당수가 시험에서 그 문제를 틀린다는 사실이다. 학생들은 수업시간에 배운 내용을 안다고 생각을 하고 있지만 정작 지식은 아니라는 사실이다. 그렇다면 안다는 것과 지식은 다른 것일까? 다르다면 어떻게 다를까?

분별(分別)이라는 용어가 있다. 구분한다는 의미를 내포하는 단어다. 아이들은 매스컴을 통해 본 것을 토대로 느끼고, 느낀 것을 토대로 사물을 판단한다. 문제는 '앎'이라는 것이 시간과 조건이 달라지면 '앎'이라는 사실 그 자체가 변한다는 것이다. 그래서 분별이 필요하다.

그럼 분별이란 무엇일까? '앎'이라는 자체를 생각하고 판단하여 그 결과를 스스로 선택하는 것이다. 분별은 아무런 비교나 추측 또는 구분 없이 직관적으로 보면 알 수도 있고, 내가 알고 있는 내용을 토대로 추리하여 심사숙고하여 판단할 수도 있으며, 의식과 마음에 분명한 생각을 토대로 예상하여 판단할 수도 있다. 학교교육에서 분별하는 교육이 이루어져야 한다. 그 교육이 바로 시우교육(時雨敎育)이다.

시우교육은 태양이 강하게 내리쬐어 오랜 시간 가뭄으로 곡식이 축 늘어져 있을 때 내리는 비와 같이 교육도 아이들이 알고 싶을 때 실시하는 교육을 말한다. 교육적 입장에서 보면, 아는 것은 상황에 따라 변할 수 있지만 그렇게 변하는 것은 진리라고 볼 수는 없다. '아는 것' 같은 것과 '아는 것'을 분별을 통하여 구분하는 과정이 필요한데, 그 분별된 내용을 지식이라 한다.

미래에는 너무 많은 일들과 내용이 급속하게 변하여 어느 것이 옳고 어느 것이 그른지를 구분하기 어려워질 것이다. 따라서 우리는 수없이 많은 내용을 자신의 생각과 추론을 토대로 분별할 수 있어야 한다. 스스로 학습하고 분별하는 능력을 향상시켜 앎을 삶에 접목하여 살게 한 것을 우리 조상들은 시우교육이라 하였고 순수 우리말로 표현하면 '단비교육'이 된다.

단비교육은 일방적인 교육을 실시하는 것이 아니다. 학습자가 학습활동에 대한 동기유발이 이루어진 상황에 때를 맞추어 학습자가 요구하는 학습을 주는 것이다. 중요한 점은 행복하게 배움을 일으켜야 한다는 것이다. 때에 맞추어 비가 내려 곡식이 자라듯 교육도 하고 싶을 때 실시해야 한다는 생각이 우리 전통교육에 담겨있다. 그렇다면 하고 싶지 않으면 어떻게 할까? 우리 전통교육은 한 없이 기대를 가지고 기다리는 교육을 추구하였다. 학생이 배움을 열 수 있도록 동기를 유발하여 공부가 하고 싶도록 하였다. 그 때에 맞추어 교육이 이루어져야 한다는 점에 주목할 필요가 있다.

재능에 적합한 교육이어야 한다

첫 아이의 돌잔치를 하던 날이 생각난다. 결혼하고 처음 얻은 아이가 곱기도 하고 엄지손가락이 나를 닮아 가슴으로 아이를 키웠다. 지금은 어렴풋한 기억이지만 분주하게 돌아가는 돌잔치 준비를 위해 책과 주위 선배들의 조언을 얻어 연필과 청진기, 실, 마이크를 준비했던 기억이 난다. 마침 첫 아이는 연필을 잡아 미래에 대한 작은 희망을 갖기도 했었다. 아이가 자라면서 미술을 좋아하고 손재주가 있었지만 우리 부부는 공부를 권했고 아이는 나를 잘 따라 주었다. 지금은 대학을 졸업해 자신의 적성과 선택에 따라 직업을 선택하고 지내지만 그다지 공부를 더 진행하고 싶어하지는 않는 듯하다.

아이의 출생과 건강을 축복하는 일 이외에 돌잔치에서 가장 중요한 것은 돌잡이, 즉 아이의 선택부분이다. 아이가 어떤 것을 선택하느냐가 그날의 중요한 이야깃거리다. 아이가 미래에 그렇게 성장해 주었으면 하는 부모의 소박한 바람이 들어가 있는 것이다.

그러나 아이가 선택하는 부분이 개인과 집안에 따라 다양하게 진행된다는 점에 주목할 필요가 있다. 부모의 바람에 따라 돌잔치에 놓이는 품목이 결정되고, 아이들의 선택이 부모의 바람과 관련지어진다. 어떤 부모든 10개월 동안 기다림 끝에 만난 아이는 세상 모든 것을 가진 것처럼 기쁘고 벅차다. 예쁜 것과 소유는 구분되어야 하지만 한국 가정에서는 사랑이라는 명목으로 가끔 그 구분이 명확하지 않을 때가 있다. 자녀를 사랑으로 훈육한다는 명목으로 아이들을 소유로 인식하고 행동하는 경우들을 종종 목격하게 된다. 선택과 책임을 자녀에게 돌려주어야 한다. 돌잔치를 부모와 자녀 각각의 입장에서 살펴볼 필요가 있다.

부모의 입장에서 보면, 부모는 자녀에게 무한한 사랑을 주고 싶어 한다. 맛있는 것을 먹으면서도 자녀를 생각하게 되고 돈을 벌면서 조차도 자녀에게 좋은 미래를 물려주어야 한다는 생각을 계속 한다. 이유를 말할 수도 없고 이유를 말하지도 않는다. 우리 문화와 우리 부모는 단지 그렇게 하고 싶고 하고 있다는 사실이다.

자녀의 입장에서 보면, 어릴 때는 절대적인 부모의 사랑으로 성장한다. 그러나 학교에 가면서 또래들과 관계가 형성되고 부모의 입장이 아닌 자신들이 보는 시각이 생기기 시작한다. 언제부터인지 부모의 의견보다는 친구들의 관계가 더 중요하다. 그러나 부모는 자녀와의 관계형성 때문에 고민을 하게 된다. 그 과정을 겪으면서 자녀들은 성장해간다. 부모와의 관계와 또래와의 관계를 잘 해결하면 성장한 아이들은 내면적인 성장이 바르게 이루어진다. 부모와의 관계에서 갈등구조를 보이며 성장한 아이들은 부모와 또래 집단 간 관계에서 모호함을 나타낸다. 모호함은 사춘기에 정서적 불안정과 연관된다.

부모의 사랑스런 이야기가 잔소리로 변하고 사랑이 집착으로 인식되는 것이 청소년기다. 아이들과 부모의 상처는 대화를 통해서 해결해야 한다. 서로 같은 곳을 바라보면서도 서로 다른 기대와 동상이몽을 하고 있는 부모와 자녀들의 모습 또한 소통을 통해 변해야 한다.

인재시교(因材施教)는 재주에 맞추어 교육을 하고, 재능이 있으면 가르치고 재능이 없으면 배움이 없다는 전통적인 한국적 교수이론이다. 각자 간직한 자신만의 재능을 찾고 그 재능을 키워주는 교육을 해야 한다는 우리의 전통교육이 미래의 교육 방향과 일치한다. 최근에 『신 인재시교』(김민희, 2014)라는 책이 발간되었는데, 그 내용을 보면 저녁밥 같이 먹기, 아이에게 편지쓰기, 친구 되어주기, 취미생활 같이하기, 자존감 살려주기, 여행 같이하기 등 외국의 이론이 아닌 우리 현실에서 바라본 학습자 개인의 재능과 능력에 따른 서로 다른 교육방법을 제시한 것이라 볼 수 있다.

기다림이 있는 교육이어야 한다

낚시와 수란의 공통점은 무엇일까?
기다림이다.

누군가는 고기를 잡기 위해 오랜 시간 자리 잡고 앉아 있지만 진정한 낚시꾼은 잡은 고기를 놓아주면서 자리를 지킨다. 낚시를 좋아하지 않는 내가 낚시를 가서 밤을 샌 일이 있다. 새로운 경험이기도 하고 좋아하는 지인이 워낙 낚시를 재미있어 하니 나로서는 호기심이 발동했었다. 자리를 펴고 앉았지만 떡밥에 찌와 미끼까지 손이 많이 가고 집중력도 요구되는 낚시를 한다는 것이 간단하지만은 않았다. 장비도 없던 나로서는 옆에서 자리를 지키고 있기가 여간 힘든 일이 아니었다. 잡은 고기를 놓아주기를 몇 차례, 지인이 피곤하다고 잠시 눈을 붙일 때에도 나는 낚싯대를 잡고 있었다. 나에게는 고통의 시간이었다. 물 위의 찌가 어른거리기 시작하고 물과 찌가 구분도 잘 되지 않을 즈음 눈이 시리기 시작했다. 기다림! 무엇을 위한 기다림인지 의미를 부여하지 못한 나로서는 낚시를 하면서도 이해가 가지 않고 힘든 시간이었다.

유난히 달걀 관련 음식을 좋아하는 나는 TV에서 경상도 전통 종갓집 수란(달걀을 깨뜨려 끓는 물에 반숙으로 익힌 음식)을 만드는 방송이 나와 관심을 가지고 보고 있었다. 맛도 있어 보이고 새로운 것에 대한 호기심으로 방송에 나오는 대로 그대로 해보았다. 달걀을 움푹한 주걱에 올려 끓는 물에 올려놓고 기다리면 된다. 그러나 시간이 지나고 물에서 수증기가 올라오면서 후회가 되기 시작했다. 팔도 아프고 움직이지도 못하고 서 있으려니 왜 이러고 있나? 하는 생각이 들었다. 그러나 기다림! 맛있는 것을 먹을 수 있다는 일념으로 버틸 수 있었다.

낚시와 수란이 모두 기다림의 연속이라 하더라도 내가 재미없으면 기다림의 의미를 찾지 못하고 지루하지만 기다림의 의미가 있으면 기대감에 기다림이 덜 지루하다.

낚시와 수란을 예로 우리의 교육을 생각해 보자. “아이들에게 꿈을 꾸라고 하면서도 꿈꿀 시간을 주지 않는다.”는 강원도 교육감의 글처럼, 교사들과 부모는 아이들에게 꿈꿀 시간을 너무 인색하게 사용하고 있는 것은 아닌가하는 생각이 든다. 교사들은 수업에서 평가를 위한 핵심성취 요인이 지도해야하고 진도를 끝내야 한다. 빠듯한 수업 운영을 이유로 수업시간에 질문을 던지지만 충분한 생각을 할 수 있는 시간을 주지 못한다. 부모는 생활에 바쁘다. 부모는 자녀 미래를 위해 무엇이든 주고 싶어 한다. 시기를 놓치면 뒤쳐질까봐 아이들에게 생각할 시간을 많이 주지 못한다. 그렇다면 아이들 입장에서 보자. 부담이다. 부담으로 인해 아이들은 수업시간 동참이 어렵다.

우리 아이들 한 명 한 명에게 교육받는 즐거움이 있다면 그 과정은 소중하고 의미를 가지고 기다릴 수 있다. 그러나 이론과 현실에는 작지만 엄연한 현실이 존재한다. 아이들이 공부에 재미를 붙일 수 있고 공부하는 즐거움을 알게 해준다면 어떨까? 이런 교육이 우리 교육이면 어떨까? 교육에 대한 유의미한 즐거움을 주지 못해 아이들은 힘들어 한다. 즐거움이 없는 지식 전달은 아이들이 기다리지 못하는 이유가 된다. 기다림! 기대와 시간을 갖고 기다린 다는 것은 어떤 의미일까? 우리 전통교육에서 기다림을 볼 수 있다. 분비계발(憤悱啓發)과 거일반삼(擧一反三), 재성보상(裁成輔相)이 우리 선조들의 기다림 교육이었다.

분비계발(憤悱啓發)은 알고자 할 때 알려주는 교육이다. 분계(憤啓)는 몰라서 답답한 상태에 있는 아동들이나 표현 방법을 찾지 못해 애쓰는 상태일 때, 답답한 것을 풀어주는 것을 의미한다. 비발(悱發)은 표현을 도와주는 것 또는 방법을 가르쳐 주는 것이고 분비계발을 기다림의 중요 덕목으로 사용하였다.

거일반삼(擧一反三)은 하나를 가르쳐 주고 셋을 알 때까지 기다리는 것이 교육의 기본으로 본다는 의미다.

재성보상(裁成輔相)은 지나친 것을 제재하고 단계를 만들어 도움을 주는 것으로 부족한 것을 보태어 깨닫도록 도와주는 기다림을 의미한다.

다름을 인정하고 기다려주는 교육이어야 한다

선생님: 순정이 왼손잡이구나?

순정이: 네, 선생님! 전 밥도 왼손으로 먹어요.

선생님: 그래! 불편하지 않니?

순정이: 어렸을 때부터 그래서 괜찮아요.

선생님: 왼손을 사용하면 안 좋다는데, 고칠 생각 없니?

순정이: ????

교직을 시작한 지 얼마 되지 않아 K여고에 근무하고 있을 때의 일이다. 자그마하고 참한 순정이가 수업시간에 왼손으로 필기를 하고 있었다. 그 시절만 해도 왼손으로 글을 쓰는 학생이 적었던 터라 신기하기도 했지만 왼손 사용에 대한 부정적인 생각을 하고 있었던 것 같다. 어른들께서 왼손으로 글을 쓰거나 왼손 사용은 복이 달아난다고 하셔서 이유를 알지 못하면서도 그 말을 믿고 있었던 것 같다. 그때는 모든 사회적인 시설들은 오른손에 맞추어 제작되어 있다. 화장실의 물 내림만 보아도 오른쪽에 위치해 있다. 순정이에게 오른손을 사용하면 좋겠다고 설명을 하고 긴 시간을 함께 하며 결국 오른손으로 필기를 하게 되었다. 그 당시에는 내가 교육을 통해 아이를 올바른 방향으로 변화시켰다는 뿌듯함으로 나를 위로했었다. 최근 뇌 과학학회에서는 좌뇌와 우뇌의 사용을 권장하고 있다. 왼손과 오른손을 동시에 사용하는 것이 학생들의 좌우 뇌의 균형 발달에 도움이 된다고 발표하였다. 난 지금도 나의 교육이 잘못된 가르침을 주고 있지는 않는지 부끄럽고 의심이 간다.

피카소의 1901년 '자화상'은 남청색 공간에 암청색 외투를 입고 있는 자신의 모습을 비추고 있다. 파리로 되돌아와 생활한

1901년부터 1904년까지 친구 카사헤마스의 죽음에 힘들어하며 젊은 날을 청색시대로 보냈다. 청색시대의 색을 선택한 이유가 4가지 있다. 첫째는 친구 카사헤마스의 자살과 자신의 우상인 툴루즈 로트레크의 죽음에 대한 충격이고, 둘째는 우울과 슬픔, 지루한 생활과 괴로움, 죽음을 경험하게 된 생활, 빈민가의 아이들과 장애인, 바르셀로나의 밑바닥 인생, 사회제도에 대한 반감이다. 셋째는 조국 스페인의 처참한 현실이고, 넷째는 외면의 파리생활과는 달리 산업화로 인해 빈부격차와 궁핍한 생활이다. 우리가 생각하는 색에 대한 고전적 의미는 청색은 어두운 면을 붉은색은 밝은 면을 표현하는 의미로 받아들이며 생활하고 있다.

청색은 차가운 색이고 붉은색은 따뜻한 색으로 알고 있다. 우리는 별의 색을 보고 색에 따라 표면 온도의 변화를 예측한다. 그러나 최근에 와서 별의 색이나 촛불의 색으로 실험을 해보았을 때 현대 과학에서는 붉은색보다 파란색이 훨씬 뜨겁다는 사실을 밝혀냈다. 차갑다고 하는 색은 청색이고 덥거나 따뜻함은 붉은색으로 나타내던 고정관념과 신념이 변한 것이다.

지금 생각해 보면 내가 옳다고 생각하고 굳게 믿었던 것들이 옳지 않을 수 있다는 생각이 든다. 내가 처음 교육을 시작했을 때 간직했던 나의 교육에 대해 생각해본다. 초보 교사의 교육 신념과 교육활동이 학생들의 미래에 도움이 되지 못할 수도 있다는 점은 나를 반성하게 한다. 우리 집 아이들 교육도 돌이켜 보면 그렇지 않은가 하는 생각이 든다. 책 읽기를 좋아하던 막내는 공부를 계속 했으면 좋겠다는 생각을 하지만 공부보다는 운동을 좋아하는 둘째는 운동을 하는 쪽으로 권해주었어야 하는데 부모의 욕심이 크지 않았나 싶다. 둘째에게 운동보다 공부를 권했고 그로인한 갈

등도 있었다. 지금은 부모 뜻에 따라 생활하고 있지만 그때 아이가 좋아하는 것을 밀어주었으면 하는 아쉬움도 남는다. 결국 내가 믿고 확신하는 것과 지식은 시대에 따라 다를 수 있고 변하고 있다. 갈수록 그 변화의 간격이 줄어드는 것도 느낄 수 있다.

공부도 그렇다. 무조건 믿고 받아들이는 것이 얼마나 위험하고 의미 없는 것인지 정확히 분별하여야 한다. 전통 한국적 교육방법인 단비교육은 모든 내용의 이치를 생각해보고 왜? 라고 질문하는 교육이다. 질문은 생각을 해야 나오게 된다. 질문은 서로의 생각을 말로 나눔으로서 해결된다. 우리 전통 한국 교육에서는 교사가 일방적으로 앎을 학생에게 전달하지 않고 강(講)하였다. 강이란 학생이 개인의 능력과 소질에 적합하게 주어진 내용을 학습한다. 학습된 내용 중에서 궁금한 것을 질문하면 그 내용을 스승과 제자가 서로의 생각을 묻고 답하는 과정이다.

전통교육에는 공부의 순서가 있었다

줄탁동시(啐啄同時)

'啐'은 '빠는 소리 줄', '맛볼 쵀', '떠들썩할 잘' 등의 음을 가지고 있고, '啄'은 쫄 탁, '同'은 한 가지, 같다, '時'는 때를 의미한다.

병아리의 부화에는 순서가 있다. 첫째가 알속에 있는 병아리가 부화를 위해 알의 막을 쪼는 것이다. 둘째는 병아리의 쪼는 소리를 듣고 알을 품고 있는 어미닭이 밖에서 부리로 알을 쪼는 것이다. 병아리의 부화순서 이다. 이때에 먼저 병아리가 안에서 혼신의 힘을 다해 껍질을 깨지 않으면 어미닭도 밖에서 쪼지 않는다.

현재 대한민국에서 이루어지고 있는 상당부분 수업시간의 모습은 어떨까? 교사가 학습목표를 제시하고 한 시간 동안 이루어져야할 내용을 설명한다. 내용 설명을 들은 학생들은 중요한 내용을 익히고 학습을 진행한다. 미래에 적합한 인간을 기르기 위한 최선의 교육일까? 그 해답을 줄탁동시에서 찾아보자. 교육에도 순서가 있어야 한다. 줄탁동시는 우리 전통교육에서 오랜 시간 역사를 같이하며 시행착오를 수정하며 진행되어 왔다. 현대와 미래를 살아갈 우리가 알아야할 교육의 방향이어야 한다. 줄탁동시에는 아주 중요한 공부의 순서가 있다. 먼저 학생이 학습에 대한 동기유발이 일어나고 배우고 싶어야 한다. 배움을 주는 것과 소통은 그 다음에 진행되어야 한다.

먼저 가르치면 학생들이 위험하다! 문제가 제기되었을 때 계획하고 자기주도적으로 해결해가는 미래 역량에 적합한 과정이 생략되기 때문이다. 줄탁동시(啐啄同時)는 학생들의 학습이 먼저 일어나고 교사 교육이 동시에 진행되어야 한다는 것이다. 닭이 알에서 부화 될 때 알속의 병아리가 껍질을 깨뜨리고 나오기 위해 껍질 안에서 쪼는 것과 같이 학생의 학습이 우선되어야 한다. 교육현장에서 가장 많이 생략되는 모습이다. 이러한 줄(啐)의 과정이 생략되고 어미 닭이 밖에서 쪼아 깨뜨리는 탁(啄)이 계속되면 어떻게 될까? 최근 들어 뉴스에서 많이 접하게 되는 아이들이 학습포기 현상이다. 공부의 순서가 바뀌면서 학생들의 혼란이 가중되고 있다. 우리의 전통교육에서 해답을 찾으려 해야 함에도 불구하고 밖으로만 눈을 돌리고 있다. 중요한 점은 안에서 병아리의 행동이 있은 후에 밖에서 어미의 행동이 이루어져야 한다는 사실이다. 안에서 병아리의 행동이 없을 때 밖에서 어미가 성급하게 쪼면 껍질 안에 있는 병아리는 죽거나 살아도 오래가지 못한다는 사실이다.

기다려주자! 기대를 가진 기다림의 교육이어야 한다. 그리고 교육의 순서를 바꾸어야 한다.

경쟁이 아닌 공생하는 교육이어야 한다

이기는 교육은 다 같이 죽는 교육이다.
더불어 함께하는 단비교육이어야 한다.

영식이는 오늘도 학교 가는 길이 버겁다. 어제 나온 성적표에 40명 중에서 12등이 나온 탓이다. 집에서 성적에 관해 부모님과 좋지 않은 이야기를 나누었던 생각이 자꾸 떠올라서다. 이번 시험은 정말 잘보고 싶었고 열심히 노력했지만 결과가 바라던 만큼 나오지 않았다. 학교에 와서 앉아 있지만 괜히 화도 나고 짜증이 난다. 수업시간에 선생님이 하시는 수업이 예전과 다르지 않음에도 참여하기도 싫고 귀찮다.

은영이는 오늘도 학교 가는 길이 버겁다. 어제 나온 성적표에 40명 중에서 2등이 나와서다. 이번에는 꼭 1등을 하고 싶었는데 또 2등이다. 어제는 부모님께서 잘했다고 하시면서 다음에는 꼭 1등을 할 수 있을 거라고 위로해 주셨다. 그런데 아침에 학교 등굣길에 짜증이 난다. 형식이가 나와 점수 차이가 거의 없이 3등을 하였고 1등인 경화는 좀처럼 따라잡기가 어려워서다. 2등을 빼앗길 것 같은 불안감도 있고 1등을 할 수 없을 것 같은 불안감에 자신감도 점차 사라지고 있기 때문이다.

경화는 오늘도 학교 가는 길이 버겁다. 어제 나온 성적표에 40명 중에서 1등을 하여 엄마, 아빠, 동생과 함께 가족들이 모두 회식을 했다. 1등을 해서 고맙고 장하다는 부모님의 기대가 부담스러워 집에 돌아와 다시 책을 펼치고 공부를 했다. 그러나 피곤하고 친구들과 어울리고도 싶지만 불안감에 그렇게 행동할 용기가 생기지 않는다.

끝순이는 오늘 학교 가는 길이 버겁다. 성적표에 항상 꼴찌로 같은 등수가 나와서다. 부모님들께서도 아무 말 하지 않고 기를 죽이지 않지만 마음이 무겁다. 아침에 학교 등교하는 친구들이 삼삼오오 몰려와 시끌벅적하게 시작은 하지만 속으로는 답답하다. 체육 시간을 제외하고 수업시간은 아는 것이 거의 없고 활동수업을 하면 다른 학생들이 같이 하고 싶지 않아 수업이 반갑지 않다. 그래서 인지 일부러 크게 말하고 친구들 사이에서 행동을 크게 한다.

앞과 뒤 중간이 모두 힘든 교육이 경쟁교육이다. 우리 아이들은 요즘 힘들다. 몇 등이라는 꼬리표를 달고 학교생활과 학원생활을 한다. 그래서 단비교육이어야 한다. 자신의 능력에 적합하게 학습이 진행되고 완성되었을 때 다음으로 넘어가는 교육이어야 한다. 모든 아이들이 동등하다는 전제하에서 똑같은 교육을 실시하는 교육시스템은 변해야 한다. 아이들이 머물러 즐거운 교육은 경쟁교육이 아니라 함께하는 교육이다. 좋아하고 적성에 적합한 분야에 더 많은 시간과 노력을 기울이는 그런 교육이어야 한다.

우리 전통교육 중 재성보상(裁成輔相) 교육이 있다. 재(裁)는 옷을 짓는다거나 마름질한다는 뜻으로, 옷을 완성할 때 서로 다른 조각을 모아 완성한다는 한자의 의미를 포함하고 있다. 서로 다른 인격체가 모여 새로운 사회 시스템을 형성한다. 부족한 것을 알려주고 기다리면 서로 다른 아이들이 늦지만 자연스럽게 알게 되고 조화로운 사회를 이룬다. 우리 조상들은 서로 이기는 교육보다 서로 부족한 부분을 보완해 주며 완성해 가는 같이 살아가는 교육을 했었다.

배움을 나누는 교육이어야 한다

출처: http://mblogthumb2.phinf.naver.net
조선시대 서당교육

조선시대 교육은 고려시대와는 비교가 안될 만큼 널리 보급되어 있었다. 훈장님이 앉아서 한명의 학생과 이야기를 통해 학습을 진행하고 있다. 맨 앞 줄의 아이는 혼자서 무엇인가 학습한다. 두 명이 이야기 하는 모습과 회초리를 가진 상급생이 아이들을 통재한다. 칠판이 있어서 훈장님 혼자 판서를 하지도 않는다.

무리를 뜻하는 접(接)과 무리 중에 으뜸이란 의미를 내포하고 있는 장(長)의 결합인 접장(接長)은 오늘날 튜터(Tutor)나 보조교사와 같은 개념이지만 동급의 학생을 의미하기도 한다. 같은 서당에서 수학(修學)하는 동료를 '동접(同接)'이라 하였고, 이러한 동접이 서당에 여럿일 때 학생 중에서 뛰어난 실력을 가지거나 나이가 들어 학문적으로 앞서 있을 경우 접장이 되어 훈장의 보조역할을 하였다.

접장은 훈장에게서 수업을 받기도 하며 후배들을 가르치는 역할도 함께 하여 막강한 영향력을 행사하기도 했다. 접장은 무료로 학생들을 가르쳤지만 학비 감면의 특혜도 종종 있었다. 접장은 서양의 교육제도보다 월등하게 앞선 우수한 제도였으며 현대적 해석으로도 그 우수성을 입증할 수 있다.

접장의 현대적 해석은 전공의(專攻醫)와 유사하다. 의과대학에서 교수에게 배우고 있는 전공의는 다른 의대생들에게 학문적인 내용을 코치하거나 의학적 가르침을 주면서도 한편으로는 교수에게서 전문 과정을 배운다. 이는 영국의 랭커스터(Lancaster) 조교제도와도 유사하다. 그러나 접장은 랭커스터 조교제도 및 튜터

(tutor)와 유사한 의미를 갖지만 다르다. 접장이 랭커스터나 전문의 튜터와 다른 점은 지식의 전달이 일방적이지 않고 학생 상호 간에 교육보다 지식의 나눔이 이루어진다는 점이다.

초기 단계의 천자문은 훈장의 설명과 함께 진행하지만 소학(小學)에 들어가면서 배움이 또래나 접장을 통해서 먼저 일어나고, 일방적이 아니라는 점에 주목해야한다. 접장의 가르침은 접장 입장에서는 복습과도 같은 역할을 수행하지만 배움이 상호 간에 일어나며 다시 학습을 재점검하는 기회가 되기도 한다.

조선시대 글을 배우는 서당(書堂)에서 글을 배우는 학동(學童)들의 앉는 위치가 서당마다 조금씩 달랐지만 처음 배우는 학생들이 훈장 근처에 앉고, 멀어질수록 많이 배운 학생들로 자리 위치가 정해졌다. 접장은 훈장과 제일 먼 위치에 있었으며 처음 배우는 학동을 가르치는 경우도 있었지만 훈장의 부재 시 훈장 역할을 대신하기도 했다. 학동들도 접장을 훈장과 동일하게 인정하지 않았고, 손윗사람 정도로 인식하여 훈장과는 신분과 자격에서 다른 개념으로 받아들였다.

함께 성장하기 위해 개별화 교육이 필요하다

이솝우화 '여우와 두루미'에 보면, 여우는 두루미를 생일에 초대한다. 식탁에는 두루미가 좋아하는 맛있는 음식이 접시에 차려져 있었다. 여우는 음식을 맛있게 먹었지만 두루미는 부리로 음식을 쿡쿡 조았지만 제대로 먹을 수가 없었다. 여우는 두루미의 음식까지 후루룩 먹어 치웠다. 며칠 후 두루미가 여우를 식사에 초대했고 여우가 좋아하는 생선국

을 준비했지만 이번에는 여우가 먹을 수가 없었다. 두루미가 음식을 목이 긴 병에 담아 주었기 때문이다. 이 이솝우화는 서로 상대방의 입장을 고려하지 않아서 발생한 이야기다. 식사를 통해 좋은 관계를 형성할 수 있고 자신의 입장보다 남의 입장에서 배려하는 배려심을 가져야 한다는 교훈을 말하고 있다.

교실에는 여우형과 두루미형이 동시에 존재한다. 한 교실에 다양한 취향과 각기 다른 재능을 가진 두루미와 여우들이 미래를 꿈꾸며 앉아 있다. 수업을 음식 먹는 것과 연관시켜 생각해 보자. 수업은 여우와 두루미 외에도 다양한 개성을 가진 모든 구성원이 먹을 수 있는 접시와 병으로 준비를 해야 함에도 한 가지 재료를 사용하고 있는 경향이 있다. 문자를 해석하고 잘 적용하는 문자에 우수한 특정한 여우형 학생들을 위한 수업이 대부분 이다. 소리를 듣고 잘하는 학생도 있고, 체육과 같이 활동에 강한 학생도 있으며, 과학 실험에 강한 학생도 있지만 모두가 영어와 수학·국어를 잘해야 한다. 학생들이 학교라는 공간에서 하루의 삼분의 일 이상을 보낸다. 학교라는 특수한 공간에서 이루어지는 활동 대부분이 수업이다. 다양한 학생들이 모두 만족할 수 있는 다양한 형태의 수업을 진행 되어야 한다.

학생 개인에게 적합한 능력별 맞춤형 교육이 미래 교육의 화두로 대두되었다. 그러나 다른 능력을 가진 30여명의 학생들이 한 공간에 있다. 그 학생들이 하나의 교수법을 사용하면 다양한 학생들이 미래를 준비할 수 없다. 문제해결력을 중시하는 미래는 개인이 좋아하는 것을 열심히 하고, 열심히 한 결과가 행복으로 나타나는 교육이어야 한다. 동양의 개별화 교육과 서양의 개별화 교육을 알아보고 우리 전통교육에서 미래를 위한 대안을 찾아보고자 한다.

동양의 개별화 교육

서(書), 수(數), 어(御), 사(射), 예(藝), 악(樂)이라는 육예는 공자시기의 교과목이다. 이 중에서 전쟁에서 필요한 활쏘기(射)와 말타기(御)는 육예에서 제외하기도 하였다. 공자 교육의 근본은 인(仁)과 실천이다. 마음을 중시하는 심성에 대한 공부를 강조하였다. 또한 배움을 학문으로 접근하여 학문으로 끝나는 것이 아닌 배운 내용을 자신의 것으로 소화해서 그 내용을 토대로 남을 위해 봉사하고 실천해야 한다고 보았다.

> 싹을 내고도 꽃을 피우지 못하는 것도 있고,
> 꽃을 피워도 열매를 맺지 못하는 것도 있다(『論語』「子罕」21).

묘(苗)는 옮겨심기 위해 가꾼 어린 벼나 이삭 또는 씨앗을 의미한다. 같은 종류의 벼에서도 서로 다른 성질을 간직하고 있어 열매 맺음이 다르다는 공자의 말씀이다.

> 같이 배우더라도 함께 도를 가지 못하며,
> 함께 도를 가더라도 설 수 없으며,
> 함께 서더라도 함께 도를 저울질할(權道) 수 없다(『論語』「子罕」29).

같이 배워도 그 능력과 재능에 따라 이해하고 적용하는 바가 개인에 따라 다름을 인지하고 다르게 교육해야 한다는 의미다.

공자가 보는 동양의 개별화의 원리는 학생들마다 각기 다른 개성과 소질을 가진 존재임을 존중하여 교학(敎學)에 적용해야 한다는 것이다. 공자는 미래 사회에 적합한 인재상과 교수법을 2500년 전 이미 알고 있었던 것일까? 개인의 재능과 능력에 적합한 맞춤형 가르침에 대하여 말한 공자는 많은 제자들이 인(仁)의 실체를 묻는 물음에 대하여 질문하는 제자마다 답을 다르게 했다. 현재 개별화의 원리가 이미 공자의 가르침 속에 상존하고 있음을 알 수 있다.

서양의 개별화 교육

플라톤(Plato)의 『대화편』에는 소크라테스(Socrates)와 메논(Meno)이 학습에 관하여 다음과 같이 이야기한 내용이 있다.

> 소크라테스: 아이들은 무한한 잠재력을 가지고 태어난다. 그러므로 생각을 잘만 조절해 주면 스스로의 힘으로 지식을 구성할 수 있다.
>
> 메논: "아이들은 적절한 교수에 의해서만 학습을 하게 된다. 스스로의 힘으로는 절대로 지식을 구성할 수 없다."

라고 하여 상반된 의견을 보이고 있다. 두 가지 내용의 시사점을 살펴보자.

소크라테스는 학생을 중심축으로 하고 있으며 학습의 주도권을 학생들에게 주어야 한다고 보았다. 교사는 학생들이 생각하고 삶을 영위할 수 있도록 촉진자의 역할을 수행해야 한다. 교사의 역할은 어떻게 발문을 할 것인가에 초점을 맞추어야 한다고 보는 입장이다.

이에 비해, 메논은 교사가 가르치고 배움의 중심축이어야 한다고 보았다. 학습활동에 있어서 교사의 가르침이 없이 학생의 학습이 불가능하며, 교사는 학생들의 학습이 진행되도록 모든 준비를 해야 한다는 입장이다. 학생들이 자신의 진로와 미래를 준비하기 위해서 교사의 역할에 많은 비중을 두고 있다.

서양의 경우, 교사중심과 학생중심 교육에서 개별화교육으로 무게중심이 변한 것은 근대교육에서 역사가 오래되지 않았다. 개별화(individualization)란 학습자중심이다. 개인에게 가장 적합한 학습 경험을 제공하여 목표를 달성하는 것이다. 개별화 수업의 초점은 학습자 각 개인에게 있고, 모든 학습자들이 목표에 도달할 수 있도록 하기 위함이다. 개별화는 개인의 능력·적성·동기를 고려한 수업방법·수업절차·수업자료를 제공하는 것이다. 개별화 수업은 학생의 개인차를 고려함과 동시에 모든 학습자들이 목표를 달성하도록 하려는 수업이다. 개별화 수업은 여러 명이 하나의 집단을 이루면서 학습하는 형태에서 학교교육의 문제와 모순을 탈피하려는 노력이다. 즉, 개별화 수업은 교사의 지도하에 각 개인이 자신의 진도에 맞추어 자기주도적으로 자신의 능력을 최대한으로 개발시켜 나가는 학습프로그램이다.

19세기에 와서 개별화 수업에 대한 새로운 이론이 등장하게 된다. 하리스(W. T. Harris)는 모든 학생들에게 같은 양의 과제를 제공하여 같은 속도로 학습을 진행하는 것이 얼마나 잘못된 교육인지에 대하여 지적하고 있다. 그 후 학습자가 할 수 있는 학습의 양과 단원을 학습하는 속도에 대하여 연구한 결과 개인에 따라 도달점이 상이하다는 것을 알고 이 사실에 주안점을 두게 되었다.

이러한 연구를 통해 알게 된 특이점은 많은 학생의 학습관련 속도가 일정하지 않다는 사실이다. 동일한 학생이라 하더라도 어떤 교과에서는 학습하는 속도가 빠르게 어떤 교과에서는 느리게 나타난다는 사실을 알게 되었다. 결론적으로 지금 진행되고 있는 수업방법은 학생들 간의 개인차를 고려하지 않는 일방적인 학습에 머문다는 것이다.

이러한 사실에서 일제식 학습의 문제점이 이미 1860년대부터 지적되고 있었고 그것이 20세기가 되어서부터 명백해졌다. 최근 개별화 교수·학습은 짧은 시간 동안 단기적으로 이루어지는 경향으로 발전되고 있다. 같은 교과서라고 하더라도 그 내용에 따라 학생의 학습 능력이 다르다는 연구를 토대로 단원마다 그 단원의 학습능력에 맞추어 새로운 모듬을 형성하는 형태를 보이기도 한다. 그러나 그 내용이 단편적이고 내용이 한정적이다.

우리 전통의 개별화 교육

우리 전통교육에서 개별화의 원리를 교수·학습의 방법으로 적용한 것이 이른바 인재시교(因材施教) 또는 수인이교(隨人異教)라는 방법이다. '인재시교'란 재질에 따라 가르침을 베푼다는 것이고, '수인이교'란 사람에 따라 다른 가르침을 행한다는 뜻이다. 두 이론의 공통점은 사람마다 가진 재능과 자질이 있어 함께 교육을 실시하지 않고 개별화 교육을 실시해야 한다고 믿어 이미 선조들은 그 내용을 실천하고 있었다.

우리의 전통교육을 살펴보면 우리 전통교육은 사람의 능력이라는 관점에서 아래와 같이 4가지 유형으로 재해석하고 있음을 알 수 있다. 교과서나 책에 나타난 문자의 해독이나 글자에 강한 문자 처리형, 도형이나 그림을 보면 내용을 더 빠르게 인지할 수 있는 그림 처리형, 음악이나 외국어 등 소리를 들으면 이해가 빠른 소리 처리형, 타인과의 접촉은 적지만 연구나 혼자서 집중을 잘하는 수리 처리형이 그것이다. 또한 사람의 체질과 연관하여 학문적 성향이 인체의 사상철학과 연계하여 구분하기도 하였다.

능력 유형	문자처리형	그림처리형	소리처리형	수리처리형
기본 특성	기호 분석형	입체적 종합형	단선적 집중형	논리적 응용력
행동 특성	수동적 정숙형	고립적 想像形	사교적 적응형	독립적 탐구형
장점	효율성	선도성	개방성	논리성
단점	창의력	분석력	논리력	암기력
교육방법	수동적 이해	종합적 입체교육	대화식 호감교육	독립적 원리탐구
사상(四象) 구분	太陰人	少陽人	太陽人	少陰人

출처: 윤용남, 「자료처리 능력 유형과 학습특성」, 도농중 특강 자료(2014. 7. 19.)

문자처리형: 현재 우리 교육에서 가장 많은 분포를 나타내고 있으며, 사상의학적으로 태음인들에게서 많이 존재하고 기호 사용에 능하다. 일처리 능력이 빠르고 효율적이나 창의력 부분에서 단점을 보이고 있다. 문자처리형의 교육은 교실에서 교사와 학생이 배움과 나눔을 여는 교육을 실시하는 것이 가장 바람직하다.

그림처리형: 우리나라에는 많은 인원이 분포되어 있지 않지만 소양인의 사람들에게서 많이 나타난다. 예술가형으로 어떤 사물을 눈으로 확인하면 이해를 빠르게 하며 한 번에 종합적으로 해석하는 능력이 뛰어나다. 예술가적 기질로 인하여 대인관계가 고립형인 경우가 많고 예민하다. 종합적이고 입체적으로 보여주면 학습능력이 빠르고 효과적이다.

소리처리형: 문자처리형과 달리 소리를 들으면 이해가 빠르다. 영어를 학습할 때 문자형은 글을 읽으면 이해를 빨리 하지만 소리처리형은 소리로 들으면 이해를 빨리한다. 소리를 듣는다는 것은 사교적이거나 상호작용을 통하여 이해를 빨리하고 효과적으로 대응한다. 태양인으로 다혈질적인 면이 강하지만 논리적으로 약점을 보이는 성향이 있다.

수리처리형: 인원이 가장 적게 분포된 연구형의 성향을 가진 소음인에게 많이 있다. 논리적이고 독립적인 경향을 가지고 있지만 타인과의 관계에서는 부족함을 보인다. 논리적인 반면 암기력이 약하고 혼자서 꼼꼼히 일을 처리하는 분야에 적합하다. 개인적으로 학습과제를 제시하고 이를 연구하여 발표하게 하면 성과가 잘 나타나 교육도 독립적으로 실시할 때 가장 효과적이다.

사람마다 개인의 상황과 능력에 따라 교육방법을 달리해야 한다는 것이 전통적으로 실시해 온 우리 개별화교육이다. 21세기에 적합한 미래를 대비하는 교육이 우리의 전통 속에서 오랫동안 숙성되어 전승되어 오고 있다. 이제는 우리는 개별화 교육을 우리 실정에 적합하게발전 계승해야 할 때가 온 것이다.

인격형성을 위한 교육

인격형성을 위한 교육이어야 한다

> 옛날에 배우는 이들은 자신을 위해서 공부를 하였으나
> 오늘날 배우는 이들은 남에게 보이기 위해 공부한다(『論語』「憲問」25).

『논어(論語)』의 「헌문(憲問)」'에 나오는 공자님 말씀으로, 옛사람은 자기의 수양을 위해 공부했지만 지금 사람들은 남에게 과시하기 위해 공부한다는 의미와 자기수양과 남에게 인정받기위해 공부한다는 의미 해석도 가능하다.

중학생이 되면 음의 정수에 대하여 공부를 하게 된다. 하나, 둘, 셋, 십, 백, 과 같이 숫자를 셀 수 있는 양의 정수인 자연수를 배우다가 −1, −2, −3, −10, −100 … 등과 같이 반대의 개념을 배우게 된다. 처음 음수의 개념을 받아들일 때는 쉽게 생각되던 내용이 계산이 혼합되고 복잡해지면서 흥미를 잃기 시작한다. 왜 음수가 나타나게 되었을까? 언제부터 음수를 사용하게 되었을까? 그리고 어디에 그 많은 음수들이 필요할까? 이러한 내용을 밝히는 수업 진행은 잘 안하는 것 같다. 음수가 우리 생활공간에서 사용되고 있는 경우와 발표해보는 내용의 빈도수 보다 시험을 위한 연산 연습이 더 많은 시간을 할애하고 있다. 교과서 내용을 재구성하여 수업을 진행하면서 가장 많이 받는 질문이 있다. "선생님 이렇게 어렵게 배우지 않아도 돈으로 물건사고 잔돈 받을 수 있는 사칙 연산만 하면 되는 것 아닌가요?"라는 질문이다. 이러한 질문을 받을 때는 책을 덮고 아이들과 이야기를 나눈다. 질문 하고 대답하며 서로의 이야기를 하는 시간으로 운영한다. 학생들과 대화 하는 요지는 앞으로 학생들이 살아가는 현실에서 더 복잡하고 난해한

일을 겪게 될 때 그 일들은 어떻게 해결해 나갈까? 하는 점이다. 단순한 사칙연산에서 출발하여 수의 연산을 해결하는 과정과 같이 어떤 해결해야 하는 일이 생기면 어떻게 할까! 자기 스스로 문제를 해결해야 하는데 그때는 어떻게 할 것인지에 대하여 서로 이야기를 한다. 주위 사람들에게 도움을 청해도 되지만 급변하는 사회에서는 답변을 할 사람이 적어져 한계가 온다. 문제를 해결하기 위해서는 자신의 생각이 있어야 하고 그것이 수학을 배우는 이유다. 자기주도적(自己主導的) 학습(學習)이 있어야만 이러한 문제를 해결할 수 있으며 타인에 의한 도움이 최소화되어야 하는 이유도 같이 소통한다.

사(思)행(行)습(習)품(品)명(命)으로 내용을 정리한다. 생각이 행동을 낳고 행동으로 나온 결과가 습관이 되고 습관이 자신의 품성이 되어 인생을 결정한다는 의미로 생각이 인생을 결정하게 된다는 내용으로 이야기를 한다. 이러한 이야기 수업은 아이들이 자신의 모습을 찾아가는 길이 된다. 다양한 자신의 주장들이 오간다. 그리고 자신들만의 생각으로 정리한다.

우리는 행동을 변화시키려 노력한다. 그러나 사고의 변화 없는 행동의 변화는 없다. 그래서 수업시간 행동이 잘못되거나 실수를 하는 일이 생기면 그 행동에 대하여 자신의 생각을 듣고 그 행동이 혹시 다른 친구에게 어떤 영향을 미칠지에 대하여 이야기 한다.

사람은 생명에 근본이 되는 의식주가 해결되면 안전에 대하여 고민한다고 한다. 안전이 해결되면 자존감을 생각하고 존경을 받는 것에 기뻐하며 결국 자아존중으로 귀결된다는 욕구에 대한 내용으로 성장할수록 자신의 본 모습을 찾고자 하는 것이다. 공부는 재미있어야 한다. 그리고 자신을 완성하는 위기지학(爲己之學)의 공부이어야 한다.

비가 올 때 도랑 치자

과거와 현재의 교육이 다르고 동양과 서양의 교육도 다르다. 내용면이나 과목에서도 엄청난 차이가 있다. 온고이지신(溫故而知新)은 과거의 것을 단순하게 따라하자고 하는 것이 아니다. 과거의 것에서 좋은 것을 가져와 적용해 보자는 것이다. 교실에서 선생님들의 소리보다 학생들의 소리가 더 많이 들렸으면 하는 것이다.

선생님이 수업을 하는 교실문화를 바꿔야 할 때가 되지 않았을까? 교실에서 선생님들이 만든 요약본의 수업자료를 가지고 설명을 듣기만 하는 교육을 바꿔야 한다. 이러한 암죽식 교육 또는 이유식 교육은 학생들이 스스로 사고할 수 있는 능력을 떨어뜨린다. 학생이 스스로 찾아가야 하는 것을 교사들이 모두 만들어서 주기 때문에 학생들은 고민할 필요가 없고 내가 생각하는 것보다 정리가 잘 된 선생님의 학습지를 통해서 외우기만 하면 되는 것이다. 이제 다물어진 학생들의 입을 열어야 할 때다.

학생들은 자기주도성을 잃어버리고 노력하지 않고 가만히 있어도 선생님이 다 해주는 교육이 오랜 시간 이루어져 왔다. 따라서 학생들은 특별히 공부하지 않아도 다음 시간이 되면 어김없이 선생님은 잘 만든 이유식을 가지고와서 먹기 싫어도 떠서 입에 넣어준다. 자기가 공부하고 싶을 때 공부를 하게 되면 모르는 것을 찾게 되고 어려운 것은 묻게 된다. 그것은 공부를 해 본 사람이라면 당연한 일이라고 생각할 것이다.

내가 다니던 직장을 이런저런 이유로 그만두게 되고 자영업을 시작한다고 가정해 보자. 그러면 자영업을 프랜차이즈로 할 것인가? 아니면 나름대로 독립적인 가게를 낼 것인가부터 시작해서 사업에 필요한 여러 가지를 조사하기 시작할 것이다. 가게의 집기나 기계는 중고를 살 것인가 새것으로 살 것인가 고민하고, 손익 분기점도 계산할 것이다. 사람들이 자영업 가게의 유동인구가 많아야 좋다고 한다고 해서 초·중·고가 한 곳에 있는 학교단지 정문 앞에 술집을 차리는 사람은 없을 것이다. 그곳에는 당연히 문구점이 있어야 할 자리이다.

그리고 또 누군가가 홍보방법을 SNS로 하면 좋다고 들었다고 가정해 보자. 그런데 당신은 카톡 만 할 수 있고 다른 것을 못한다면 기를 쓰고 페이스북 등 많은 SNS에 접하게 될 것이고 필요한 것을 배울 것이다. 아마도 배우는 속도는 학교 다닐 때 공부하던 속도보다 훨씬 빠른 속도로 배울 것이다. 그런데 자영업을 시작했는데 페이스북 친구를 통해서 가게가 유명해졌고 그래서 영어를 사용하는 사람들이 많이 오기 시작했다고 가정해 보자. 아마도 중·고등학교 다닐 때 영어와 담을 쌓았던 사람들도 열심히 공부해서 손님을 한 명이라도 더 유치하려고 노력할 것이다.

이러한 교육이 되어야 한다. 바로 학생들이 알고자 하는 것 또는 궁금해 하는 것이 있을 때 답을 주어야 한다는 것이다. 학생들은 자신이 왜 공부를 해야 하는지 모르고 목표도 없는데 그저 이 유식 교육이 된다면 그들은 노력하지 않을 것이다. 스스로 어떤 부분이 부족한지 어떤 방법으로 공부해야 하는지 알지 못한다. 한 가지 방법을 가르쳐 주면 10가지를 알았으면 좋겠는데 요즈음 그러한 학생은 흔하지 않다.

그래서 최근 다양한 수업방법이 소개되고 있다. 많이 들어보았겠지만, 배움의 공동체 수업, 하브루타 수업, 거꾸로 수업(flipped learning) 등 다양하다. 우리가 알고 있지 못하는 어떤 수업방법도 있을 수 있다. 최근에는 배움중심, 학생중심 수업을 강조한다. 그런데 우리가 알고 있는 많은 수업방법을 살펴볼 때 여러 가지 수업방법의 공통점은 '수업에서 학생의 참여나 활동을 많이 하게 하는 것'이라고 할 수 있다. 학생들의 활동을 많이 하게하고, 그 과정에서 학생들이 서로 이야기할 수 있게 한다는 것이다. 학생들이 이야기를 하는 것은 학습을 위한 의견을 교환하는 것을 넘어서 학생들 간의 관계를 좋게 만들고 서로의 믿음을 줄 수 있게 하기 위함이다.

오랜만에 만난 친척과는 할 말이 별로 없다. 그런데 바로 옆에 있는 친구하고는 전화로 세 시간 이상이나 수다를 떨고도 할 이야기가 남아 있어 만나서 다시 두서너 시간 이상은 너끈히 이야기한다. 그것이 관계다. 친구들과 이야기를 많이 하다보면 쓸데없는 이야기도 있을 수 있지만 분명 정이 싹트고 '이야기 꺼리'가 많아진다. 학생들의 관계가 좋아지면 우리가 우려하는 학교에서의 왕따도 줄어 들 수 있고 그들의 고민을 같이 공유할 수 있다. 학생들끼리 이야기가 많아지면 선생님들이 학생들의 관계를 파악하는데 훨씬 쉽다. 학생들 간에 무엇이 문제고 어느 부분이 부족한지를 파악하기 쉬워진다.

내가 선택한 책은 읽는다

1980~1990년대에는 책이 귀했다. 지금은 너무 많은 지식과 책으로 홍수를 이루고 있지만 책이 귀하던 시절보다 주위에서 쉽게 책을 접할 수 있는 요즈음의 학생들 독서량이 전보다 상당히 적다. 책을 읽고자 헌책방을 찾아 오랜 시간 선 자세로 책을 읽기도 하고 전공서적이 비싸 서점에서 상당부분 책과 씨름도 했었던 적도 있었는데....

얼마 전 근무하던 학교에서는 학교 도서관에서 방과 후 수행평가로 독서를 실시하였다. 독서량을 늘이기 위한 학교의 새로운 시도였다. 도서관에 책을 고르고 읽게 하는 효과를 기대하는 힘찬

프로젝트로 희망을 품고 시행하였다. 아이들은 도서관에서 책을 읽는 횟수가 늘어났고 동참을 많이 했다. 평소 책읽기가 얼마나 소중한 일인지 인식하던 나로서는 참 좋은 제도라고 생각했다. 그런데 아이들이 읽고 있는 책을 자세히 살펴보니 만화책과 얇은 두께의 책이 대부분이었다. 이런저런 이야기를 하다 보니 책읽기 습관 형성이 안 되어있는 아이들도 있었고 수행평가를 위한 행위로 자발적 독서와는 조금 다른 현상을 볼 수 있었다. 책읽기에서는 양의 문제도 중요하지만 질의 문제에 대해서도 관심과 노력이 필요함을 느꼈다.

책읽기는 의외로 구체적인 계획과 주의력이 필요하다. 독서와 관련하여 학부모와 학생의 서점 동행을 추천하고자 한다. 책읽기를 위해 학부모와 학생이 함께 서점에 가서 책을 선택하자. 책 선택은 학생에게 전적으로 주면서 한 달에 한두 번 정도 규칙적으로 서점에서 2~3권의 책을 학생이 선택하고 구입하는 것을 권한다. 부모가 권하는 책은 내용이 좋고 훌륭하지만 학생 자신의 선호도와 잘 부합되지 않아 대충 읽거나 전체를 읽으려 하지 않는 경향이 있다. 학생이 중요하다고 생각하는 것과 부모가 중요하다고 생각하는 책이 다르기 때문이다. 학생 개인별로 선호하는 분야가 각각 다르다. 그래서 책은 학생이 선택해야 한다. 학생이 책을 선택해야 하는 중요한 이유는 선택과 책임이 청소년기에 있기 때문이다. 책을 학생이 선택한다는 것은 자신이 선호하는 책을 고른다는 것이고 자신이 선택한 부분은 책임을 지는 청소년기의 성향으로 자신이 선택한 책은 정독을 하고 전체를 다 읽으려는 성향으로 나타난다. 서점에 가는 목적은 책을 구입하는 목적도 있지만 최근 동향의 읽을 만한 내용 전반을 살펴볼 수 있고 변화의 속도를 읽기 위한 것이다. 부모에게서 자신의 선택을 존중받는다는 인상을 받으며 자란 학생들은 자신의 선택에 대한 책임감을 느낀다.

부모가 할 수 있는 최고의 독서 교육은 학생이 선택한 책을 읽게 하고 내용에 대하여 관심을 보이며 내용을 학생과 소통하는 것이다. 이러한 소통을 통해 자녀들은 존중받고 있다는 자존감 상승으로 인해 지속적으로 책을 읽게 된다. 학생이 좋아하는 것을 찾아주고 좋아하는 것을 할 수 있게 하는 교육이 전통 우리교육이다. 자녀를 파악하자. 자녀가 인간답게 살 수 있는 것이 어떤 것인지 알아보는 동반자가 되는 것이 부모와 교사의 역할이다.

삶과 배움이 공존하는 교육

삶이 있는 배움이어야 한다

> 젊은이들이여! 집에 들어가서는 효성스럽게 하고, 나와서는 다정하게 하시오. 말을 삼가되 믿음 있는 말만 하고, 많은 사람을 널리 사랑하되 어진 이를 가까이하시오. 이 모든 것을 실천하고 남음이 있으면 곧 배움을 여시오(『論語』「學而」6).

『논어(論語)』「학이(學而)」의 내용으로, 공부와 언행에 순서를 말한다. 교실에서는 교과서 내용 전달이 주가 되고 가정에서는 효가 사라진 관계만 있는 우리 생활의 문제점으로 많이 회자되는 이야기다. 효에 대한 여러 가지 의미 중에서 효도한다는 단순화된 언어로만 사용하고 있다. 우리 선조들의 삶의 순서를 살펴보자.

첫째는 효(孝)와 제(弟)로 효는 부모나 스승, 임금, 윗사람과 같은 수직관계를 잘해야 하고, 제는 친구나 형제, 동료, 부부간의 수형관계와 우애를 최우선으로 해야 한다는 의미이다.

둘째로는 자신에 대한 내용으로 부족한 부분을 보완하고 겸손하여 나를 되돌아봄을 중요하게 보았다.

마지막으로, 이러한 행동을 먼저 한 후에 학문을 하라는 의미이다.

현재 교육의 방향은 어떤가? 첫째 수직관계와 수평관계가 최우선 되지 않고 둘째 나를 돌아보고 자신을 먼저 세우는 수신(修身)이 없다. 셋째 여력이 남으면 하는 공부가 첫째 조건으로 뒤바뀌어 중요하게 대두되고 있다. 공부도 시험을 위한 공부로 시험이 종료되면 그대로 삶과 연계되지 않고 사라지는 공부를 하고 있다.

공부와 교육의 방향은 그 순서를 찾아가야 한다. 먼저 수직관계가 바로서야 하고 그다음 수평관계가 바로 서는 교육을 실시하여야 한다. "군군(君君), 신신(臣臣), 부부(父父), 자자(子子)" 정명론(定命論)을 우리 선조들은 생활의 일부로 여기며 지켜왔다. 임금은 임금답게, 신하는 신하답게, 아비는 아비답게, 자식은 자식답게 자신의 역할을 강조하는 말이다. 윗사람이 존경받기 위해 많은 노력을 해야 하고, 가정이 바로 서기 위해 부부는 더 양보하고 노력해야하며, 스승은 스승답기 위해 더 연구하고 자신을 돌아보아야 하며, 학생은 학생다워야 한다.

수직과 수평관계가 되고 난 후에 스스로 자신을 수련하는 되돌아보는 수신(修身)이 있어야 한다. 이 두 가지가 배제된 상태에서 교육을 먼저 시행하는 현재의 교육시스템은 패러다임부터 바꾸어야 한다. 모두가 완성된 후에 학문이 이루어져야하고 그렇게 될 때 학문이 재미있고 배움이 일어나는 것이다. 학이시습지(學而時習之)면 불역열호(不亦說乎)는 청소년기에 갖추어야할 필요충분조건이 된다.

배움은 나의 삶과 연관되고 배움의 내용에는 나의 삶에 영향을 어떻게 주는지에 대한 의문이 없으면 무의미하다. 배움과 삶이 하나인 교육을 해야 하고 학생이 자신의 삶에 대한 목표와 지향점을 고민할 수 있도록 하자. 이것이 자유학기제의 기본 취지이자 미래 교육의 방향성이 되어야 한다. 그러나 여기서 간과해서는 안되는 것이 이 이론은 이미 오래전에 우리의 선조들이 해오던 교육이었다는 사실이다. 눈을 돌리지 말자! 교육만큼은 우리의 전통에서 미래를 찾자.

실천적 교육이어야 한다

삼강(三剛)은 신하는 임금을 섬기는 것이 근본인 군위신강(君爲臣綱), 아들은 아버지를 섬기는 것이 근본인 부위자강(父爲子綱), 아내는 남편을 섬기는 것이 근본인 부위부강(夫爲婦綱)을 의미하며 마땅히 지켜야 할 도리를 말한다.

오륜(五倫)은 "임금과 신하는 의리가 있어야 하고(君臣有義), 부모와 자녀는 친함이 있어 부모는 인자하고 자녀는 부모에게 존경과 섬김을 다하며(父子有親), 남편과 아내는 분별 있게 각기 자기의 본분을 다하고(夫婦有別), 어른과 어린이 사이에는 차례와 질서가 있어야 하며(長幼有序), 벗과 벗 사이에는 믿음이 있어야 한다(朋友有信)."는 내용이다.

충·효·예를 대표하는 삼강오륜(三綱五倫)이 현대에 필요한 이유는 세계에서 가장 으뜸가는 예절과 매너가 한국에 있었다는 것이고 이를 계승할 필요하고도 충분한 가치가 있는 것이다. 현대 청소년들에게는 존경의 대상이 될 어른이 필요하고 삶의 근본인 부모와 자식 간의 관계형성 및 가정의 소중함은 아무리 강조해도 부족하다. 서양의 신학문 유입으로 실생활에 필요한 다양하고 새로운 이론과 학문적 영역이 넓어졌다. 그러나 우리토양에 맞게 토착화 하는 과정이 짧거나 적응과정에서 문제가 있는 부분이 해결해야할 과제로 남아있다. 동양과 우리문화의 장점은 학문의 배움과 실천이 하나라는 점이다. 배움에 있어 학(學)이 중요하게 대두된 서양의 이론과 산업사회의 영향보다 익히고 생활에 적용하는 습(習)이 우선된 동양의 학습이 미래사회에 필요한 학문적 균형의 시대가 왔다. 조선시대 관리기용을 위한 과거 시험은 배움을 실천할 수 있는 인재의 양성에 두었다. 배움의 완성은 실천에 있음을 강조한 학문이 이 시대의 대세이다.

사람을 사람답게 만드는 교육이어야 한다

무덥던 여름날 교실을 떠나 영가무도를 수련 중인 남원서당을 찾아 그들만이 간직한 사람 만드는 전통교육에 대해 훈장님과 강(講)을 나누고 있다.

사람을 사람답게 만드는 교육!

이것이 우리 전통교육이었다. 지식의 전달은 정신을 바로 세우고 예절을 익혀 바르게 몸을 세우면 자연스럽게 따라오는 것이라 믿었다. 재능이 각자 다른 아동에게 재능에 따라 학습의 방향과 속도를 달리 제시해 주었다. 학문에 뜻이 있을 때를 알아 그 재능을 살려주는 교육을 실시하였고 학문에 뜻이 없는 경우는 강제로 지식 습득을 시키려 하지 않았다. 교육은 기다림이었다. 훈장님은 교육의 근본이었고 훈장님의 생활이 교육이었다.

멋과 흥이 살아있는 교육!

교육의 기본적인 개념은 사람이 사람답게 살되 멋과 흥이 있는 삶을 추구하는 것이었다. 노동의 힘겨움을 같은 목소리로 같이 극복하는 노래를 불러가며 더불어 함께하는 삶을 살았다. 남에게 피해를 주지도 않았고 나의 소유를 위해서 남을 괴롭히지도 않았다. 평화로운 농경생활을 영위해온 그 자체가 삶으로 나타났고 그 삶의 모습이 교육으로 이어진 것이 전통한국적 교육이었다. 한 나라의 생활과 의식이 역사의 페이지를 형성하고 그 역사 속에서 문화가 생기고 그 문화가 교육이 된 우리 교육은 일방적 가르침도 획일적인 방법도 아니었다. 봄이 오면 봄에 맞는 교육을, 여름이 오면 시원한 곳에서 쉬며 운율에 맞는 교육을, 가을이 오면 곡식을 거둬들이는 교육을 실시하여 자연 속에서 교육이 있었고 교육 속에 자연이 있었다.

전통교육을 현재에 적용하다

전통교육에서 학습은 소리를 내면서 배운 글을 읽고 그 뜻을 질의응답 방식이었다. 강(講)이 주로 학습활동에 사용되었으며 일강(日講), 순강(旬講), 망강(望講), 월강(月講)이 있었고 일강은 날마다 하는 것이고, 순강은 10일, 망강은 15일, 월강은 30일마다 실시되었다. 암기한 지식을 외워서 소리 내어 학습하는 배강(背講)과 책을 보고 읽으며 익히는 면강(面講)이 있다. 강(講)은 훈장과 학동이 얼굴을 마주보며 질의와 응답을 실시하여 지식적인 부분 이외에도 인격수양에도 깊이 관여하였다. 현대 교육의 시사점이 바로 여기에 있다. 얼굴을 마주보면서 개인과 개인의 인격적인 질의응답이 미래 교육의 방향이고 대안이어야 한다.

표 5-2 »» 강(講)의 종류

일강(日講)	매일 실시하는 질의응답
순강(旬講)	10일마다 실시하는 질의응답
망강(望講)	15일마다 실시하는 질의응답
월강(月講)	한 달마다 실시하는 질의응답
배강(背講)	외운 것을 암송하여 낭독
면강(面講)	교재를 보면서 읽는 임문강독(臨文講讀)

강(講)의 현대적 해석과 적용에 대하여 생각을 정리하던 중 전통 한국적 수업을 현대에 적합하게 구안·적용해 보았다. 첫 번째 요점은 질문이다. 각 교과마다 특성이 있고 방법이 달라야 한다는 전제 조건이 있지만 큰 틀은 질문이 있는 교육을 위한 나머지 활동이다. 두 번째 중요한 요점은 인성이다. 바른 몸가짐을 의식과 무의식적으로 지속하면 바른 정신이 완성되며 바른 몸과 마음이 지속되면 바른 인성이 자연스럽게 형성된다고 보았다. 수업시간

학생들의 인성에 초점을 두기 위해 별도의 프로그램을 실행하지 않고 수업 자체에서 교사와 학생의 질의응답에서 인성 형성이 될 수 있어야 한다. 학생 상호간 서로 말하고 도와주는 접장제 도입 또한 자연스런 인성 형성에 도움이 된다. 셋째는 개인 맞춤형 능력별 지도이다. 개인별로 능력과 소질이 다른 학생에게 같은 수업의 연속은 효과나 흥미도 증진에 도움이 되지 않아 읽기에서도 각자의 능력에 맞추어 읽고 말하기도 경쟁교육이 아니라 서로 상생하는 수업을 지향하였다.

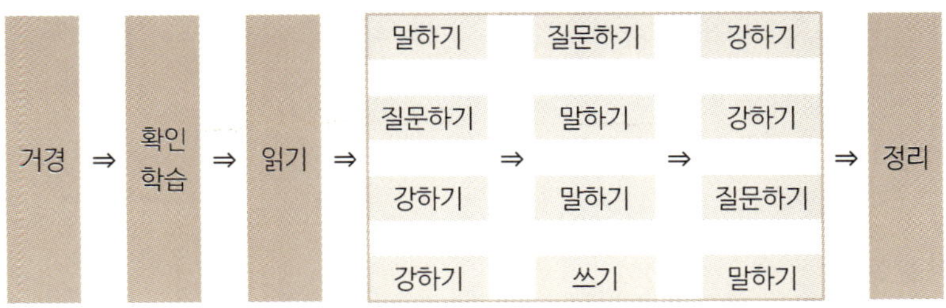

거경(居敬)은 수업을 진행하기 전 1~2분 정도 가슴에 손을 대고 자신의 심장박동을 들으며 자세를 바르게 하는 시간이다. 자세를 바르게 하면 마음이 동(動)하여 바르게 되고 수업 진행에 적절한 뇌파를 형성한다.

확인학습은 본 수업 진행 전에 전 시간에 학습한 내용과 학습할 내용을 살펴보고 이번 수업과의 연관성을 지어보는 시간이다.

읽기는 오랜 우리의 전통 학습방법이다. 현재 아이들은 읽기는 하지만 그 내용을 구조화 하지 못하고 소리만 내는 경우가 50%에 가깝게 나타나고 있다. 읽는 소리가 자신의 귀에 들릴 수 있도록 하며 개인의 학습능력이 달라 개인별로 읽는다.

말하기는 개인적으로 읽은 자료를 친구와 서로 나누는 시간으로 자신의 의견을 남에게 이해시키는 과정으로 2명에서 6명까지 운영하지만 학습 주제와 과정에 따라 다르게 적용한다. 주로 2명이 상호 소통하는 형식도 좋은 방법이다.

질문하기는 의문이 가는 부분을 질문하는 시간으로 말하기에서는 동료학생들과 진행하고 강하기에서는 부족한 부분을 교사와 함께 대화를 통하여 해결한다.

강(講)하기는 스승과 제자가 상호 내용에 대하여 소통하는 시간으로 질문하기를 동료학생들과 해결하지 못하거나 명료하지 않을 때 교사와 소통하여 해결한다.

쓰기는 학습한 내용이나 학습으로 인하여 구조화된 내용을 서술하는 강술의 의미를 가지고 자기 주도적으로 내용을 재구조화 하는 단계이다.

정리는 한 시간 동안에 이루어진 교수 학습 내용을 교사가 명료화하는 시간으로 그 시간의 학습목표와 학습 전반에 대한 정리를 진행한다.

말하기, 질문하기, 강하기, 쓰기는 교과목별로 배우고 익히는 특수성을 고려하여 순서를 달리해서 사용할 수 있으며 유연하게 학습에 적용한다.

제 6 장

단비교육이 미래다

교수 **노석준**

단비교육의 주요 특징		미래형 인재가 갖추어야 할 핵심 역량
1. 문답형, 토론, 설득을 통한 동기유발 및 수준에 맞는 의사소통을 통한 교육	→	1. 의사소통 역량
2. 재성보상(裁成輔相), 인재시교(因材施敎)	→	2. 지식정보처리 역량
3. 질문을 만드는 교육, 묻고 답하는 강(講) 교육, 학생이 질문하는 교육, 실천적 교육	→	3. 창의적 사고 역량
4. 자기주도적 학습능력을 배양하는 교육, 학습 양과 질을 개인 능력에 맞추어 지도하는 개인 맞춤형 교육, 인격형성을 위한 교육, 사람을 사람답게 만드는 교육	→	4. 자기 및 대인관계 관리 역량
5. 자연친화적 교육, 각자의 재능을 조화롭게 인정하는 교육, 감동이 있는 교육, 배움의 즐거움이 있는 교육	→	5. 심미적 감성 역량
6. 다 같이 사는 교육, 다름을 인정하고 기다려 주는 교육, 공존하는 교육, 배움을 나누는 교육	→	6. 공동체 역량

단비교육

미래형 인재

우리 교육이 추구하는 미래형 인재는 무엇인가?

자녀를 둔 사람이건 그렇지 않건 현재의 한국교육이 안고 있는 문제점에 대해 누구나 최소 한두 가지씩은 말할 수 있을 것이다. 그러나 정작 우리 교육이 추구해 왔고 추구하고 있는 교육이념과 인재상, 특히 21세기 지식·정보화 사회에 적합한 교육이념과 미래형 인재상은 무엇인가에 대해 제대로 이야기 할 수 있는 사람은 거의 없을 것이다.

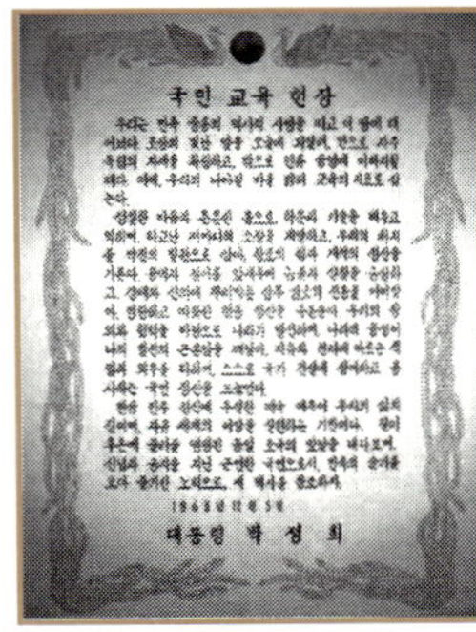
국민 교육 헌장

대통령 박 정 희

그렇다면 지금까지 우리 한국교육이 추구해 온 교육이념과 인재상은 무엇이었는가? 1970~1980년대에 학교를 다닌 사람들에게 우리나라의 교육이념이나 인재상에 관하여 묻는다면 우리 헌법이나 교육법에 명시된 내용을 떠올리기 전에 초·중·고등학교 시절 모든 교과서의 첫머리에 인쇄되어 있었고, 모든 학생들이 강제로 암기해야 했으며, 암기하지 못한 경우 체벌을 받기도 했던, 그리고 심지어 일부 학교에서는 암송대회까지 열기도 했던 그것, 즉 "우리는 민족 중흥의 역사적 사명을 띠고 이 땅에 태어났다..."로 쭉 이어지는 국민교육헌장과 그것에 명시된 내용을 가장 먼저 기억해 내고는 그것이 우리 교육이 추구해 왔으며 추구하고 있는 교육이념이며 인재상이라고 말할지 모른다.

이 국민교육헌장은 해방 후 대한민국 교육의 이념, 목적, 철학, 방향이 없다는 지적 하에 유신체제 하인 1968년 12월 5일에 제정·선포되었던 것으로, 당시 우리 교육이 지향하는 이념과 목적 등이 담겨 있는 것으로 여겨져 당시 교육과정의 주요 교육지표가 되었다. 그 결과, 당시의 교육과정 내용은 이 국민교육헌장에서 천명한 교육이념을 갖춘 인재를 양성하는 데 목표를 두고 있었다.

그러나 국민교육헌장은 일본의 메이지 천황시대에 제정한 군국주의적, 국수주의적인 교육칙어와 이념이 매우 유사하고 집단주의적 가치를 담고 있다는 비판을 받았다. 그 결과, 박정희 정권 하에서는 선포일인 12월 5일을 기념하여 매년 기념행사를 열었으나 1994년부터 기념행사가 폐지되고 교과서에서도 삭제되었으며, 선포기념일도 2003년 노무현 대통령이 취임하면서 폐지되었다.

그렇다면 우리 교육이 지향하는 교육이념과 인재상은 어디에서 찾아볼 수 있으며, 그것들은 무엇인가? 우리 헌법 제31조 제1항에 명시된 "모든 국민은 능력에 따라 균등하게 교육을 받을 권리를 가진다."는 우리나라 교육의 이상을 표현하고 있으며, 제4항에는 "교육의 자주성·전문성·정치적 중립성 및 대학의 자율성은 법률이 정하는 바에 의하여 보장된다."고 명시함으로써 모든 국민이 법률에 따라 교육을 받을 권리가 보장되어 있음을 천명하고 있다.

제헌헌법 제16조[4281년 7월 12일 제정, 1948년 7월 17일 공포]
①모든 국민은 균등하게 교육을 받을 권리가 있다. 적어도 초등교육은 의무적이며 무상으로 한다.
②모든 교육기관은 국가의 감독을 받으며 교육제도는 법률로써 정한다.

비록 제헌헌법에는 제16조에서 교육을 받을 권리를 명시하고 있고 그 내용이 현행 헌법과 다소 차이가 있지만 교육을 받을 권리는 국민의 기본권 중 하나로 천명하고 있으며, 이를 법률에 근거하여 보호받을 수 있도록 보장하고 있다는 점에서는 동일하다 하겠다.

또한, 1949년 12월 31일에 제정된 교육법 제1조는 "교육은 홍익인간의 이념 아래 모든 국민으로 하여금 인격을 완성하고, 자주적 생활능력과 공민으로서의 자질을 구유하게 하여, 민주국가 발전에 봉사하며 인류공영의 이상 실현에 기여하게 함을 목적으로 한다."는 우리나라의 교육이념을 명시하고 있다. 아울러, 기존의 교육법을 폐지하고 1997년 12월 13일에 제정된 교육기본법 제2조 역시 우리나라의 교육이념을 명시하고 있다. 이 조항은 이후 2007년 12월 21일에 핵심단어에 한자가 추가되고 극히 일부 문구만이 변동된 것을 제외하고는 현재까지 동일하게 유지되고 있다.

교육기본법[시행 2015.1.20.] [법률 제13003호, 2015.1.20., 일부개정]
제2조(교육이념) 교육은 홍익인간(弘益人間)의 이념 아래 모든 국민으로 하여금 인격을 도야(陶冶)하고 자주적 생활능력과 민주시민으로서 필요한 자질을 갖추게 함으로써 인간다운 삶을 영위하게 하고 민주국가의 발전과 인류공영(人類共榮)의 이상을 실현하는 데에 이바지하게 함을 목적으로 한다."

위에서 살펴본 교육법 및 이후의 교육기본법을 보면, 광복 이후 우리 교육이 지향해 온 교육이념은 커다란 변화 없이 유지되고 있고, 다소 그 개념이 모호하다는 비판을 받아오고 있는 홍익인간과 지(知)·정(正)·의(義) 또는 지(知)·덕(德)·체(體)를 갖춘 전인(全人)의 육성 등이 교육의 이상으로 천명되어 왔음을 알 수 있다. 특히 교육법 또는 교육기본법에서 명시하고 있는 교육이념은 표현이 다소 다르기는 하지만 "인격 도야, 자주적 생활 능력, 민주시민의 자질이라는 개인적 차원의 이념과 '민주국가의 발전'에 이바지한다는 국가차원의 이념, 그리고 '인류 공영의 이상 실현'이라는 세계적 이념"(교육인적자원부, 2001: 19-20)을 구현하는 것을 목적으로 함을 알 수 있다.

아울러, 교육기본법에 제시된 교육이념과 교육목적은 우리나라 교육 전반에 걸쳐 추구해야 할 교육지표라고 할 수 있으며, 따라서 교육을 통해 추구하는 인간상과 각급 학교의 교육목적 및 교육목표를 설정하는 데 토대가 된다 하겠다(교육인적자원부, 2001).

한편, 교육기본법에 제시된 교육이념과 교육목적을 달성하기 위하여 우리나라 교육과정이 추구하고 있는 인간상은 교육에 관한 긴급조치(1945~1946)와 교수 요목기(1946~1954), 제1차 교육과정기(1954~1963)부터 제7차 교육과정기(1997~2006), 그리고 2007 개정, 2009 개정, 2015 개정에 이르기까지 총 13번의 커다란 변화과정을 거치면서 시대적인 변화상에 따라 요구되는 역량들을 갖춘 인간상으로 나타나고 있다.

예를 들어, 제5차 교육과정에서 추구한 인재상은 ① 건전한 정신과 튼튼한 몸을 지닌 건강한 사람, ② 자신과 공동체의 일을 스스로 결정하여 실천하는 자주적인 사람, ③ 지식과 기술을 익혀 문제를 슬기롭고 합리적으로 해결하는 창조적인 사람, ④ 인간을 존중하고 자연을 아끼며 올바르게 판단하고 행동하는 도덕적인 사람이었다.

제7차 교육과정에서 추구한 인간상은 ① 전인적 성장의 기반 위에 개성을 추구하는 사람, ② 기초 능력을 토대로 창의적인 능력을 발휘하는 사람, ③ 폭넓은 교양을 바탕으로 진로를 개척하는 사람, ④ 우리 문화에 대한 이해의 토대 위에 새로운 가치를 창조하는 사람, 그리고 ⑤ 민주 시민 의식을 기초로 공동체의 발전에 공헌하는 사람(교육부, 1997)이었다.

표 6-1 »» 제5차교육과정에서 추구한 인재상 및 하위 역량

1. 건강한 사람 가. 건강한 신체 나. 강인한 의지 다. 건전한 취미 라. 풍부한 정서	3. 창조적인 사람 가. 기본적인 학습 능력 나. 과학적인 탐구 능력 다. 합리적인 문제 해결력 라. 창의적인 사고력
2. 자주적인 사람 가. 주체적인 자아 의식 나. 자율적인 의사 결정 능력 다. 진취적인 개척 정신 라. 투철한 국가 의식	4. 도덕적인 사람 가. 올바른 가치 판단 나. 인간 존중의 태도 다. 건전한 시민 의식 라. 인류 공영 의식

그러나 2015년 개정 교육과정에서 추구하는 인간상은 ① 전인적 성장을 바탕으로 자아정체성을 확립하고 자신의 진로와 삶을 개척하는 자주적인 사람, ② 기초 능력의 바탕 위에 다양한 발상과 도전으로 새로운 것을 창출하는 창의적인 사람, ③ 문화적 소양과 다원적 가치에 대한 이해를 바탕으로 인류 문화를 향유하고 발전시키는 교양 있는 사람, ④ 공동체 의식을 가지고 세계와 소통하는 민주 시민으로서 배려와 나눔을 실천하는 더불어 사는 사람(교육부, 2015)이다.

이상의 내용을 살펴볼 때, 우리 교육이 추구하고 있는 미래형 인재는 비록 교육과정 시기별로 다소 차이를 보이기는 하지만 일먹상통하게 유지되어온 자주적이고, 창의적이며, 교양 있고, 남을 배려하며 나눔을 실천할 줄 아는 사람이라 할 수 있겠다.

미래형 인재가 갖추어야 할 역량

미래형 인재가 갖추어야 할 역량은 무엇인가?

한치 앞도 예측하기 어려울 정도로 급변하는 지식·정보화 사회에서 자아실현과 인류 사회에 기여하는 미래형 인재는 어떠한 역량을 갖추어야 하는지를 한 마디로 이야기하기는 사실상 불가능하다. 그럼에도 불구하고, 각국은 미래 사회에 적극적으로 대응한 교육전략들을 마련·시행하고 있다. 따라서 이러한 전략들 속에서 미래형 인재가 어떻게 상정되고 있는지, 다시 말해서 미래형 인재는 어떠한 역량을 갖추어야 하는지를 도출해 볼 수 있다. 여기에서는 미국, EU(European Union, 유럽연합), 싱가포르, 그리고 우리나라의 경우 등을 중심으로 살펴보고자 한다.

역량이란 무엇인가?

각국에서 추구하는 미래 인재가 갖추어야 할 역량을 구체적으로 살펴보기 전에, 역량(competency)이란 무엇인지부터 살펴볼 필요가 있다.

다른 정의들과 마찬가지로, 역량도 그것을 정의하는 주체에 따라 다르게 정의·사용되고 있기 때문에 한마디로 정의하기는 쉽지 않다. 예를 들어, OECD, 유럽연합의 유럽위원회(the European Commission), 미국의 P21(the Partnership for 21st Century Skills) 등은 21세기를 살아가는 데 필요한 핵심역량들을 도출하기 위한 연구들과 논쟁들을 해왔는데, 그러한 과정에서 다양한 역량에 관한 정의들과 그것의 핵심 하위요소들이 도출·제시되었다. 그러나 역량에 관해 집중적·범세계적으로 연구되어 제시된, 2005년에 OECD가 DeSeCo(Definition and Selection of Competencies) *Project*

에서 제시한 다음과 같은 정의를 대표적인 것으로 들 수 있다.

> 역량이란 지식(knowledge)과 지능(skills) 이상의 것이다. 그것은 특정 맥락에서 심리사회적 자원들(기능과 태도를 포함한)을 도출하고 동원함으로써 복잡한 요구들을 충족시킬 수 있는 능력을 수반한다. 예를 들어, 효과적으로 의사소통할 수 있는 능력은 개인의 언어에 관한 지식, 실제적인 IT 기능과 의사소통하고 있는 사람들에 대한 태도를 도출할 수 있는 역량이다. (OECD, 2005: 4)

출처: http://www.cedefop.europa.eu/en/publications-and-resources/publications/4117

그림 6-1 »» Cedefop의 용어집

앞의 OECD의 정의를 보면, 역량이란 단순히 어떤 문제를 해결하기 위해 요구되는 지식이나 기능만을 의미하지 않음을 알 수 있다. 즉, 역량에는 해당 문제를 해결하기 위해서 직접적으로 요구되는 지식이나 기능뿐만 아니라 태도, 즉 KSA[지식(Knowledge), 기능(Skills), 태도(Attitudes)]가 모두 요구됨을 알 수 있다.

그러나 때로 역량과 기능은 동일한 의미로 또는 구별하여 사용하기도 한다. 이 두 용어들 간에는 어떤 차이가 있는가? 유럽위원회(European Commission) 산하 Cedefop(European Centre for the Development of Vocational Training)의 용어집 Terminology(Cedefop, 2014)에 따르면, 역량과 기능은 다음과 같이 다른 속성을 지니고 있다.

역량(Competence): 학습산출물(learning outcomes)을 특정 맥락(예를 들어, 교육, 업무, 개인적 또는 전문성 개발)에서 적절하게 적용할 수 있는 능력(ability) 또는 지식, 기능 그리고 개인적, 사회적 그리고/또는 방법론적 능력을 업무나 학습 상황들에 그리고 전문성과 개인 개발 사용할 수 있는 능력(Cedefop, 2014: 47)

기능(Skill): 지식을 적용하고 업무들을 완수하고 문제들을 해결하기 위해 노하우를 사용할 수 있는 능력(Cedefop, 2014: 227)

특히 이 용어집에서는 역량에 관하여 다음과 같은 주석(comment)이 포함되어 있다.

역량에는 (이론, 개념, 또는 암묵적 지식의 사용을 수반하는) 인지적 요소들에만 제한되지는 않는다. 그것은 또한 [기술적 기능(technical skills)을 수반하는] 기능적 측면들, 대인관계적 특성들(예: 사회적 또는 조직적 기능들)과 윤리적 가치들도 포함한다.(Cedefop, 2014: 48)

이상의 정의와 주석을 종합해 보면, 역량과 기능은 상당히 다른 특성을 지니고 있으며, 역량이 기능보다 훨씬 더 포괄적이고 일반적인 개념임을 알 수 있다. 그러나 이러한 역량과 기능 간의 개념적인 차이에도 불구하고 상당히 많은 역량에 관한 관련 문헌에서는 이 둘을 동일시하는 경향이 있다.

이하에서는 위에서 언급한 Cedefop의 역량과 기능에 관한 정의처럼, 두 용어를 가급적 구별하여 사용하되, 관련 문헌에서 해당 용어들을 둘 중 어느 한쪽에 더 가까운 의미로 사용한 경우, 보다 가까운 쪽의 용어를 사용하는 것을 제외하고 특별히 구별하여 사용하지 않는 경우, 보다 포괄적, 일반적인 의미를 지닌 '역량'이라는 용어를 사용하고자 한다.

미국이 추구하는 미래 인재가 갖추어야 할 역량

미국 교육시스템에 통합함으로써 새로운 천년을 준비하기 위한 성공적인 학습모델을 만들기 위해 조직된 Partnership for 21st Century Skills(2011)는 21세기 학습을 위한 세 가지의 핵심적인 기술 역량, 즉 정보-의사소통, 사고 및 문제해결, 그리고 대인 간 및 자기주도 기술 역량을 제시하였다. 이를 구체적으로 살펴보면 다음과 같다.

첫째, 정보-의사소통 기술 역량으로서, 여기에는 ① 다양한 형태의 미디어와 정보를 분석, 접근, 관리, 통합, 평가 및 제작할 수 있고 미래 사회에서 미디어가 가지는 역할을 이해할 수 있는 정보 및 미디어 역량과 ② 다양한 형태와 문맥의 구술과 서술 및 멀티미디어를 활용한 효과적으로 의사소통 방법을 이해하고, 관리 및 제작할 수 있는 의사소통 기술이 포함된다. 즉, 미래형 인재는 지식이나 정보를 효과적으로 검색, 분석, 활용, 창출할 수 있는 역량을 갖추어야 한다.

둘째, 사고 및 문제해결 기술로서, 여기에는 ① 비판적-체제적 사고 기술, ② 문제 파악, 형성 및 해결 기술, 그리고 ③ 창의성과 지적 호기심이 포함된다. 즉, 학습자가 합리적 사고에 바탕을 둔 이해와 복잡한 선택을 할 수 있는 능력, 그리고 체제(system) 요소의 상호연관성을 이해할 수 있으며, 문제를 분석하고 해결할 수 있고, 새로운 아이디어를 개발·실행하고 그것을 타인에게 효과적으로 전달하며, 현상을 새롭고 다양한 관점에 열린 마음을 가지고 접근하고, 자신이 행한 행동에 대해 책임을 질 줄 아는 역량을 갖추어야 한다.

셋째, 대인 간 및 자기주도 기술로서, 하위 역량으로는 ① 대인 간 및 협동 기술, ② 자기교정(self-correction) 능력, ③ 책임감과 적응성, 그리고 ④ 사회적 책임감을 들 수 있다. 즉, 미래형 인재는 팀워크나 지도력을 보이며, 다양한 역할에 적응하고 책임지며, 타인과 활동적으로 일하고, 타인을 공감하며, 다양한 관점을 존중하고, 자신의 이해와 학습의 필요를 점검하며, 적합한 자료를 찾아내고, 한 영역에서 배운 바를 다른 곳에 효과적으로 전이할 수 있으며, 사생활 및 직장, 지역사회의 문맥에서 개인적 책임감과 융통성을 보이고, 자신과 타인에게 상위의 기준과 목표를 설정하고 이를 달성하며, 모호함에 대해 관용을 베풀 줄 알고, 더 넓은 사회의 이익에 책임감 있게 행동하며, 사생활 및 직장, 지역사회의 상황에서 윤리적 행동을 보여야 한다.

표 6-2 »» 국립연구위원회(National Research Council, 2012)가 제시한 21세기에 필요한 역량 영역별 세부 역량

영역	세부 역량
인지적	분석, 의사결정, 비판적 사고, 적응 학습, 실행 기능, 추론/논증, 문제해결, 능동적 청취, 해석, 의사소통, 혁신, 정보통신기술(ICT) 리터러시, 창의성
대인관계	다른 사람들과의 사회적 신망, 책무성, 리더십, 주장적 의사소통, 동정/관점 수용, 신뢰감, 대인관계 역량, 자기표현, 조정, 갈등해결, 봉사지향, 협상, 협력, 협동, 팀워크
개인 내	적응성, 통합, 다양성 존중, 지적 흥미와 호기심, 자기점검, 계속 학습, 예술적·문화적 공감, 진취성, 자기평가, 생산성, 전문가정신/윤리성, 융통성, 메타인지, 육체적·심리적 건강, 자기주도성, 용기, 시민정신, 직업윤리/양심, 자기강화, 책무성, 인내, 경력 지향

출처: http://sites.nationalacademies.org/cs/groups/dbassesite/documents/webpage/dbasse_070895.pdf에서 제시한 내용을 수정 제시함

한편, 국립연구위원회(National Research Council, 2012)는 『삶과 업무를 위한 교육: 21세기에 전이 가능한 지식과 기능 개발(*Education for life and work: Developing transferable knowledge and skills in the 21st century*)』 보고서에서 21세기에 필요한 역량을 인지적(cognitive), 대인관계(interpersonal), 개인 내(intrapersonal)

역량으로 대별하여 제시하였다. 각 영역별 세부 역량들을 표로 제시하면 <표 6-2>와 같다.

EU(유럽연합)가 추구하는 미래 인재가 갖추어야 할 역량

EU는 OECD(2003)가 DeSeCo(Defining and Selecting Key Competencies) 연구를 통해 도출한 현대사회에서 모든 사람들이 필수적으로 갖추어야 할 세 가지 범주, 아홉 가지 핵심역량(<표 6-3> 참조)에 기초하여 2005년에 8대 핵심역량을 선포하였다.

표 6-3 »» OECD가 제시한 세 가지 범주, 아홉 가지 핵심역량

범주	핵심 역량
도구를 상호작용적으로 활용	• 언어, 상징, 텍스트 활용 능력 • 지식과 정보 활용 능력 • 테크놀로지 활용 능력
이질적인 집단에서 상호작용	• 다른 사람과 좋은 관계를 맺는 능력 • 협동 능력 • 갈등 관리 및 해결 능력
자율적으로 행동	• 거시적인 관점에서 행동할 수 있는 능력 • 인생 계획 및 개인 프로젝트를 수립·실행할 수 있는 능력 • 권리, 이해, 한계 및 요구를 주장할 수 있는 능력

출처: Rychen & Salganik (Eds.) (2001)의 내용을 재구성함.

EU가 선포한 8대 핵심역량을 좀 더 구체적으로 살펴보면 다음과 같다(Commission of the European Communities, 2006). 특히 EU는 8대 핵심역량을 기술하는 데 있어, [그림 6-2]에서 볼 수 있는 바와 같이, 각각을 정의하고 해당 역량과 관련된 필수적인 역량을 KSA[Knowledge(지식), Skills(기능), Attitude(태도)]로 나누어 상세하게 기술하고 있다.

첫째, 모국어로 의사소통 능력(Communication in the mother

tongue)은 자신의 생각, 감정, 사실 등을 구술과 문장을 통해(듣기, 말하기, 읽기, 쓰기) 표현하고 해석할 수 있으며, 교육이나 훈련, 직장, 가정, 그리고 여가와 같은 다양한 사회적, 문화적 맥락에서 언어적으로 적절하게 상호작용할 수 있는 능력을 말한다.

둘째, 외국어로 의사소통할 수 있는 능력(Communication in foreign languages)은 첫 번째에서 언급한 모국어로 의사소통할 수 있는 능력과 기능적으로 주요한 특성들을 공유하며, 추가적으로 다문화적, 간문화적인 이해 능력 등을 요구한다.

2. Communication in foreign languages

Definition: Communication in foreign languages broadly shares the main skill dimensions of communication in the mother tongue: it is based on the ability to understand, express and interpret thoughts, feelings and facts in both oral and written form (listening, speaking, reading and writing) in an appropriate range of societal contexts — work, home, leisure, education and training — according to one's wants or needs. Communication in foreign languages also calls for skills such as mediation and intercultural understanding. An individual's level of proficiency will vary between the four dimensions, different languages and according to their background, environment and needs/interests.

Essential knowledge, skills and attitudes related to this competence

Competence in additional or foreign languages requires **knowledge** of vocabulary and functional grammar and an awareness of the main types of verbal interaction and registers of language. Knowledge of societal conventions, and the cultural aspect and variability of languages is important.

Essential **skills** consist of the ability to understand spoken messages, to initiate, sustain and conclude conversations and to read and understand texts appropriate to the individual's needs. Individuals should also be able to use aids appropriately, and learn languages also informally as part of lifelong learning.

A positive **attitude** involves the appreciation of cultural differences and diversity, and an interest and curiosity in languages and intercultural communication.

그림 6-2 »» EU(유럽연합)이 선포한 8대 핵심역량 중 한 가지(외국어로 의사소통할 수 있는 능력) 예시

셋째, 수학적, 과학적, 테크놀로지적 기초 역량(Mathematical competence and basic competences in science and technology) 중 수학적 역량이란 일상생활에서 접하게 되는 여러 가지 수학적인 문제들을 해결하기 위해서 덧셈, 뺄셈, 곱셈, 나눗셈 등을 심상적

으로 또는 문자를 사용하여 계산할 수 있는 능력을 말하며, 이에는 논리적, 공간적 사고를 수학적으로 표현하거나 공식, 모형, 그래프 또는 차트 등을 활용하여 시각적으로 제시할 수 있는 능력 등도 포함된다. 과학적 역량이란 문제들을 밝혀내고 증거에 기반한 결론을 도출하기 위하여 자연 현상을 설명하기 위하여 사용된 지식이나 방법론들을 사용할 수 있는 능력을 말하며, 테크놀로지 역량이란 인간의 욕구나 요구를 해소하기 위하여 테크놀로지적인 지식과 방법론 등을 활용할 수 있는 능력을 말한다.

넷째, 디지털 역량(Digital competence)이란 업무나 여가, 의사소통 등을 위해 ICT(Information and Communication Technology, 정보통신기술)을 자신 있게, 그리고 비판적으로 사용할 수 있는 능력을 말한다. 이러한 능력에는 정보 검색, 사정(assess), 저장, 생산, 제시, 교환하기 위해, 그리고 의사소통하며 협동적인 네트워크에 참여하기 위하여 컴퓨터, 모바일 기기 등과 같은 각종 ICT 기기를 효과적으로 사용할 수 있는 능력 등이 포함된다.

다섯째, 학습 역량(Learning to learn)이란 학습하고자 하며, 학습을 지속할 수 있는 능력을 말하는 것으로, 여기에는 효과적인 시간 및 정보 관리를 통해 자기 자신의 학습을 개별적으로 그리고 그룹으로 조직할 수 있으며, 자신의 학습과정과 요구를 인식하고, 이용 가능한 자원과 기회들을 확인·활용할 수 있으며, 성공적으로 학습하기 위하여 학습 장애 요인들을 처리할 수 있는 능력 등이 포함된다. 이 능력에는 또한 새로운 지식이나 기능들을 습득하고, 처리하며, 통합할 수 있어야 할 뿐만 아니라 학습에 대한 도움이 필요할 경우 도움을 구하고 그러한 도움을 생산적으로 사용할 수 있는 능력과 가정, 직장, 교육 및 훈련 등 다양한 맥락에서 습득한 지식, 기능, 태도 등을 자신뿐만 아니라 타인, 사회, 국가 등이 당면한 문제에 생산적, 창의적, 효율적으로 사용할 수 있는 능력도 포함된다.

여섯째, 대인관계, 다문화 이해 및 사회적 역량과 시민의식 역량(Interpersonal, Intercultural and social competences, Civic competence) 중 전자는 개인들이 효과적이고 건설적인 방법으로 사회생활이나 직장생활, 특히 급격하게 다양화되고 있는 사회에 참여하며, 필요한 경우 그러한 삶의 과정에서 발생하는 갈등들을 해소하기 위하여 갖추어야 할 다양한 유형의 행동을 적절하게 행할 수 있는 능력을 말하며, 후자, 즉 시민의식 역량은 적극적이고 민주적인 참여에 대한 사회적, 정치적인 개념들과 구조, 직무 등에 관한 지식을 기초로 하여 시민생활에 완전히 참여할 수 있는 능력을 말한다.

일곱째, 기업가 정신(Entrepreneurship) 역량이란 아이디어들을 실천으로 옮길 수 있는 개인들의 역량을 말하는 것으로, 이는 목적을 달성하기 위하여 프로젝트를 계획·관리할 수 있는 능력뿐만 아니라 창의성, 혁신, 그리고 위험감소 등도 포함한다. 이것은 또한 가정과 사회에서의 일상의 삶을 살아가는 모든 사람들뿐만 아니라 고용자들이 업무 맥락에서도 깨달을 수 있고 기회들을 획득할 수 있도록 지원해 주며, 사회나 상업적인 활동을 수립하는 기업가들에게 요구되는 보다 더 전문적인 지식이나 기능을 위한 기초가 된다.

마지막으로, 문화적 표현(Cultural expression) 역량이란 아이디어나 경험, 감정 등을 음악, 행위예술, 문학, 그리고 시각예술 등을 포함한 다양한 미디어들을 통해 창의적으로 표현하는 것의 중요성을 이해하는 것을 의미하는 것으로, 여기에는 국가와 유럽문화 유산, 그리고 세계적인 맥락에서 인간 역사의 중요한 부분으로서의 오늘날의 문화가 주는 의미뿐만 아니라 주요 예술작품들에 대한 지식과 그러한 것들을 다양한 미디어를 통해 표현할 수 있는 능력 및 문화적 표현의 다양성에 대해 존중하고 개방된 태도를 갖는 것 등이 포함된다.

싱가포르가 추구하는 미래 인재가 갖추어야 할 역량

싱가포르 정부는 글로벌화, 변화하고 있는 인구구조, 테크놀로지의 진보를 미래 핵심 동인(driving force)으로 보고, 학습자들이 이에 능동적으로 대처할 수 있도록 준비시키기 위하여 [그림 6-3]과 같이, 21세기 핵심 역량과 바람직한 학생 산출(outcomes)을 위한 프레임워크(framework)를 설정하였다(Singapore Mlinistry of Education, 2010).

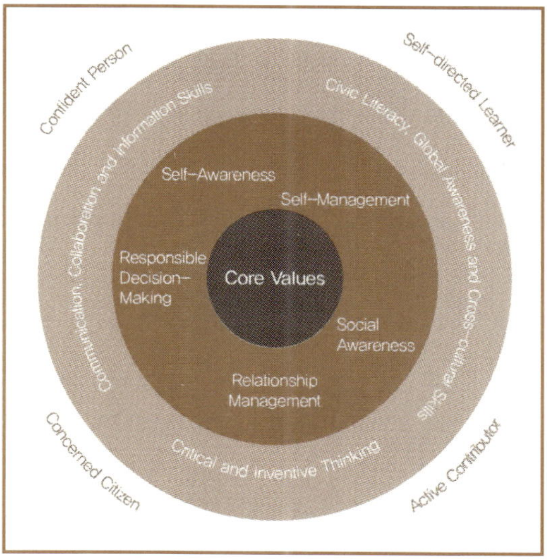

출처: https://www.moe.gov.sg/education/education-system/21st-century-competencies

그림 6-3 »» 싱가포르가 추구하는 21세기 핵심 역량과 학생 산출물 프레임워크

[그림 6-3]을 보면, 싱가포르 정부는 교육을 통해 ① 질문·성찰

· 인내하고, 자신의 학습에 책임을 질 줄 아는 자기주도적 학습자(self-directed learner), ② 팀과 효과적으로 일하고, 혁신적·진취적이며, 적절한 위험을 감수하고, 수월성 제고를 위해 노력하는 적극적 기여자(active contributor), ③ 강한 시민 책무감을 지니고 있고, 싱가포르와 세계에 대해 잘 알며, 자신 주변의 다른 사람들의 삶을 개선하는 데 적극적인 역할을 수행하는 사회·정치문제 등에 관심을 갖는 시민(concerned citizen), 그리고 ④ 옳고 그름에 대한 강한 신조를 가지고 있고, 적응가능하고 쾌활하며, 자기 자신을 알고, 합리적으로 판단할 수 있으며, 독립적·비판적으로 사고하고, 효과적으로 의사소통할 수 있는 신뢰로운 사람(confident person)을 육성하는 데 목표를 두고 있음을 알 수 있다.

이를 위하여, 싱가포르 정부는 존경(respect), 책무성(responsibility), 통합(integrity), 관심(care), 쾌활(resilience), 조화(harmony)를 역량의 핵심(core)에 두는 가치들(values)로 삼았으며([그림 6-3]의 가장 안쪽 원), 자기 인식(self-awareness), 자기관리(self-management), 사회적 인식(social awareness), 관계 관리(relationship management), 신뢰할 수 있는 의사결정(responsible decision-making)을 사회적·정서적 역량(social and emotional competencies)으로([그림 6-3]의 중간 원), ① 시민 리터러시, 글로벌 인식 그리고 간문화적 역량(civic literacy, global awareness and cross-cultural skills), ② 비판적·창의적 사고 역량(critical and inventive thinking skills), ③ 의사소통, 협력과 정보활용 역량(communication, collaboration and information skills)을 신생(emerging) 21세기 역량으로 설정하였다([그림 6-3]의 가장 바깥쪽 원).

우리나라가 추구하는 미래형 인재가 갖추어야 할 역량

그렇다면 우리 교육이 학교 교육과정 운영을 통해 중점적으로 기르고자 하는 핵심역량은 무엇인가? 이미 언급한 바와 같이, 시대적인 변화와 그러한 변화상에 맞추어 교육 이해관계자들이 요구하는 역량 등도 변화할 수밖에 없다. 따라서 우리 교육도 해방 이후부터 13차례의 교육과정에 대한 커다란 변화 과정을 거치면서 비록 추구하는 인재상은 여전히 홍익인간으로 일맥상통하게 유지되고 있지만 홍익인간이 갖추어야 할 역량 또한 변화해 왔다. 따라서 어느 시점에서의 교육과정이냐에 따라 우리 교육이 추구하는 미래형 인재가 갖추어야 할 역량은 다소 차이가 있을 수밖에 없다. 이하에서는 가장 최근에 개정된 2015 개정 교육과정에 언급된 내용을 중심으로 살펴보고자 한다.

출처: http://www.ncic.re.kr/mobile.kri.org4.inventoryList.do

그림 6-4 »» 국가교육과정정보센터에서 제공하고 있는 2015 개정 교육과정에서 추구하는 인간상과 학교교육 전 과정을 통해 중점 육성하고자 하는 핵심역량

참고로, 우리나라의 경우, 학교교육과정은 통상 유치원에서부터

고등학교까지를 말한다. 아울러, 학교교육 전 과정을 통해 중점적으로 육성하고자 하는 핵심역량은 각 학교급별 교육과정 총람을 통해 알 수 있다. 그러나 해당 핵심 역량이 학교교육 전 과정을 육성하는 데 목표를 두고 있기 때문에 2015 개정 교육과정에서 추구하는 인재상과 그러한 인재가 갖추어야 할 핵심역량은 각 학교급별에 상관없이 모두 동일하다.

첫째, 자기관리 역량으로서, 자아정체성과 자신감을 가지고 자신의 삶과 진로에 필요한 기초 능력과 자질을 갖추어 자기주도적으로 살아갈 수 있는 능력을 말한다.

둘째, 지식정보처리 역량으로서, 문제를 합리적으로 해결하기 위하여 다양한 영역의 지식과 정보를 처리하고 활용할 수 있는 능력을 일컫는다.

셋째, 창의적 사고 역량으로서, 폭넓은 기초 지식을 바탕으로 다양한 전문 분야의 지식, 기술, 경험을 융합적으로 활용하여 새로운 것을 창출하는 능력을 의미한다.

넷째, 심미적 감성 역량으로서, 인간에 대한 공감적 이해와 문화적 감수성을 바탕으로 삶의 의미와 가치를 발견하고 향유할 수 있는 능력을 지칭한다.

다섯째, 의사소통 역량으로서, 다양한 상황에서 자신의 생각과 감정을 효과적으로 표현하고 다른 사람의 의견을 경청하며 존중하는 능력을 말한다.

마지막으로, 공동체 역량으로서, 지역·국가·세계 공동체의 구성원에게 요구되는 가치와 태도를 가지고 공동체 발전에 적극적으로 참여하는 능력을 일컫는다.

이상에서 언급한 미국, OECD, EU(유럽연합), 싱가포르, 우리나라에서 추구하는 미래형 인재가 갖추어야 할 역량을 간략히 정리하면 <표 6-4>와 같다.

표 6-4 »» 미국, OECD, EU(유럽연합), 싱가포르, 우리나라에서 추구하는 미래형 인재가 갖추어야 할 역량 비교

미국	OECD	EU(유럽연합)	싱가포르	우리나라	종합
1. 정보-의사소통 기술 • 정보 및 미디어 역량 • 의사소통 기술 2. 사고 및 문제해결 기술 • 비판적-체제적 사고 • 문제 파악, 형성 및 해결 • 창의성과 지적 호기심 3. 대인 간 및 자기주도 기술 • 대인 간 및 협동 기술 • 자기교정 • 책임감 및 적응성 • 사회적 책임감	1. 도구를 상호작용적으로 활용 • 언어, 상징, 텍스트 활용 능력 • 지식과 정보 활용 능력 • 테크놀로지 활용 능력 2. 이질적인 집단에서 상호작용 • 다른 사람과 좋은 관계를 맺는 능력 • 협동 능력 • 갈등 관리 및 해결 능력 3. 자율적으로 행동 • 거시적인 관점에서 행동할 수 있는 능력 • 인생 계획 및 개인 프로젝트를 수립·실행할 수 있는 능력 • 권리, 이해, 한계 및 요구를 주장할 수 있는 능력	1. 모국어로 의사소통 능력 2. 외국어로 의사소통할 수 있는 능력 3. 수학적, 과학적, 테크놀로지적 기초 역량 4. 디지털 역량 5. 학습 역량 6. 대인관계, 다문화 이해 및 사회적 역량과 시민의식 역량 7. 기업가 정신 8. 문화적 표현	1. 사회적·정서적 역량 • 자기 인식 • 자기관리 • 사회적 인식 • 관계 관리 • 신뢰할 수 있는 의사결정 2. 시민 리터러시, 글로벌 인식, 간문화적 역량 3. 비판적·창의적 사고 역량 4. 의사소통, 협력과 정보활용 역량	1. 자기관리 역량 2. 지식정보처리 역량 3. 창의적 사고 역량 4. 심미적 감성 역량 5. 의사소통 역량 6. 공동체 역량	1. 의사소통 역량 2. 지식정보처리 역량 (수학적·과학적·테크놀로지적 기초 역량, 정보 및 미디어 활용 역량, 디지털 역량 포함) 3. 창의적 사고 역량 (사고 및 문제해결 역량, 학습 역량 포함) 4. 자기 및 대인관계 관리 역량(대인 간 및 자기주도 기술 포함) 5. 심미적 감성 역량 (문화적 표현 포함) 6. 공동체 역량(대인관계, 다문화 이해 및 사회적 역량과 시민의식 역량)

<표 6-4>를 보면, 미국, OECD, EU(유럽연합), 싱가포르, 우리나라가 제시하고 있는 미래형 인재가 갖추어야 할 핵심역량은 상당히 유사함을 알 수 있다. 따라서 이러한 유사한 역량들을 통합하여 21세기 지식정보화 사회를 살아가야 할 미래형 인재가 갖추어야 할 핵심역량을 제시하면 <표 6-4>의 종합부분에서 볼 수 있다. 즉, 미래형 인재가 갖추어야 할 핵심역량은 1. 의사소통 역량, 2. 지식정보처리 역량(수학적·과학적·테크놀로지적 기초 역량, 정보/미디어/디지털 활용 역량 포함), 3. 창의적 사고 역량(사고 및 문제해결 역량, 학습 역량 포함), 4. 자기 및 대인관계 관리 역량(대인 간 및 자기주도 기술 포함), 5. 심미적 감성 역량(문화적 표현 포함), 6. 공동체 역량(대인관계, 다문화 이해 및 사회적 역량과 시민의식 역량)으로 크게 대별해 볼 수 있겠다.

단비교육을 통해 미래형 인재를 육성할 수 있다

우리는 제1장에서부터 4장에 이르기까지 현행 한국교육이 안고 있는 문제들을 다각적인 측면에서 살펴보았으며, 제5장에서는 그러한 문제들을 해결하기 위한 방안으로 서당교육, 성균관교육과 같은 우리의 전통교육에서 사용된 교수방법의 장점을 현대적으로 재해석하여 체계화한 '단비교육'을 소개하고 그것의 주요 특징인 학생 개인의 특성과 재능에 적합한 개인 맞춤형 교육, 기다림 교육, 경쟁이 아닌 서로 돕고 나누는 교육, 시기에 적합한 교육, 질문하는 교육과 독서교육의 필요성 및 생활과 연관된 교육 등에 대해 살펴보았다. 아울러, 이 제6장의 앞부분에서는 미래형 인재와 미국, OECD, EU(유럽연합), 싱가포르, 우리나라가 제시하고 있는 미래형 인재가 갖추어야 할 핵심역량을 중심으로 미래형 인재가 갖추어야 할 핵심역량을 살펴보았으며, 그러한 과정을 통해 6가지의 핵심역량을 도출해 보았다.

그렇다면 단비교육은 위에서 도출된 미래형 인재가 갖추어야 할 핵심역량들을 효과적으로 육성할 수 있는가? 다시 말해서, 단비교육은 21세기가 요구하는 역량을 갖춘 미래형 인재를 육성하는 데 적합한 교육방법이라 할 수 있는가?

단비교육의 주요 특징에 대해서는 이미 제5장에서 자세히 살펴보았기 때문에 여기에서 다시 구체적으로 살펴보지는 않겠다. 다만, 21세기 미래형 인재가 갖추어야 할 역량들을 어떤 방법으로 길러낼 것인지를 각 역량별로 간략히 살펴보면 다음과 같다(윤용남, 2015).

첫째, 의사소통 역량은 단비교육이 본래 교수자와 학습자, 학습자 상호 간에 질의와 답변, 상호 토론을 기본으로 하므로 의사소통 역량을 기르기에는 최적의 방법이다. 또한 단비교육에서 이루어지는 질문과 답변은 단순한 내용으로 된 단문의 질문과 답변이 아닌 지식체계를 구조화해 가면서, 그 구조를 제대로 완성시키지 못할 때 발생하는 고급 문제에 관한 것이므로 소통 역량 향상에 크게 유용한 방법이다. 아울러, 단비교육은 일방적인 설득이 아닌 체계 내 모순을 자신이 이해하고 그 정합성을 스스로 찾을 수 있도록 충분한 시간을 가지고 점차적으로 상호작용해 나감으로 진정한 의사소통이 이루어진다. 즉, 단비교육은 처음에는 크게 의견이 상충하더라도 결국은 완전한 소통을 향해간다. 그러면서도 한 쪽은 다른 한 쪽의 완전한 설복(說服)을 요구하지 않는다. 미완의 일치는 미완인 채로 두고, 또한 때를 기다리며 서로 성숙하기를 기다려 어느 날 다시 논의한다.

둘째, 수학적·과학적·테크놀로지적 기초 역량, 정보 및 미디어 활용 역량, 디지털 역량 등을 포함한 지식정보처리 역량을 기르는 방법은 크게 두 가지로 나눌 수 있다. 하나는 각자의 역량에 따른 단계별 교육이다. 이 역량은 강제로 양성한다고 해서 양성되지 않으며 반드시 각자의 재능에 바탕해야 한다. 수리처리형 인재는 이미 이 역량에 선천적인 소질을 가지고 있으므로 스스로 문제해결 능력을 가지고 있다. 이러한 유형의 인재는 쉽게 가르칠 수 있다. 그러나 그 외의 문자처리형, 그림처리형, 소리처리형 인재는 이 영역에 상당한 어려움을 가지고 있다. 이에 단계를 더 세분해서 포기하지 않도록 세심하게 배려하여 이끌어야 한다. 다른 하나는 궁금한 것을 물을 때 조금씩 가르치는 것이다. 먼저, 지식정보처리 역량의 유용성을 보여주며 동기를 유발하고, 그에 호기심을 보일 때 학습자가 배우고 싶어 하는 것만 조금씩 가르치면 현대 생활에 필요한 정도의 지식정보처리 역량을 갖추어 갈 것이다. 이 역량은 수리처리형 인재에게 다른 유형의 학습자에게 도움을 주도록 하면 학습자들끼리 정보를 쉽게 교환하며 또래문화를 형성하면서 발전할 것이다.

셋째, 사고 및 문제해결 역량, 학습 역량 등을 포함한 창의적 사고 역량은 스스로 생각하여 질문을 하도록 하는 단비교육이 가장 잘 할 수 있는 분야다. 필요한 분야에 동기를 유발하고 학습자가 스스로 의문을 갖도록 하면서 기다리면 많은 창의적인 질문을 하게 되며, 이런 질문은 본래 창의성에 바탕하여 나오는 것이므로 창의적 사고 역량은 극대화된다. 다만 뻔한 단답형의 질문이 아니라 문제의 원인과 이유를 찾고, 스스로 문제를 해결하고자 집념을 갖도록 유도함으로써 이 역량의 비약적인 발전을 가져올 것이다. 단비교육을 하는 한 이 역량의 발전에 대해서는 조금도 걱정할 필요가 없다.

넷째, 대인 간 및 자기주도 기술을 포함한 '자기 및 대인관계 관리 역량'은 학습자 상호간 또는 교수자와 학습자 간의 질의응답을 통해 길러진다. 먼저, 자기가 무엇을 모르는지 자신을 알아야 하고, 누가 그 문제를 잘 아는지를 알아내어 그에게 물어야 하며, 그와의 지속적인 관계가 필요하기 때문에, 단비교육에서는 이 역량은 부수적으로 획득된다. 또한 물을 때는 어떻게 물어야 하고 답할 때는 어떻게 답해야 하는가를 지속적으로 고민하고 생각해야 하므로, 이 역량은 역시 의도하지 않아도 부수적으로 획득된다.

다섯째, 인간에 대한 공감적 이해와 문화적 감수성을 바탕으로 삶의 의미와 가치를 발견하고 향유하는 '심미적 감성 역량'은 단비교육에서는 모든 학습자에게 획일적인 것을 획일적으로 가르치는 것이 아니라 재성보상(財成輔相)을 통하여 각자의 장단점을 찾고, 각자의 적성에 따라 교육하므로 상호 장단점과 상대의 성격이나 취향을 알게 된다. 내 것이 소중한 것을 알면 남의 것도 소중한 것을 안다. 나의 장점이 남의 단점이 되고, 나의 단점이 남의 장점인 것을 옆에서 보고 알게 됨으로 저절로 상대의 가치와 소중함을 알고 귀하게 여긴다. 단비교육은 처음부터 서로 다른 공부와 서로 다른 진도를 인정하므로 상호 존중은 기본 바탕이다. 이에 심미적 감성 역량은 저절로 양성된다.

마지막으로, 다문화 이해 및 사회적 역량과 시민의식 역량 등을 포함한 '공동체 역량'은 단비교육이 지향하는 성선설에 입각한 우주의 조화, 인류의 조화, 국가 내 국민의 조화를 통해 길러진다. 단비교육의 기본 목표는 획일이 아닌 서로 다른 각자의 조화와 협력이므로 여기에서 공동체 역량이 길러진다. 서로 다름을 인정하므로 각자는 자신의 장점을 내어 놓아 남의 단점을 도우며, 남의 장점을 받아 나의 단점을 보완한다. 이러한 속에서 공동체는 형성되고 그에 필요한 역량은 길러진다. 이것은 선택사항이 아니라 단비교육이 이루어지는 세계에서는 필연적으로 협력해야 살 수 있는 생존의 문제다.

<표 6-5>는 제5장과 이 장 앞부분에서 기술한 소개한 단비교육의 주요 특징과 미래형 인재가 갖추어야 할 핵심역량을 요약·제시한 것이다.

표 6-5 »» 단비교육의 주요 특징과 미래형 인재가 갖추어야 할 핵심 역량 비교

단비교육의 주요 특징	미래형 인재가 갖추어야 할 핵심 역량
1. 문답형, 토론, 설득을 통한 동기유발 및 수준에 맞는 의사소통을 통한 교육	1. 의사소통 역량
2. 재성보상(裁成輔相)(수준별, 단계별 교육), 즉 학생의 능력에 따라 단계별로 지식/기능/정보 처리 능력을 발달시키는 교육, 인재시교(因材施敎)(재능, 적성, 진로에 적합한 교육)	2. 지식정보처리 역량(수학적·과학적·테크놀로지적 기초 역량, 정보/미디어/디지털 활용 역량 포함)
3. 질문을 만드는 교육, 묻고 답하는 강(講) 교육, 학생이 질문하는 교육, 실천적 교육	3. 창의적 사고 역량(사고 및 문제해결 역량, 학습 역량 포함)
4. 자기주도적 학습 능력을 배양하는 교육, 학습 양과 질을 개인 능력에 맞추어 지도하는 개인맞춤형 교육, 인격형성을 위한 교육, 사람을 사람답게 만드는 교육	4. 자기 및 대인관계 관리 역량(대인 간 및 자기주도 기술 포함)
5. 자연친화적 교육, 각자의 재능을 조화롭게 인정하는 교육, 감동이 있는 교육, 배움의 즐거움이 있는 교육	5. 심미적 감성 역량(문화적 표현 포함)
6. 다 같이 사는 교육, 다름을 인정하고 기다려 주는 교육, 공존하는 교육, 배움을 나누는 교육	6. 공동체 역량(대인관계, 다문화 이해 및 사회적 역량과 시민의식 역량)

<표 6-5>를 보면, 21세기 미래형 인재가 갖추어야 할 핵심역량은 우리 몸에 제대로 맞지 않는, 그래서 언제나 무언가 부족하고 겉도는 듯한 서양의 여타 교수방법들보다 오래 묵으면 묵을수록 진미가 나고 구수한, 그러면서도 어느 음식에서나 없어서는 안 되며 궁합이 잘 맞는 전통간장처럼 오랜 시간 동안 우리 곁에서 함께 해 왔던 전통교육의 현대적인 해석인 단비교육의 주요 특징들과 잘 부합되며, 따라서 그러한 핵심역량들은 단비교육을 통해 충분히 육성될 수 있음을 알 수 있다. 즉, 우리는 서구식 교육방식이 아닌 전통교육을 현대적으로 해석한 단비교육을 통해 미래에 필요한 역량 있는 인재를 충분히 육성해 낼 수 있다.

제 7 장

단비교육 수업모델

▎수석교사 **류미경**

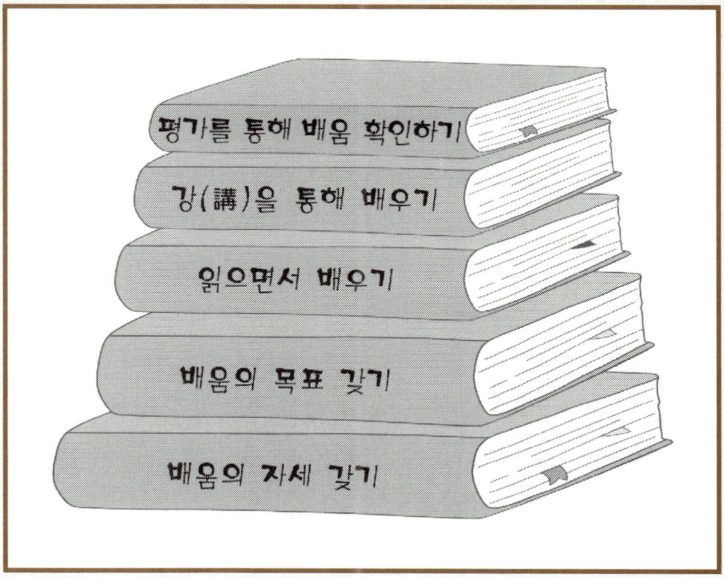

제5장과 제6장을 통해 우리는 단비교육의 개념 및 주요 특징과 그것이 미래형 인재가 갖추어야 할 핵심역량을 육성하는 데 매우 적합한 교육방법임을 알 수 있었다. 그렇다면 단비교육은 이러한 핵심역량들을 육성하기 위하여 구체적으로 학교현장에서 어떻게 행해져야 하는가? 이것이 이 7장의 주요 내용이다.

제7장에서는 미래형 인재가 갖추어야 할 핵심역량을 육성하기 위한 단비교육의 수업모델을 배움의 자세 갖기, 배움의 목표 갖기, 읽으면서 배우기, 강(講)을 통해 배우기, 평가를 통해 배움 확인하기라는 5가지 단계로 나누어 구체적으로 제시함으로써 실제 교육현장에서의 적용가능성을 높이고자 한다.

배움의 자세 갖기

배움의 자세를 갖는 것이 배움의 첫걸음이다

배움을 시작하는 학생이 가장 먼저 가져야 할 것은 집중하는 자세다. 학습대상을 향해 마음을 하나로 모아야 배움이 일어나기 때문이다. 그런데 마음은 형체가 없고 변화가 빠르고 주위의 유혹에 쉽게 사로잡혀서 다잡기가 쉽지 않다. 그래서 옛사람들은 몸가짐을 바르게 함으로써 마음을 다잡는 방법을 많이 써 왔다. 자세를 바르게 하고 호흡을 고르게 함으로써 마음을 정돈하고 관심이 배움을 향하도록 가다듬은 것이다.

선인들을 공부에 앞서 거경의 자세를 견지하고자 애썼는데, 거경(居敬)이란 지극히 공손하고 경건한 마음으로 사람과 사물을 대하는 것을 말한다. 마음이 경(敬)의 상태에 거(居)하도록 다스리는 것이다. 무엇을 얼마만큼 공부하는가보다 먼저 마음이 경(敬)의 상태에 들도록 하는 것이 더 중요했다. 마음이 경(敬)의 상태에 있지 않으면 읽는 것, 말하는 것이 모두 뜬구름처럼 의미 없는 것이 된다. 마음이 경(敬)에 머물지 않으면 스승의 말씀도 책 속의 내용도 자신의 내면을 일깨우지 못하고, 읽는 것 듣는 것이 모두 와글거리다 사라지는 소음이 된다. 마음이 경(敬)의 상태에 머무른다는 것은 잡념을 떨치고 주어진 것에 집중하는 것, 지금 내 앞의 상대나 책에 마음을 모으는 것, 마음과 몸가짐을 공경하게 하여 앞서 연구한 사람의 지적 성과를 겸허히 받을 수 있도록 마음을 온전히 하나 되게 하는 것을 말한다.

거경의 방법으로 옛사람들이 권했던 것은 몸가짐을 바르게 하는 것이었다. 옷매무새를 바르게 하고 주위를 정돈하는 것을 정제라 하고 말과 태도를 정중하게 하는 것을 엄숙이라 하여 정제엄숙으로 마음이 거경에 이르도록 했다. 공손하고 경건한 마음으로 정신을 한 곳에 모으는 것이 배움의 첫 자세임을 알았기 때문이다.

오늘날 학교나 가정에서 우리는 학생들의 몸과 마음이 자유롭도록 허용하거나 권장하기도 한다. 몸이 자유로워야 자유로운 발상, 창의적인 생각이 솟는다고 믿기 때문이다. 실제로 몸이 경직되면 사고도 경직되는 경우가 많다. 그러나 학생들에게 주어진 몸과 마음의 자유가 학생들의 학습을 방해하기도 한다. 갑자기 생각난 일이나 친구에게 하고 싶은 말을 상황에 상관없이 쏟아내고 수다를 하느라 수업을 방해하는 일이 실제 수업에서 자주 일어난다. 갑자기 떠오른 생각에서 일어나는 잡다한 의문을 때와 장소에 관계없이 이 친구 저 친구에게 묻고 답을 요구해서 다른 학생들의 집중까지 방해하는 일이 교실에서는 허다하다.

창의성을 위해서는 자유로움도 필요하지만 학습도 필요하다. 학습의 결과가 창의성의 재료가 되기 때문이다. 학습한 내용의 원리를 충분히 이해하고 통달했을 때 상황에 맞게 응용할 수 있고 새로운 것과 결합하여 창의적인 발상을 할 수가 있다. 창의성을 발휘하여 기존에 있던 것을 더 편리하고 쓸모 있게 바꾸고자 한다면 먼저 기존의 것을 알아야 한다. 그것이 어떤 구조를 가지고 있는지 불편한 원인이 어디에 있는지를 알아야 한다. 해결책을 찾기 위한 새로운 발상도 알고 있는 지식들이 있어야 가능하다.

집중은 학습을 위해 가져야 할 중요한 요소이다. 그런데 어린 학습자일수록 마음을 집중시키는 것이 어렵기 때문에 몸의 정제엄숙을 통해 마음을 모으는 것이 필요하다. 자세를 공손하게 하고 마음을 경건하게 하여 하나로 모으기 위해 단비교육에서는 다음과 같은 방법을 제시한다.

배움의 자세를 가지는 방법

선생님과 친구에게 예(禮)를 다해 인사하기

배움은 예(禮)를 갖추는 것에서 시작하여 예를 다하는 것에서 마쳐야 한다. 배움은 스승과 제자, 제자와 제자 사이에서 일어나는 정신적인 교류이다. 이 교류를 통해 새로운 것을 알거나 깨닫게 되고 의문이 일어나기도 하고 해답을 얻기도 한다. 이런 과정은 자기를 깨고 성장하는 과정으로서 지극히 소중한 시간이다. 어떤 배움이 어떻게 일어나는가에 따라 삶의 방향이 바뀌기도 하고 삶의 질이 바뀌기도 한다. 정신에 자양분을 주고받는 소중한 시간이 배움의 시간인데 어찌 예를 갖추지 않겠는가.

최근에는 사람들이 배우고자 모이는 곳에서 예를 갖추는 모습들이 점점 사라져 가고 있다. 예란 공경하고 절제하는 마음이다. 때와 장소에 맞게 공경하는 마음을 표현하고 상대를 배려함으로써 관계를 편안히 해야 한다. 공경하고 절제하는 마음은 상대에 대한 믿음과 존중에서 나온다. 배우는 이와 가르치는 이는 먼저 서로의 삶을 사랑하고 존중해야 한다. 삶에 대한 사랑과 존중이 없이 주고받는 지식은 삶의 자양분이 되지 못한다. 그냥 주고받고 사고파는 정보일 뿐이다. 그런 지식은 굳이 선생님과 제자의 관계가 아니라도 얼마든지 구할 수 있다. 그러나 삶을 키우고 풍요롭게 만드는 배움은 관계 속에서 일어난다. 그러므로 먼저 그 예를 갖추는 것이 배움의 시작이다.

수업에서 예는 학생이 선생님께만 갖추는 것은 아니다. 학생은 선생님께 믿음과 공경의 마음을 모아 공손하게 인사하고, 선생님은 제자의 삶을 아끼고 존중하는 마음으로 따뜻하게 인사를 함으로써 서로에게 마음을 다하는 자세를 갖게 된다. 그리고 함께 배우는 학우에 대해 예를 표현하는 것도 중요한 일이다. 함께 배우는 친구를 존중하고 배려하는 마음으로 수업을 시작하게 되면 배움의 시간이 존중하고 존중 받는 시간이 된다. 서로를 존중하는 마음과 자세가 배움의 모든 과정에서 저절로 체득이 되도록 해야 한다. 사람이 사람을 존중하고 존중 받는 세상을 만드는 것이 우리가 배우는 이유이고 후학을 가르치는 이유이다.

수업을 마칠 때도 예를 갖추어 인사하는 것은 소중한 과정이다. 한 시간 동안 서로의 내면에 영향을 준 사람에게 감사의 마음을 따뜻한 인사로 표현하는 것이다. 배움의 시간을 감사히 여기고 그 마음을 전하는 예를 갖춤으로써 학생과 선생님, 학생과 학생 사이의 관계가 따뜻하고 공손해 지는 것이다. 사람을 공손히 대하는 것은 타인의 삶을 함부로 침범하지 않고 소중히 여기는 거경(居敬)의 자세이다.

우리 사회에서 인사가 점점 사라진다고 걱정하면서 학생들에게 인사 교육을 시키는 학교들이 있다. 두 손을 배꼽에 가지런히 모아서 '반갑습니다!'를 외치기도 하고 '사랑합니다!'를 외치기도 한다. 인사하는 습관을 몸에 배도록 하기 위해 일제히 공수배를 시키는 것이다. 그런데 다소 딱딱하고 부자연스러워서 당혹스럽기도 하다. 왜 그럴까? 왜 인사가 불편할까?

예는 몸에 익어야 자연스럽고 편하다. 그리고 몸에 익는 것에 앞서 마음이 예 속에 있어야 한다. 마음 없이 예만 남으면 허례허식이 된다. 영혼 없이 몸만 남은 것과 같다. 그러나 영혼만 있고 몸이 없는 것도 허무하기는 마찬가지다. 예는 마음과 표현이 함께 있어야 한다. 학생들의 삶을 사랑하고 존중하는 선생님의 마음과 선생님을 공경하고 신뢰하는 학생들의 마음이 싹트도록 선생님과 제자가 모두 거경의 자세를 가져야 한다. 그리고 공경하는 마음을 표현하는 것이 자연스러워지도록 습관화해야 한다.

학생과 교사의 마음을 바로잡아 배움으로 향하도록 하기 위해 단비교육에서는 그 첫 단계로 예를 다해 인사를 나눈다. 선생님과 학생이, 그리고 학생과 학생이 예를 갖추어 인사함으로써 수업 시간을 소중하고 귀한 시간으로 만들고자 하는 것이다.

옷차림을 가다듬고 자세를 바르게 하기

배움이 일어날 수 있도록 마음을 가다듬는 일은 공부를 하는 사람이면 누구나 원하는 것이지만 뜻대로 되지 않을 때가 많다. 마음을 통제하는 일이 쉽지 않기 때문이다. 특히 청소년기는 이성보다는 감성에 치우칠 때가 많다. 수시로 일어나는 온갖 감정이 마음을 지배하게 되면 학습에 집중하는 것은 어려울 수밖에 없다. 이성의 통제력이 부족한 청소년들의 마음을 정돈시키고 집중시키는 방법으로 단비교육에서는 정제엄숙을 권한다.

정제엄숙이란 몸가짐을 바르게 함으로써 정신을 통제하는 것이다. 마음이 몸을 따라올 수 있도록 몸을 바르게 하는 것인데, 몸 중에서도 가장 분명하게 눈에 띄는 옷을 단정하게 고쳐 입고 자세를 바르게 하는 것이다. 옷깃을 정리하고 흐트러진 머리 매무새를 가지런히 하며 허리를 곧게 세워 바르게 앉는 자세만으로도 마음 정리가 어느 정도는 된다.

옷과 자세가 바르게 되고 나면 말과 행동을 진중하게 한다. 손과 발을 경박하게 움직이거나 타인의 학습을 방해할 만큼 요란하게 움직이지 않는 것, 말을 공손히 하여 천박한 비속어에서 벗어나는 것, 함께 공부하는 친구들의 집중을 방해하지 않도록 차분하고 예의 바르게 행동하는 것이 정제엄숙이다. 이렇게 함으로써 흐트러진 마음을 모으고 공부에 들 수 있다.

한 곳에 정신을 모으는 것은 공부할 에너지를 모으는 것이다. 학습이란 내면에서 일어나는 활동이기 때문에 정신 집중 없이는 배움이 일어나지 않는다. 과거에는 학습된 내용이 뇌의 어딘가에 있는 장기기억 저장소에 저장되어 있을 것으로 생각되기도 했었다. 그래서 열심히 기억하기만 하면 필요할 때 인출할 수 있을 것으로 생각하여 암기하는 것에 온 힘을 쏟던 때가 있었다. 나중에 어디에 쓰일지 몰라도 일단 암기해 두는 것이 중요하다고 생각해서 기를 쓰고 외웠다. 외우는 것도 집중이 안 되면 불가능한 것이고, 암기가 학습에서 중요한 부분을 차지함을 부인할 수는 없다. 그러나 그 방법에 있어서는 논의해 볼 점이 많다.

현대에 와서 살아있는 사람의 뇌를 촬영할 수 있게 되면서 학습은 뇌 신경세포인 뉴런들이 연결망을 형성하는 것이라는 것을 알았고, 이 사실은 학습의 방법이 변해야 한다는 생각을 갖게 했다. 새로운 자극이 주어지면 뇌가 담당하는 정보처리 영역이 작동함으로써 정보를 인식하게 되고, 새로운 정보는 기존의 신경회로와 결합하여 인식 영역을 넓혀가게 된다. 그런데 자극이 아무리 주어져도 주의를 집중하지 않으면 인지되지 않는다. 주의를 집중했을 때 뉴런은 전기적 신호를 보내게 되고 다른 뉴런과 연결되면서 정보를 전달하고 전달 받게 된다. 이렇게 전기적 신호를 주고받는 경로가 개척되고 신경망들의 연결이 자주 일어남으로써 회로가 만들어지는 것이 학습의 과정이라면 학습은 학습자의 능동적이고 자발적인 주의집중이 없이는 불가능하다.

하나의 신경 세포는 1만여 개의 다른 신경 세포와 결합할 수 있고, 신경의 통로를 따라 시속 400km 정도의 속도로 메시지를 이동시킬 수 있다고 한다. 뉴런의 신호 전달 체계에 의해 정보가 해석되고 통제되는 과정이 반복되면서 신경회로가 만들어지는데 이 신경 회로는 자주 사용할수록 더욱 공고해진다. 그런데 신경 회로의 연결은 외부의 도움이나 타인의 조력으로 이루어질 수 있는 것이 아니다. 오로지 학습자 뇌 속에서 일어나는 일이다.

학습을 위한 외부 조건이 아무리 잘 갖추어졌더라도 학습자의 주의집중이 없으면 정보전달체계는 무용지물이다. 관심을 갖고 새로운 정보를 적극적으로 받아들일 때 신경회로는 새로운 길을 만들게 되고 기존의 회로와 연결되어 새로운 지식 체계를 만들어 간다. 특히 청소년 시기는 뉴런의 수초화가 왕성하게 일어나는 시기여서 뉴런의 전기적 결합과 전달 속도가 높다. 그러므로 청소년 시기에 주의집중력을 갖고 다양한 학습과 경험을 갖는 것이 중요하다.

그러나 마음을 공부에 모아야겠다는 생각만으로는 주의집중이 되지 않을 때가 많다. 특히 청소년기는 감정을 관장하는 변연계가 거의 완성된 데 비해 전두엽의 발달은 아직 미숙하여 감정에 많이 휘둘린다. 이런 청소년 시기에는 감각 기관에서 들어오는 정보를 통제함으로써 마음을 다스리는 것이 효과적이다. 분주하게 움직이는 손짓과 몸짓을 진중하게 바꿈으로써 우리의 뇌가 학습 정보를 받아들이고 분석하여 새로운 신경회로를 만드는 데 집중할 수 있도록 도울 수 있다. 신경 회로가 새로운 연결망을 만드는 데 집중할 수 있도록 불필요한 움직임을 통제하는 것이 필요하다.

정신을 집중하기 위해 몸가짐을 바르게 하다보면 옷매무새를 바르게 하는 행동, 앉는 자세를 바르게 하는 행동이 학습을 위한 전조 행동임일 뇌가 인식하고 준비하게 된다. 뇌가 새로운 정보를 받아들일 준비가 되도록 만드는 것이 공부로 들어가기 전에 학습자가 가져야 할 태도다.

심호흡을 하고 심장의 소리 느끼기

마음이 안정되어 있을 때는 심장도 안정된다. 심장이 안정되면 마음도 안정이 된다. 아기들이 심하게 울 때 엄마의 심장 소리를 듣게 해 주면 아기가 진정되는 것은 엄마의 편안한 심장 소리가 아이를 편안하게 해 주기 때문이다.

심장은 호흡과 관련되어 있다. 1분에 70회 정도 뛰는 심장의 에너지원이 산소이기 때문이다. 이 심장과 호흡이 뇌에도 많은 영향을 끼친다. 이성을 잃을 만큼 화가 났을 때 말과 행동을 잠시 멈추고 심호흡을 하는 것만으로도 어느 정도 화가 가라앉는 것을 느낀다. 중요한 일을 앞두고 긴장해서 땀이 날 때도 깊은 심호흡 몇 번으로 조금은 안정을 찾을 수 있다. 호흡은 우리 몸에 에너지원을 공급하는 행동이다.

무게 1.4Kg의 뇌는 140억 개 이상의 뇌세포로 이루어져 있고, 심장에서 나가는 피의 15% 정도를 소비하며 호흡을 통해 받아들이는 산소의 20% 정도를 사용한다. 뇌는 우리가 활동할 때나 활동하지 않고 쉴 때나 끊임없이 혈액을 통해 산소를 공급받는다. 산소가 5분만 공급되지 않아도 뇌는 재생이 어려울 만큼 손상된다. 그러므로 뇌의 활발한 활동을 위해서는 풍부한 산소 공급이 필요하다.

뇌세포 뉴런이 정보를 주고받을 때 발생하는 전기적 신호를 뇌파라고 하는데, 뇌파는 학습과 관련성이 높다. 뇌파가 안정적일 때 정신이 맑아지고 주의력도 높아진다. 우리가 편안하고 안락함을 느낄 때는 뇌파가 8~12Hz의 알파파를 유지한다. 학습을 하거나 집중하여 활동을 할 때 뇌파는 13~20Hz 정도의 베타파를 유지한다. 강한 스트레스로 불안하거나 초조할 때는 30Hz 이상의 높은 뇌파 형태를 보이기도 한다.

학습이 가장 잘 일어나는 뇌의 상태는 12~15Hz 대인 것으로 알려져 있다. 이 뇌파는 감각피질과 운동피질 영역에서 작업이 일어나지 않을 때 주로 나타난다. 학습을 위해 뇌가 이 상태를 유지하도록 하는 방법으로 단비교육에서는 심호흡과 심장소리 느끼기를 권한다. 심호흡을 통해 산소를 공급함으로써 심장을 안정시키고, 혈액을 통해 뇌에 산소를 전달함으로써 뇌파를 조절할 수 있다. 그리고 심호흡과 더불어 손을 심장에 대고 자기의 심장 소리를 느껴봄으로써 호흡과 심장을 조절할 수 있다. 심장과 호흡이 조절이 되면 학습을 위한 주의력도 조절이 가능하다.

눈을 감고 조용히 명상하기

배움을 위해 마음을 가다듬고 집중하는 방법으로 명상을 활용한다. 명상은 눈을 감고 차분한 마음으로 깊이 생각에 잠기는 것이다. 눈을 감고 한 가지에 집중하여 깊이 생각에 잠길 때 호흡과 심장이 안정되고 뇌파의 주파수가 안정된다. 특히 쉬는 시간에 활동이 많은 학생들은 호흡이 가쁘고 흥분해 있을 때가 많기 때문에 이런 학생들에게 효과가 있다. 학생들의 호흡과 심장이 안정되고 한 가지에 집중할 수 있게 되면 학습에 들 수 있는 준비가 된 것이다.

호흡과 심장을 안정되도록 만드는 방법으로 심호흡과 더불어 효과적인 것이 명상이다. 심호흡이나 심장 소리 느끼기로도 학생이 안정이 되지 않을 때 눈을 감고 한 가지 생각에 집중하게 하면 호흡이 제 흐름을 찾고 심장도 정상 심박수를 찾게 된다. 명상은 뇌파를 편안한 알파파(8~12Hz) 상태로 만드는 효과가 있다. 뇌파가 알파파를 유지할 때 몸과 마음이 이완되고 편안해진다. 스트레스가 완화되고 의식이 맑아진다.

청소년기의 학생들은 쉽게 감동하고 흥분한다. 친구들과 만나면 소리 지르고 장난치고 뛰어다니면서 자신을 표현한다. 쉬는 시간이 지나면 학습을 위해 정신을 가다듬고 집중해야 하는데 쉽게 차분해지지 않는다. 쉬는 시간에 신나게 놀았던 잔상은 수업 시간의 앞부분을 흘려버리게 만든다.

영화를 한 번 생각해 보자. 돈을 지불하고 영화관을 찾아가는 노력을 했음에도, 즉 능동적인 의지를 갖고 찾아갔음에도 불구하고 처음 몇 분간의 장면을 놓쳐버리는 경우가 많다. 그래서 나중에 그 영화를 다시 보면 '첫 장면이 저랬어?'라고 놀라기도 하고 아예 처음 보는 장면처럼 생소하게 느껴지기도 한다. 그리고 그제서야 감독의 의도가 한 겹 더 깊이 이해되면서 '아하, 저거였구나!' 한다.

분명히 내 눈 앞에 펼쳐진 광경을 왜 못 보았을까? 영화의 맥락을 파악하지 못해서 놓치기도 하지만, 그 장면에 집중하지 못해서 놓치는 경우도 많다. 영화가 시작되기 이전의 잔상이 머릿속에 강할수록 집중은 방해를 받게 되는 것이다. 영화도 이런데 하물며 수업은 어떻겠는가? 보고 듣고 느끼고 말하는 모든 것은 우리의 정신이 인식하거나 시키는 일이다. 주변에 아무리 많은 것이 펼쳐져 있어도 그것에 마음을 주지 않으면 인식하지 못한다. 하루 중에 무수히 많은 사람들이 우리 주변을 지나다니지만 우리는 아는 얼굴, 관심 있게 본 사람만 기억한다. 매일 아침 지하철에서 혹은 버스에서 우리는 얼마나 많은 사람을 만나는가? 그런데 그 중 몇 명의 얼굴을 우리는 기억할까? 십분의 일? 백 분의 일? 천분의 일?

잠실경기장에서 열린 입시설명회에 참석한 적이 있다. 그날 저녁 뉴스에서는 사람들이 촘촘하게 앉아 있는 경기장 내부를 비춰주면서 이천 명이 모였다고, 열기가 뜨겁다고 보도했다. 나도 그 자리에 앉아 있었다. 이천 명 중 한 명으로 앉아 있었고 열심히 강의를 들었다. 옆 사람이 잠시 나갔다 올 때는 일어나서 지나갈 수 있도록 자리를 내 준 적도 있고, 설명회 책자의 몇 페이지에 자료가 있는지 옆 사람의 책자를 살펴보기도 했다. 그런데 그날 그 이천 명 중 내가 기억하는 얼굴은 나와 함께 갔던 한 사람 밖에 없다. 그 한 사람을 제외한 나머지 천구백구십팔 명은 정말 단 한 명도 생각이 나지 않는다. 심지어 그날 강의를 한 강사 얼굴도 매스컴에서 가끔 보았던 유명 강사 한 사람 외에는 기억이 나지 않는다.

만남은 인연이 닿아야 이루어지는 것이라 한다. 그러나 그냥 스쳐지나가는 것은 만남이 아니다. 마음이 가 닿아야 만남이다. 내가 관심을 모아서 한 대상에게 짧은 순간이라도 집중했을 때 그 대상을 인식하게 되고 비로소 만나게 된다. 학생이 배워야 할 그 무엇도 학생의 마음이 거기에 닿아야 비로소 학생의 것이 되는 것이다. 무엇을 인식한다는 것, 알게 된다는 것, 배운다는 것은 두뇌의 작용이다. 그러므로 우리의 뇌가 공부를 시작할 수 있도록 먼저 마음이 공부를 향하도록 해야 한다. 마음이 공부에 닿아있지 않으면 어떤 교재도 설명도 의미가 없다.

명상은 학생들의 마음이 공부와 먼 곳에 있을 때 흩어져 있는 마음을 불러 모으는 방법이다. 몸의 움직임을 멈추고 마음을 한 곳에 집중함으로써 호흡과 뇌파를 안정시키는 것이다. 명상을 할 때는 눈을 감도록 하는 것이 더 효과적이다. 청소년들은 감각에 민감해서 눈으로 들어오는 정보를 차단하는 것이 마음을 모으는 데 도움이 된다. 몸의 긴장이 풀어지고 뇌파가 편안한 상태로 돌아오게 되면 이제 학습할 내용에 집중하여 읽고 쓰고 말하는 상태로 들어가면 된다. 즉 뇌가 학습을 위한 활동 상황으로 들어가게 되는 것이다. 명상은 호흡과 심장 소리 느끼기로도 학생들이 안정되지 않을 때, 마음을 정돈하여 공부로 향하도록 하기 위해 단비교육에서 쓰는 방법이다.

배움의 목표 갖기

목표는 스스로 배우게 하는 힘이다

배움을 쉬지 않고 계속하게 하는 힘은 배움을 통해 이루고자 하는 목표에서 나온다. 이 목표에 따라 무엇을 배울지 결정하게 되고, 궁극적으로는 삶의 모습도 바뀐다.

과거 선비들이 학문을 하는 목적은 군자가 되는 데 있었다. 군자란 학식과 덕망이 높은 최고의 지성인을 이르는 말이다. 이런 목표가 삶을 비루함에 빠지지 않도록 스스로 견제하는 힘이 되었다. 물론 모든 사람들이 다 이런 원대한 목표를 갖고 있었던 것은 아니었겠지만 적어도 사회 전체가 함께 인식하는 공부의 목표가 바른 사람됨을 갖는 것, 나아가 군자로서의 품성을 갖는 것이라는 데는 이견이 없었다. 그리고 청렴하고 백성을 귀히 여기는 군자가 위정자가 되는 세상을 꿈꾸었다. 그래서 군자는 이상적인 목표이자 동시에 현실적인 학문의 목표였다.

오늘날은 세상이 다원화되면서 원하는 삶의 모습도 가치관도 다양해졌다. 그러다보니 배움의 목표도 사람마다 다르다. 배움이 삶을 풍요롭고 아름다운 것이 되도록 만드는 행위가 되려면 원하는 삶의 모습을 바람직하게 설정하는 것이 필요하다. 다양성을 인정하되 타인의 삶을 침해하지 않는 삶의 목표를 설정하는 사려 깊은 사고의 시간이 필요하다. 그리고 이를 위해 타인을 이해하고 사회를 이해하는 공부가 필요하다. 궁극적으로 어떤 사람이 될 것인가를 바르고 분명하게 정하는 것이 배움의 목표를 정하기에 앞서 이루어져야 하는 것이다.

이를 위해 우리는 어떤 사람이 되어야 하는가에 대한 논의를 어린 자녀들과 더 많은 시간 동안 나누어야 한다. 학교에서도 이 문제를 깊이 있게 논의하는 시간들이 있어야 한다. 한 사람 한 사람의 삶의 목표가 전체 사회에서 어떤 역할을 하며 어떻게 작용할 수 있는지 또래 아이들과의 논의를 통해 아이들이 스스로 알 수 있어야 한다. 이는 어떤 학원을 가고 어느 정도의 점수를 받아야 하는가보다 더 중요시해야 할 문제이다. 매력적인 삶의 목표는 배움의 목표를 정하게 하고 스스로 배움을 계속하게 하는 힘이 되기 때문이다.

삶의 목표가 정해지면 배움의 목표도 정해진다. 어떤 방식으로든 배우지 않고 이룰 수 있는 삶은 없기 때문이다. 당장 배워야 할 작고 가까운 목표들과 나중에 이룰 수 있는 먼 목표가 정해지면 학습자로서 해야 할 행동이 분명해진다. 아이들은 배움의 행위가 부모님을 즐겁게 해 드리기 위한 행동이 아니라 자기가 원하는 삶을 만드는 과정임을 알아야 한다.

옛사람들은 자녀가 소인을 가까이 하여 소인이 되는 것을 두려워했다. 소인이란 간사하고 잔꾀를 쓰며 자신과 남을 속이고 이익을 챙기려는 사람을 두고 이르는 말이다. 삶의 큰 목표를 정하여 이루려고 애쓰지 않고 눈앞에 보이는 이익을 탐하여 마땅히 해야 할 도리를 잊을 때 소인이라고 한다. 소인은 잠깐 보기에는 똑똑해 보이고 잘 사는 것처럼 보일 수도 있다. 그러나 길고 큰 인생을 살아가려면 자녀가 소인이 되도록 해서는 안 된다. 영악하지 않아서 답답해 보이더라도 어떻게 공부하고 어떻게 살아야 하는지 삶의 큰 그림을 갖도록 해야 한다.

많은 부모들이 자녀의 삶을 위해 자녀를 공부시켜야 한다고 생각한다. 그리고 이것은 자녀에 대한 사랑의 행동임이 분명하다고 확신한다. 먼 미래의 행복을 위해 비록 자녀와의 관계가 불편해지는 일이 발생하더라고 감수해야 한다고 숭고하고 돈독한 생각으로 자신을 무장한다. 그리고 이를 잘 실천하기 위해 시간과 마음을 쏟는다. 그것이 부모로서 해야 할 마땅한 도리라고 생각한다. 그런데 부모로서의 도리에 충실할수록 아이의 눈은 자기와 세상을 향하지 못하고 부모를 향하게 된다. 중요한 판단의 순간마다 부모에게 묻는다. 그리고 부모는 아이에게 좋은 결정을 내려주어야 하기 때문에 아이에 대해 다 알아야 한다고 생각한다. 이런 순환이 부모와 자녀 사이에서 긴밀하면 할수록 아이는 한 인간으로서 성장하는 것이 아니라 부모님의 귀여운 자녀로서 성장하게 된다. 이것이 정말 아이를 위한 것인가, 아이의 삶을 위한 부모의 고귀한 행동인가를 생각해 보아야 한다.

자녀의 삶을 끌어가는 주도권을 부모가 가지게 되면 자녀는 자기 삶에서 밀려나게 된다. 자기 삶의 주인이 자기가 아니면 성공과 실패도 자기 것이 아니다. 기쁨과 좌절도 자기 것이 아니다. 그러나 그렇게 살아가는 과정, 자기 삶에서 주변인으로 살아가는 과정은 자기의 것으로 남는다.

비록 미숙하더라도 아이가 주도권을 갖고 살아가는 것을 익히도록 부모 세대가 도와야 한다. 사랑스러운 자녀로서만 살아갈 것이 아니라 자기 삶을 뜨겁게 살아가는 힘을 기르도록 도와야 한다. 그 처음이 어떤 삶을 살 것인지를 생각하는 것이다. 그리고 무엇을 어떻게 배워야 할지 아이가 생각하는 것이다. 그래야 배움이 즐겁다. 단기적인 것부터 먼 것까지 아이의 마음속에 있는 싹이 발아되고 스스로 싹을 키우도록 부모가 한발자국 떨어져서 지켜주고 기다리는 것이 필요하다. 발아하고 자라는 기쁨은 아이의 것이어야 한다.

무엇인가에 대해 호기심을 갖고 알고자 하는 싹은 태어나면서부터 가지고 태어난다. 태어나면서부터 소리에 반응하고 빛에 반응하고 모국어를 습득하고 몸의 균형을 잡아 걸음을 배우고 스스로 신발을 신고 옷을 입는 등 사회 일원이 되기 위한 많은 것들을 배운다. 굳이 누가 가르치지 않아도 아이들을 자발적으로 사람과 사물을 관찰하여 따라하고 배운다. 그런데 이런 앎에 대한 자발적 의지가 제도권 교육 앞에서는 사그라진다는 것이 문제이다. 도대체 왜 그럴까?

성인학습자들은 자신의 필요에 의해 자발적으로 배움을 선택한다. 더 나은 직장을 얻기 위해 자격증을 따려고 배우고, 창업을 하기 위해 필요한 정보를 찾아 책을 읽고 인터넷을 검색하고 경험자를 찾아다니면서 묻는다. 성인학습자의 경우는 아는 것이 힘이라는 사실을 설명하지 않아도 안다. 그들은 무엇을 배워야 할지 스스로 판단하고 찾아 나서기 때문에 누가 시키지 않아도 스스로 자신을 통제하면서 공부해 나간다.

아동 학습자나 청소년 학습자의 경우는 처음부터 필요에 의해 자발적으로 공부를 선택한 것이 아니다. 사회적인 관습이나 부모의 의지에 의해 학습의 문으로 들어섰기 때문에 애초부터 학습은 자신이 원한 것도 선택한 것도 아니었다. 그러니 공부는 부모님을 위해 해 주는 서비스였다. 재미있고 신나는 일을 하고 싶은데 부모의 욕심은 날이 갈수록 더 커져서 아이들의 시간과 에너지를 모두 부모님이 원하는 공부를 하는 데 쓰도록 하니 지치고 재미없고 억울한 것이다.

그런데 학생에게 배움에 대한 자발성이 생길 때까지 마냥 기다릴 수는 없다. 무엇을 왜 배워야 하는지 분명해 질 때까지 배움 없는 상태로 방치하면 효과적인 배움의 시기를 놓쳐버리기 때문이다. 아동의 언행과 습관은 어릴 때부터 잘 가르쳐야 건강하고 원만한 삶을 살아나갈 수 있고, 언어 영역에 대한 학습은 조기에 이루어지는 것이 효과적이다. 언어의 틀은 열 살 무렵에 거의 자리 잡는데 아이가 필요로 할 때까지 마냥 기다리다가 적절한 배움의 시기를 놓치면 쉽게 배울 것을 어렵게 배우게 된다. 그에 비해 추상적이거나 상징적인 사고는 열 살 무렵부터 활발해지는데 너무 이른 시기에 어려운 수학을 배우게 하는 것 또한 아이를 힘들게 하는 일이다.

배움에는 시기가 있는데 학생들은 배움에 대해 자발성이 없다는 것이 문제이다. 부모님은 아이가 배워야 할 것이 많다고 생각하는데 아이들은 배울 의지가 없다는 것이 문제이다. 학생들이 배움에 대한 목표를 갖도록 하기 위해 단비교육에서는 다음과 같은 방법을 제안한다.

어떻게 배움의 목표를 갖게 할까?

아이의 성향을 알아야 한다

사람들은 저마다 가진 능력과 성향이 다르다. 유창하고 논리적으로 말을 잘 해서 청중들을 감동시키는 능력은 있지만 공간 감각이 부족해서 길을 잘 못 찾는 사람도 있고, 한 번에 사물의 특징을 기억하고 그려내는 능력은 뛰어나나 사물의 이치를 따져서 옳고 그름에 대해 판단하는 것을 어려워하는 사람도 있다. 당면한 문제에 집중해서 필요한 도움을 주는 것을 중시하는 사람도 있고, 사람들의 마음을 헤아려서 위로하고 다독이는 것을 먼저 하는 사람도 있다. 리더가 되어야 신나게 능력을 발휘하는 사람이 있고, 리더가 되면 그 무게를 못 견디는 사람도 있다.

사람마다 제각기 원하는 것이 다르고 잘 하는 것이 다르다. 달라서 우리 사회가 평화로운 것인지도 모른다. 모든 사람이 한 가지를 원하고 모든 사람이 한 가지만 잘 한다면 인류는 한 가지 기준으로 끝없이 경쟁하게 될 것이고 최고의 위치에 있는 사람만 행복한 사회가 될 것이다. 우리 사회에는 문제를 빨리 감지하는 사람과 해결책을 적극적으로 찾는 사람이 모두 필요하고, 이치를 따지는 사람과 너그럽게 끌어안는 사람이 모두 필요하다.

이처럼 제각기 다르지만 모두 필요한 사람, 어떤 일을 하든지 그 자리에서 소중한 사람이 되려면 자기의 성향을 귀한 것으로 여기고 키우는 노력이 있어야 한다. 자기가 가진 성향을 인정받고 자기의 특징이 소중하게 쓰일 수 있도록 자기가 좋아하고 잘 할 수 있는 일을 하면서 즐겁게 살 수 있는 길을 찾아야 한다.

이 길을 찾을 때 가장 유력한 조력자는 부모님과 선생님이다. 부모님과 선생님이 아이의 특성을 먼저 파악하고 아이의 특성에 맞도록 길을 열어주어야 한다. 그 길을 가는 것은 학생이 할 일이지만 그 길의 문을 열어 주는 것은 앞 세대가 해야 할 일이다. 부모의 희망과 기대가 아이의 성향이 향하는 길을 차단하고 문을 닫지 않도록 아이가 가진 성향이 아이의 삶을 위해 도움이 될 수 있도록 격려하고 길을 열어주어야 한다.

그러려면 먼저 아이를 알아야 한다. 아이가 어떤 상황에서 어떤 판단과 선택을 하는지, 왜 그렇게 하는지를 관찰해야 한다. 그것이 그 아이의 성향이기 때문이다. 그런데 아이가 선택할 여지가 없도록 부모님의 지시가 구체적이고 세세하면 아이를 관찰할 것이 없게 된다. 부모의 말을 잘 들었나 안 들었나만 관찰이 가능할 뿐이다. 사소한 것이라도 아이가 생각하고 판단할 수 있도록 기회를 주고 관찰할 때 아이를 알게 된다.

많은 부모님들이 아이는 나의 자식이니까 나와 같을 것을 원할 것이라고 생각하는 경향이 있다. 그리고 그것을 당연하게 생각한다. 그러나 유전적으로 유사하다고 해서 성향이나 능력이 유사한 것은 아니다. 아이에게 도움을 줄 수 있는 어른 세대는 아이가 무엇을 잘 하고 무엇을 편하게 여기는지를 관찰해야 한다. 아이가 자기에게 맞는 삶을 살 수 있도록 삶의 큰 그림을 함께 그리고 아이의 성향에 맞는 학습이 이루어지도록 도와야 한다.

스스로 자기 삶에 대해 생각할 시간이 주어져야 한다

아이들에게 미래의 꿈을 물으면 대답을 머뭇거리거나 못하는 경우가 많다. 실은 어른 세대도 어릴 때는 대부분 그랬다. 태어나서 경험한 것이 가족과 친구들 그리고 학교 정도가 전부인 아이에게 미래에 무엇이 되고 싶은지를 물으면 떠올릴 수 있는 것이 몇 안 되는 것은 당연하다. 텔레비전이나 인터넷을 통해서 관심 있게 본 것들을 떠올리다 보면 연예인과 운동선수, 그리고 재미있는 컴퓨터 게임을 평생 할 수 있으면 좋겠다는 정도이다.

'무엇이 되고 싶은가'를 결정하는 일은 참 어렵다. 알고 있는 메뉴도 적고, 여러 개를 한꺼번에 다 선택할 수도 없으니 어렵다. 이렇게 막연한 아이들에게는 '무엇이' 보다는 '어떻게'를 먼저 찾아보는 것도 방법이다. 익숙한 일을 하면서 사는 것이 좋은가 새로운 일을 하면서 사는 것이 좋은가, 조용하고 편안한 삶이 좋은가 유명하고 주목받는 삶이 좋은가 등 자신이 어떻게 사는 삶을 더 선호하는가를 생각해 보면 삶의 방향을 정하기가 쉽다. 무엇을 하며 살고 싶은가를 정하는 것은 그 다음이다.

자신이 원하는 삶의 방향이 어느 정도 정해지면 자기가 어떤 사람인지 말할 수 있고, 자기가 원하는 삶을 위한 준비도 할 수 있다. 그리고 자기 삶을 자기의 것으로 가꾸는 노력을 시작하게 된다. 아이의 내면에서 이런 노력이 자발적으로 일어나는 것은 그동안 많은 부모님들이 원해 온 것이다.

삶을 더 나은 것으로 만드는 데 필수적인 것이 배움이다. 그래서 많은 부모님들은 자녀의 교육에 관심을 갖고 가르치려고 애쓴다. 지금은 비록 아이들이 어려서 필요성을 못 느끼지만 언젠가는 배움이 필요하다는 것을 알게 될 것이고 그 때는 부모님께 감사하게 될 것이라고 스스로 위로하면서 아이들을 몰아붙이기도 한다. 아이들이 배우고 싶을 때까지 기다리고만 있을 수는 없기 때문에 이런 노력이 필요한 것도 사실이지만 그 과정은 참 많은 희생을 요구한다.

학습은 학습자의 흥미, 필요성, 자신감이 바탕이 될 때 주의 집중이 일어나고 그 효과도 커진다. 그런데 흥미도 필요성도 못 느끼는 내용에 집중하도록 요구 받게 되면 학습은 괴로움을 참아내는 과정이 되고 만다. 흥미와 필요성은 보고 듣고 느낀 것에서 시작된다. 이를 위해 부모 세대가 할 일은 아이들을 다양한 상황 속에서 노출시키고, 상황 속에서 스스로 판단하게 하고, 세심하게 관찰하며 이해하는 것이다. 학습자는 학습이 자신의 삶을 가꾸는 일이라는 것을 알아야 한다. 이를 위해서는 자기 삶에 대해 생각하는 시간들이 주어져야 하고 지금의 배움이 즐거워야 한다. 배움이 곧 삶이고, 삶의 자양분이다.

스스로 배움을 설계해야 한다

학습에 대한 설계를 스스로 할 수 있다면 이미 배움에 들어선 것이다. 성인 학습자의 경우는 어디서 어떻게 어느 정도까지 배울지 스스로 계획하고, 계획대로 실행해 나가려고 노력한다. 왜냐하면 필요에 의해 배움을 선택했기 때문이다. 목적이 분명하기 때문에 학습의 방향도 분명하다. 그에 비해 청소년 학습자의 경우는 배움의 목적이 추상적이다. 인격의 완성을 위하여? 성공적인 삶을 위하여? 훌륭한 민주시민이 되기 위하여? 모두 청소년들의 심장을 울리는 목적은 아니다. 그나마 구체적인 목적이 있다면 명문고, 명문대, 대기업이다.

우리 기성세대도 대부분 명문고, 명문대, 대기업을 목표로 공부해 왔고, 그래서 우리 다음 세대 아이들도 그렇게 공부하는 것이 당연하거나 어쩔 수 없다고 생각하는 사람들도 있을 것이다. 그런데 청소년기에 기성세대가 했던 공부들을 다시 되돌이켜보면 공부가 아닌 공부도 많았다는 것을 깨닫게 된다. 시험 성적을 위해 잠을 줄여가며 공부했지만 시험이 끝나면 다시는 기억나지 않는 것들도 많았다.

고등학교 생물 시간을 생각하면 기억에 아직도 남는 장면은 책에 있는 그림들을 공책에 베껴 그리던 일이다. 미토콘드리아, DNA 이런 것들을 책에 있는 모양 그대로 옮겨 그리기 위해 여러 번 지우고 그리기를 반복했다. 아마 모양과 구조를 아는 것이 무척 중요했던 것 같다. 그런데 그것이 도대체 생명체의 어느 부위에 있는 것인지, 손톱이나 머리카락에도 있는지 등에 대해서는 묻지도 않았고 알려고 하지도 않았다. 그것은 그냥 공부였고 시험에 나올 것 같아서 열심히 기억만 했던 것이다. 그리고는 시험이 끝난 후 미토콘드리아는 그 이상한 이름 하나와 그림을 열심히 그리던 기억만을 남기고 지워져 버렸다. 그나마 미토콘드리아는 그래도 이름 하나는 기억에 남았으니 무의미 한 것은 아니라 하겠다. 그 나머지는 다 어디로 가버린 것일까? 고등학교 때 제2외국어로 배웠던 그 언어는, 시험 때마다 머리를 싸매고 공부했던 그 많은 것들은 또 어디로 갔을까?

배움은 학습자가 스스로 설계해야 의미 있는 학습이 이루어진다. 만약 생물 시간에 학습해야 할 내용들을 머릿속에서 큰 그림으로 그릴 수 있었다면, 지금 공부하고 있는 것이 무엇이며 그것은 나와 어떤 관련이 있는지, 그것을 아는 것이 왜 중요한 지를 알았다면 조금 더 재미있게 배울 수 있었을 것이다. 세부적인 내용은 기억에서 사라졌더라도 생명이 어떻게 생겨나고 유지되어 가는지에 대해서는 더 관심을 가졌을 것이다.

청소년 시기의 배움이 시험을 위한 통과 의례가 아니라 지적

양식을 쌓는 것이 되려면 학습자 스스로 학습 계획을 세워야 한다. 배움의 큰 그림을 스스로 그리고, 배움의 이유를 스스로 찾아야 한다. 기성세대가 하는 훈계에서 답을 찾을 것이 아니라 스스로의 답을 찾아야 한다. 배움의 큰 그림을 그리고 스스로 완성해 나갈 때 배움의 과정은 학습자를 성장시키는 과정이 된다.

배움의 습관이 배움을 만든다

습관은 때로 의지보다 강하다. 특히 어릴 때 굳어진 습관은 더 영향력이 큰데 이런 습관이 사람을 바꾸기도 한다. 공자는 『논어(論語)』「양화(陽貨)」에서 '사람의 천성은 서로 비슷하지만 습관에 따라 서로 멀어진다.'고 하였다. 習(습)이란 반복하여 행동함으로써 몸에 익어 거리낌이 없어져서 자동으로 행하게 되는 것을 말한다. 선천적으로 타고 나는 본성이나 지능의 차이보다 후천적인 습관이 바꾸어 놓는 차이가 더 크다는 뜻이다. 비록 선천적인 영특함이 덜하더라도 매일 아침 책을 읽는 습관을 갖게 되면 쌓여가는 독서와 지식의 양이 날로 커져서 유전적으로 영특한 이를 뛰어넘을 수 있을 것이다.

배움은 배움의 습관이 만든다. 습관은 어릴 때 만들어져야 한다. 반갑게 인사를 나누는 것, 바른 언어를 사용하는 것, 상황에 맞는 바른 예의를 몸에 익히는 것, 배움을 중요하게 여기고 배우는 습관을 몸에 익히는 것이 어릴 때부터 자리 잡혀야 한다. 매일매일 읽고 쓰고 생각하고 말하는 것을 몸에 익혀, 배우는 행위가 자연스러워져야 한다. 이런 배움의 습관이 알아야 할 것들을 습득하게 하여 삶을 더 나은 것으로 만들 뿐 아니라 자기 삶을 돌아보며 평생을 가꾸어 가도록 한다.

서당에서는 어린 학생들이 스승의 행동을 그대로 본받으며 따라했다. 스승은 오늘날처럼 가르쳐야 할 교재만 가르치는 것이 아니었다. 해 뜰 때부터 해 질 때까지 함께 생활하며 스승이 일어나면 함께 일어나고 스승이 글을 읽으면 함께 읽으면서 공부하는 습관을 몸에 익혔다. 함께 식사하며 식사 예절을 익히고 배워야 할 내용을 체득하면서 스승을 닮아갔다. 초학들은 배움의 습관을 몸에 익히면서 평생토록 배워가야 할 긴 공부를 위한 기초체력을 갖추었다.

우리는 배우지 않고는 살아갈 수 없는 세상을 살고 있다. 무엇을 배울 것인가는 추후의 문제다. 우리는 매일 무엇인가를 배워야 하는 상황에 놓이고 있다. 이런 삶을 살아가야 할 아이들이 갖추어야 할 중요한 습관은 배움을 좋아하고 배움에 게으르지 않는 습관이다. 이 습관은 부모가 아이들에게 주는 최고의 선물이고 유산일 것이다.

즐겁게 읽고, 자연스럽게 묻고, 편안하게 자기 생각을 말하고, 글로 표현하는 데 막힘이 없도록 어릴 때 몸에 익혀야 한다. 이 과정은 아이가 익혀야 할 과정임을 기억해야 한다. 부모의 강요에 의해서나 배움 뒤에 오는 달콤한 보상을 받기 위한 행동으로 익혀서는 안 된다.

걷는 것이 즐거운 사람은 걸어야 하는 상황을 즐긴다. 그러나 걷는 것이 싫고 괴로운 사람은 어느 건물을 가도 엘리베이터를 찾게 되고, 엘리베이터에 문제가 생기면 난감해진다. 배우는 것이 몸에 익은 사람은 배워야 할 것이 앞에 놓였을 때 거리낌 없이 배워나간다. 어려움이 생기면 묻고, 자신의 생각을 만들고 검증하면서 희열도 느낀다. 배우는 습관을 갖지 못한 사람은 배워야 할 상황이 될 때마다 편승해 갈 적당한 사람을 찾아 두리번거려야 하고 자신이 없다. 이런 시간들이 쌓이게 되면 결국 자기가 원하는 삶에서 밀려나기가 쉬운 것이다.

배움의 습관을 갖는 것은 배움의 내용을 쌓는 것보다 중요하다.

배움의 내용은 천천히 쌓아도 되지만 배움의 습관은 어릴 때 만들어져야 한다. 그러므로 부모 세대는 아이에게 더 많이 더 빨리 배우기를 바라기보다 즐겁게 배우는 습관과 스스로 즐겁게 배우고자 하는 마음의 싹을 키워주는 일에 더 많은 관심과 노력을 기울여야 한다.

읽으면서 배우기

성독(聲讀)과 암송(暗誦)으로 정확히 읽어야 한다

우리는 알아야 할 많은 지식을 글을 통해서 얻는다. 오래 된 지식이든 최신의 따끈한 정보든 대부분 읽기 경로로 받아들이기 때문에 읽기는 학습에서 중요한 역할을 한다. 읽기의 중요성에 대해서는 누구나 공감하는데 읽기를 어떻게 해야 더 효과적인가에 대해서는 한 마디로 말하기가 어렵다.

읽기에는 기본적으로 소리를 내어서 읽는 성독과 소리를 내지 않고 읽는 묵독이 있다. 초급 과정의 학습자들은 소리를 내어서 읽는 성독이 필요하다. 특히 나이가 어린 학습자의 경우는 성독의 과정이 충분히 지속될 필요가 있다.

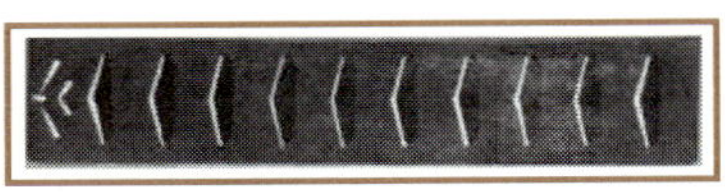

서산: 두 층으로 혀나 귀 모양의 홈을 만들어 그것을 접었다 폈다 하며 책 읽는 횟수를 센다. 보통 아랫단 다섯은 한 자리 숫자를, 윗단은 십 단위 수나 백 단위 수를 나타낸다. 〈호림박물관〉

옛날에 초학들은 글을 배울 때는 먼저 소리 내어 읽도록 했다. 한 번 읽는 것이 아니라 서산을 옆에 두고 읽은 횟수를 세면서 성독을 했다. 성독을 하게 되면 글자의 음가대로 소리를 만들면서 읽기 때문에 학습자가 정확한 읽기를 하고 있는지 확인할 수 있다. 그리고 글자를 정확하게 소리 내며 읽으면 자신의 소리를 듣기 때문에 자신의 읽기를 스스로 점검할 수 있다. 뿐만 아니라 성독은 눈으로 읽기보다 속도가 느리기 때문에 천천히 음미하며 글을 읽게 된다. 게다가 백 번을 읽다보면 저절로 글이 외워져서 입에서 절로 글이 흘러나왔다. 이렇게 소리 내어 성독을 하다보면 문장의 구조가 저절로 통째로 습득이 된다. 글자 하나하나의 정확한 소리를 자신 있게 입으로 말할 수 있고, 여러 번 읽는 중에 그 글을 쓴 사람의 마음과 호흡을 느끼면서 글을 온전히 자기 마음에 받을 수 있었다. 글은 글쓴이의 마음이고 생각이며 글쓴이의 삶이다. 글 속에서 보이지 않는 스승을 만나는 일이 읽기였다.

일반적으로 서당에서는 어린 초학들에게 사자소학을 읽게 했는데, 사자소학은 네 글자씩 네 구절이 한 소절을 만들기 때문에 성독하기에 좋았다. 그 내용도 사람으로서 가져야 할 기본적인 인성과 습관으로 이루어져 있어서 매일 성독하고 암송함으로써 배운 것을 내면화 하고 행동으로 실천했다. 집집마다 아이들 글 읽는 소리가 흘러나왔던 옛날 마을의 모습을 떠올려 보면 옛사람들이 성독을 얼마나 중시했는지 알 수 있다. 책 속의 내용을 나의 말로 명확히 소리 내어 읽음으로써 내가 무엇을 배웠는지를 여러 사람 앞에 드러내고, 자신의 말로 백 번 천 번 되풀이함으로써 마음에 새기며, 생활 속에서 배운 내용을 실천함으로써 비로소 배운 사람으로 인정을 받았다. 아무리 글을 많이 읽고 잘 암송해도 행동으로 배움이 드러나지 않으면 못 배운 사람이었던 것이다.

요즘에는 글을 읽는다는 것을 글 속에서 필요한 정보를 찾는 것으로 인식한다. 그래서 빠른 시간에 필요한 정보를 정확히 찾아내어 그것만 취하는 것이 유능한 독서처럼 되어 버렸고 한 권의 책을 열 번 백 번 읽고 암송하는 일은 의미 없는 낭비로 여겨지게 되었다. 바쁜 삶 속에서 이런 읽기가 필요할 때가 있는 것은 사실이지만 이런 읽기가 습관이 되면 깊이 있는 배움을 기대하기 어렵다. 글 속에서 필요한 정보만 캐내고 덮어버리는 읽기는 글의 전체적인 의미를 파악하는 읽기가 아니다. 이는 마치 훌륭한 요리에서 자기가 좋아하는 재료만 골라 먹고서 그 음식을 다 먹었다고 하는 것과 같다. 글을 읽는다는 것은 글을 쓴 사람과의 만남이다. 글쓴이의 생각을 이해하고, 글쓴이의 의도를 읽어 내고, 글쓴이의 표현을 나의 내면에서 녹여 내는 일이다.

요즘 학생들에게 글을 읽어 보라고 하면 자기에게도 안 들릴 작은 소리로 중얼중얼 읽는 학생, 빨리 읽기 위해 발음을 얼버무리고 읽는 학생, 조사나 접속어를 빠뜨리거나 다른 것으로 대체해서 읽는 학생 등 제각각이다. 게다가 단어를 잘못 발음하는 예도 의외로 많다. 중학교 2학년이 교과서 글 다섯줄을 읽는데 스물 두 번의 오독(誤讀)이 나오는 것을 보았다. 난독증이 아닐까 의심했는데 세 번째 읽을 때는 거의 정확하게 읽어내는 것을 보고 난독증은 아니라고 판단했다. 시지각이나 인지능력의 문제가 아니라 읽기 습관이 잡혀 있지 않아서 잘못 읽는 것이다. 제대로 읽기보다 대충 보고 필요한 것만을 찾아내려 하니 안 읽히는 것이다.

처음 공부를 시작할 때는 소리 내어 읽고 소리 내어 말하는 공부를 해야 한다. 소리는 인간이 가진 가장 유용하고 편리한 의사소통 도구이다. 이 도구를 가장 잘 쓸 수 있도록 자신의 음성 기관을 훈련해야 한다. 당당히 읽을 수 있고, 당당히 말할 수 있어야 배움이 설 수 있다.

한 권을 깊이 숙독(熟讀)해야 한다.

『논어(論語)』「위정(爲政)」에 '공자가 말하기를 옛것을 익히고 그것을 통해 새로운 것을 안다면 사람들의 스승이 될 수 있다.'라 하였다. 이는 글을 읽되 통달하도록 읽어야 한다는 의미를 담고 있다. 많이 배울 욕심에 깊이 원리를 이해하지 않으면 마음만 바쁘고 얻는 것은 적다. 적게 읽어도 깊이 있게 그 원리를 궁구하며 읽어서 통달하게 되면 이것은 삶의 자양분이 되고 창의성의 바탕이 된다.

겉만 아는 지식, 본 적 있는 정도의 앎으로는 그것을 바탕으로 새로운 배움을 끌어낼 수 없다. 앎이 삶의 자양분이 되려면 본질을 알아야 한다. 본질을 알도록 읽으려면 글쓴이의 내면을 다 읽어낼 만큼 읽어야 한다. 이를 위해 옛사람들은 삶에 지침이 될 만한 책은 두고두고 백독 천독을 했다. 내용을 외울 뿐 아니라 그 속의 담긴 뜻을 헤아릴 수 있을 때까지 읽고 또 읽고, 잊지 않도록 다시 읽으면서 통달했던 것이다.

오늘날 한 가지 책을 두고두고 다시 읽으라고 하면 비경제적인 읽기를 주장한다고 할 것이다. 그러나 과거에는 학교에서 탐독해야 할 작품들을 학생들에게 암송하도록 하는 일이 그리 드문 일은 아니었다. 아이들은 암송하는 과정을 힘들어 하지만 그 과정이 소모적인 과정만은 아니었음을 나중에야 아는 경우들이 더러 있다.

황순원의 소나기를 외우도록 시킨 선생님에 대해 무척 원망하며 외웠었는데 힘겹게 외운 소나기가 글쓰기에 많은 도움을 준 것 같다고 말하는 이를 본 적이 있다. 관동별곡을 어렵게 암송한 세대들은 고전작품을 어렵지 않게 읽어낼 뿐 아니라 운율이 지닌 맛까지 느끼며 감상한다.

선조 때 문신 덕계(德溪) 오건(吳健)은 역질을 피해 촌가에서 머물렀는데 가진 책이 중용 한 권뿐이어서 중용을 천 번을 읽었다고 한다. 내용을 완전히 꿰뚫었을 뿐 아니라 주석까지 송두리째 외워 통달했다고 한다. 그 후 그는 붓을 잡으면 문장을 이루었다고 하는데 이런 일들은 우리 주변에서 흔히 들을 수 있는 이야기다.

암송할 수 있을 만큼 숙독한다는 것은 예나 지금이나 의미가 있는 일이다. 알고자 하는 대상의 본질을 꿰뚫어 볼 수 있게 되면 이것을 어디에 쓰고 어디에 쓰지 않을 것인지는 절로 알게 된다. 그리고 무궁한 변화와 활용이 가능해진다. 하나에 통달하면 그 주변의 것을 아는 것이 쉬워진다. 같은 맥락 속에 있는 것들을 보는 눈이 열렸기 때문이다. 하나에 문리가 트이면 세상을 인식하는 하나의 문이 열리는 것이다.

하나를 알아서 열을 이해하고, 이것이 다시 새로운 것을 깨우치는 힘이 되려면 깊이 숙독하는 자세를 가져야 한다. 숙독은 바쁘고 분주한 마음으로는 되지 않는다. 겸손하게 자신을 내려놓고 욕심도 내려놓고 읽는 글에 집중해야 한다. 글에 온 마음을 쏟아야 한다. 이렇게 읽는 것이 숙독이다.

의문을 가지고 읽는다

배운다는 것은 의문을 일으키고 의문을 해결하는 과정이다. 이익 선생은 '학문은 반드시 의문을 일으켜야 한다. 의문을 일으키지 않으면 얻어도 견고하지 못하다.'고 했다. 또한 『논어(論語)』「학이(學而)」에 '군자는 진중하지 않으면 위엄이 없고 학문을 해도 공고하지 않다.'고 하였다. 이는 읽어서 아는 것, 보아서 아는 것, 경험하여 알게 된 것들을 깊이 살펴보고 스스로 의문을 가지고 그 의문을 해결함으로써 학문을 공고히 해야 함을 말하고 있다. 의문을 갖고 그 의문에 대한 답을 스스로 찾아내면 쉽게 흔들리지 않는다.

글을 대충 읽는 사람은 의문을 가지지 못한다. 깊은 이해를 못했기 때문이다. 글의 뜻을 제대로 이해하지 못하면 의문은 낮은 수준에 머물게 되고 낮은 수준의 의문은 학문을 공고히 하는 데에는 도움이 되지 못한다. 글 속에서 자기가 원하는 정보만을 찾고자 하며 읽어도 의문은 일어나지 않는다. 자신의 목적이 분명하므로 쓸모가 있다 혹은 쓸모가 없다하고 판단해버리기 때문이다.

의문을 갖고 읽기란 글의 내용을 정확하게 이해한 후 자기 생각과 글쓴이의 생각을 나란히 띄워 놓고 견주어 보면서 읽는 것이다. 자기 생각이 글쓴이의 생각보다 옳다고 주장할 필요도 없고, 글쓴이의 생각에 감화되어 자신을 비하할 필요도 없다. 지금까지 자신이 옳다고 생각했던 것과 작가가 말하는 바의 차이를 분명히 하면 의문도 분명해진다. 의문이 분명해야 답을 얻을 수 있다. 의문을 통해 답을 얻게 될 때 인식의 영역이 넓어지고 생각의 틀이 달라지는 것이다.

배운다는 것은 생각의 틀을 넓혀가는 과정이다. 배움이 적은 이는 자기가 가진 하나의 틀로 세상을 보기 때문에 고집스럽다. 적게 아는 이는 자신이 아는 것으로 세상을 판단하려 하기 때문에 편협하다. 그러나 많은 의문을 해결하면서 읽은 사람은 생각의 틀이 넓고 유연하고 겸손하다.

자기 힘으로 핵심을 파악하며 읽는다

스스로 글을 읽지 못하는 학생들을 많이 본다. 글자는 유창하게 잘 읽지만 읽고 난 후 읽은 글의 내용을 파악하지 못하는 경우가 많다. 학생들은 대개 읽고 난 후 선생님의 해설을 기다린다. 그리고 가정으로 돌아가면 잘 해설해 주는 인터넷 선생님의 이야기를 듣거나 참고서를 본다. 오랜 시간 공부하지만 자기 힘으로 글을 이해하는 것이 아니라 잘 이해한 사람의 이야기를 듣고 받아들이는 것이다.

스스로 읽는 힘은 스스로 공부해 나가는 힘이다. 글의 내용을 빠르고 정확하게 노력을 덜 들이고 습득하게 해 주고 싶은 욕심이 학생 스스로 읽는 힘을 거세하지 않았나 반성해 보아야 한다. 학교에서도 듣고, 학원에서도 듣고, 가정에서도 듣는다. 듣는 것도 정보를 받아들이는 좋은 경로이지만 그것만으로는 부족하다. 들으면서 정보를 얻게 되면 깊이 생각할 겨를이 없다. 계속 흘러나오는 설명 속에서 정보를 받기도 벅차서 정리하고 의문을 가지고 핵심을 파악하기는 어렵다. 그래서 친절한 인터넷 선생님들은 이것이 핵심이라고 또 강조해준다. 학생들과 학부모들은 이런 명확한 강의에 신뢰를 보낸다. 참으로 걱정스러운 일이다.

스스로 읽고, 생각하고, 정리하고, 의문을 가지고, 핵심을 파악하고, 자기 생각을 만들고, 검증하는 과정이 스스로 배우는 힘을 기른다. 그런데 이 과정이 힘들까봐, 시간이 많이 걸릴까봐, 아이들이 그 시간에 더 많이 공부하도록 하기 위해 그 수고를 어른들이 대신 해 주고 있다. 잘 정리된 결과만 따 먹어 온 아이들은 거친 날것의 글을 읽어내지 못한다. 글을 앞에 두고 읽으려 하기보다는 먼저 요약본을 찾는다. 모르는 낱말이 있어도 찾거나 묻지 않는다. 설명해 주면 중요한 것인가 보다 생각하며 한 번 눈여겨볼 뿐이다. 문장이 길면 인내심을 갖고 읽어내기보다 책을 덮고 잘 요약해서 말해주는 인터넷 강의를 켠다. 읽기가 이렇다 보니 쓰기는 말할 것도 없다.

자기 힘으로 읽도록 해야 한다. 자기 힘으로 읽고 모르는 부분을 이해하기 위해 시간을 들이고 노력을 들여야 한다. 타인에게 의존하는 공부가 아니라 스스로 개척하는 공부를 해야 한다. 잘 읽는 누군가가 말해주는 것을 들어서 아는 공부는 위험하다. 읽을 때도 전달할 때도 읽는 이, 전달하는 이의 가치관과 의도가 개입되기 때문이다. 이것은 글쓴이와 직접 소통하지 못하고 중개인이나 대변인을 통해 소통하는 것과 같다.

학생들이 글을 통해 원하는 지식과 정보를 직접 얻을 수 있는 힘을 길러주려면 자기 힘으로 읽도록 해야 한다. 자기 힘으로 읽어야 무엇을 알고 무엇을 모르는지 스스로 파악할 수 있고 의문도 생긴다. 스스로 읽고, 스스로 질문하고, 스스로 해답을 찾으려고 노력해야 한다. 노력해도 풀지 못하는 답답함이 생길 때 선생님을 찾도록 가르쳐야 한다. 그렇게 배우는 습관이 몸에 익어야 한다.

공자는 『논어(論語)』 「술이(述而)」에서 '마음 속으로 분발하지 않으면 열어주지 않고, 애태워하지 않으면 말해 주지 않는다.'고 하였다. 알고자 하는 마음으로 안타까움이 있을 때 알려 주어야 배움이 일어나는 것이다. 이것이 단비교육이다. 아이가 배움에 목마르고 스스로 의문을 풀고자 애태우면서 매진할 수 있도록 하는 것이 단비교육이다.

강(講)을 통해 배우기

선생님은 강(講)으로 배움을 열어준다

강(講)은 '풀이하다, 해석하다, 사리(事理)를 풀어 밝히다' 등의 의미를 갖는 글자로, '강론(講論)', '講義(강의)', '講讀(강독)' 등에 쓰이는 한자다. 서당에서는 선생님이 학동들에게 책의 내용을 풀이하여 일러주는 것, 학생이 선생님 앞에서 배운 글을 외고 그 뜻을 말하는 것 등으로 강(講)이 이루어진다. 그러나 학문의 깊이가 더해가면 배운 것을 단순이 외워서 말하는 것을 넘어서 자신이 익힌 바를 선생님 앞에서 펼치는 것, 선생님께 배운 것을 토대로 자신이 이룬 학문적 성과를 보이고, 나아가 선생님과 토론을 주고받는 형태로 강(講)이 이루어진다. 그러므로 강(講)은 배움을 얻기 위해 선생님과 학생, 학생과 학생 간에 이루어지는 대화라 할 수 있다.

우리 전통 교육은 한 사람의 스승으로부터 한 사람의 제자에게로 가 닿는 교육이다. 한 명의 스승으로부터 몇 십 명, 몇 백 명의 학생에게로 전파되는 지식의 전달이 아니라 한 사람의 학생과 한 사람의 스승이 정신을 교류하며 함께 성장하는 과정이다. 그렇기 때문에 학생은 스승을 찾아 먼 길을 오고 스승은 학생을 만난 후 그를 제자로 받아들이기도 하고 받아들이지 않기도 한다. 이런 만남으로 배움을 시작하기 때문에 교육은 관계의 시작이고 교류의 시작이었다.

한 명의 학생이 스승을 만나면 그 때부터 그 학생을 위한 하나의 교육과정이 시작된다. 선생님은 학생의 성향과 능력, 학문의 정도를 파악하여 학생에게 맞는 커리큘럼을 만든다. 그러므로 한 선생님 아래 많은 학생이 함께 공부해도 모두 다 스승과는 일 대 일의 관계를 형성한다. 학문을 중심에 두고 그 학문의 내용을 전달하고 전달 받는 입장이 아니라 학문과 그에 대한 선생님의 견해를 통해 성현을 만나고 선생님을 알아가는 것이다. 학생은 성현과 선생님과 자신을 마음속에 띄워 놓고 말씀에 담긴 의미를 헤아리고 삶에 실천하려고 애쓰면서 자신을 이상적인 인격체로 바꾸어가게 된다. 이런 과정이 우리 전통교육에서의 배움이었다. 그러그로 강(講)은 성현과 학문의 세계로 가는 첫 번째 문으로 들어서는 것이라 할 수 있다. 이 문을 스승이 학생을 위해 열어주는 것이다.

학생은 강(講)을 통해 자신의 견해를 가진다

전통 교육에서 학생들은 자기의 견해를 먼저 내세우지 않는다. 먼저 성현의 말씀을 온전히 이해하려고 노력한다. 글자 하나, 구절 하나하나의 의미로부터 왜 그런 말씀을 하셨는지 그 맥락을 이해하고, 말씀 속에 담긴 성현의 사상을 헤아린다. 깊이 있는 이해가 앞서지 않은 비판은 허용되지 않았다. 실체를 제대로 아는 것이 학문의 기본자세이기 때문이다.

그래서 전통 교육에서는 학생이 선생님 앞에서 배운 것을 외우고 그 뜻을 풀이하여 말씀드리는 강(講)을 중시했다. 선생님은 학생의 강(講)을 통해 배움이 어느 정도인지, 잘못 이해한 부분은 없는지를 확인할 수 있다. 요즘 같이 배워야 할 것이 넘쳐나는 시대에 배운 내용을 외운다는 것은 비경제적인 일이라고 생각하는 사람들이 많다. 그러나 이 시대가 필요로 하는 창의력과 유연성은 통달에서 오는 것이다. 자신이 알고 있는 지식을 상황에 맞게 가공하여 새로운 세계를 열려면 원리를 정확히 알고 있어야 한다. 상상은 누구나 할 수 있지만 상상을 실현시키는 것은 원리를 통달한 사람이 할 수 있다.

외운다는 것이 얼마나 유용한지는 구구단을 생각해 보면 자명하다. 구구단은 단순히 계산을 빠르게 하는 용도에 그치는 것이 아니다. 구구단을 알면 한눈에 파악하는 수의 영역이 달라지고, 수들이 어떻게 모이고 나뉘는지 알게 될 뿐 아니라 논리적인 사고력과도 관련이 된다. 한 영역에 능통한 사람이 보는 사물과 능통하지 않은 사람이 보는 사물이 다르다. 경전을 통해 성현이 말하는 세상의 이치를 만난 이와 만나지 못한 이는 세상을 이해하는 정도가 다르다. 한 귀퉁이를 보고서 전체를 알 수 있는 능력은 전체에 대한 의문을 가지고 깊이 공부해 온 과정이 있기 때문에 가능하다.

빠르게 변화하는 현대 사회에서 많은 것을 널리 아는 것도 필요하지만 정확하게 아는 것도 중요하다. 특히, 기초적이고 근원적인 것이라면 정확하게 알아야 한다. 정확하게 알기 위해서는 자신을 내려놓고 먼저 공부한 이의 것을 받아들여야 하고, 이해하려고 노력해야 한다. 그리고 자신의 앎이 정확한지 확인하는 과정이 필요하다.

강(講)은 먼저 공부한 옛 학자와 스승의 견해를 만나는 시간이면서 동시에 학생 스스로의 견해를 만들기 시작하는 시간이다. 배운 것을 외우고 해석함으로써 제대로 이해하고 있는지를 확인 받고, 자신의 견해를 말함으로써 대화의 장이 열리는 것이다. 스승과의 대화를 통해 생각이 정교화 되고, 배운 것이 자기의 것이 되고, 자신의 삶 속에서 스며들게 되는 것이다.

세상을 살아가는 것은 결국 우리 자신의 몫이고, 삶은 자신이 가진 가치관이 만드는 것이다. 삶의 모습을 좌우하는 가치관은 스승이나 성현이 주는 것이 아니다. 비록 그들에게서 영향을 받았더라도 결국은 자신이 만드는 것이다. 이런 가치관을 만드

중종대왕실록: 〈국립고궁박물관〉

는 과정이 학생이 선생님 앞에서 하는 강(講)을 통해 이루어져 온 것이다.

학생이 학생에게 질문하고 답하면서 생각을 넓힌다

학생이 한 스승의 제자가 된다는 것은 그 스승으로부터 배우는 다른 제자들과의 교류를 시작한다는 의미이다. 그래서 그들은 서로 영향을 주고받으며 성장하는 도반이 된다. 도반은 서로 강(講)하고 토론하면서 배우고 깨달은 것을 공유하고, 자기 견해의 문제점을 보완하여 공고히 함으로써 자기의 가치관과 세계관을 만들어 간다. 그리고 도반들이 서로 영향을 주고받으면서 배워가는 과정에서 학풍도 만들어진다.

조선왕조실록의 성종 17년 4월 기록을 보면 '선정전(宣政殿)에 나아가 예문관 부제학(藝文館副提學) 유권(柳睠) 등 15인에게 『서경(書經)』을 강(講)하게 하고, 또 두 사람씩 차례로 난해(難解)한 곳을 서로 묻게 하여, 해가 저물어서야 파(罷)하였다.'고 기록되어 있다. 두 사람씩 차례로 난해한 곳을 서로 묻게 했다는 부분에서 하브루타를 떠올리게 된다. 서로 묻고 답하면서 질문과 답을 함께 찾고 공유한 것이다. '해가 저물어야 파하였다.'라고 한 것으로 보아 질문은 구절의 의미로부터 해석, 숨겨진 의미, 가치까지를 찾아가는 과정으로 이루어졌을 것이라 추측된다.

서경은 유교에서 가장 이상적인 제왕으로 숭배하는 이제삼왕(二帝三王: 요, 순, 우, 탕, 문무)이 몸을 닦고 집안을 화목하게 하고 나라를 다스리고 천하를 평화롭게 했던 기록을 담은 책으로, 정치뿐만 아니라 민생에 관련된 내용들이 광범위하게 들어 있어서 임금과 신하들의 필독서였고 과거시험 과목이기도 했다. 정치인으로서 가져야 할 덕목을 담고 있는 경전을 외우고 해석하고 토론하는 일은 정치인에게 반드시 필요한 과정이라 여겼기에 배우고, 숙독하고, 함께 논의하는 과정을 거치면서 정치에 대한 생각, 백성에 대한 생각들을 정립해 나갔던 것이다. 이 외에도 실록의 기록들을 보면 임금이 '경연에 나아가다, 주강에 나아가다, 석강에 나아가다'와 같은 기록들을 자주 볼 수 있는데, 왕이 배움을 게을리 하지 않았으니 신하들이야 더 말할 것도 없다.

함께 배우는 벗들이 서로의 생각을 드러내고 상대의 생각을 자기 생각과 견주고 생각을 넓혀가는 과정은 배움이 한쪽으로 치우치지 않고 균형을 잡게 해 준다. 홀로 자기 견해에 빠져 있으면 편협해지기 쉽다. 다양한 관점과 다양한 시각으로 학문과 현실을 접목시킬 때 학문은 실천으로 이어지는 힘을 갖게 되는 것이다.

쓰기를 통해 자기 생각을 드러낸다

읽은 것이 자기 것이 되려면 깊이 고찰하는 시간이 필요하다. 그런데 생각이란 형태가 없는 것이라 생겨났다가도 곧장 사라져서 깊은 생각으로 끌어가기에는 한계가 있다. 게다가 생각은 분명한 언어로 떠오르지 않을 때가 많다. 형태가 고정되어 있지 않고 변화가 빠른 생각을 붙드는 방법이 쓰기이다.

쓰기란 배운 것을 자기 속에서 익혀서 다시 풀어내는 작업이다. 배운 것이 정연하고 언어로 풀어져 나오지 않으면 배움이 튼튼하지 못한 것이다. 듣는 것으로는 자신의 배움이 어느 정도인지 알지 못한다. 문답으로 답답함을 푸는 것은 배움을 정밀히 하는 방법이지만 한 부분 한 부분을 정밀히 알게 된 것으로는 앎을 이루었다 할 수 없다. 쓴다는 것은 배움을 한 줄에 꿰어 내는 일이다.

삶과 연결되지 않은 지식은 의미를 부여받지 못한 지식이어서 쉽게 사라진다. 단편적인 조각 지식은 저 홀로 기억 속에 머물다가 사라져 버린다. 새로 배운 것은 내면에서 이미 만들어져 있는 생각의 그물에 연결되어야 한다. 한 귀퉁이를 들면 나머지 귀들이

들려 올라와야 한다. 새로 배운 것이 알고 있는 지식과 연결되지 못하여 배움의 영역을 키우지 못하면 억지로 기억해야 할 조각 지식만 늘어나서 사람을 힘들게 한다.

새로 배운 것을 내면에서 재정립하여 자기 것으로 만들려면 써 보는 것 만한 것이 없다. 쓰게 되면 막연하고 애매했던 생각이 분명해지고 자신의 내면에 있던 생각이지만 꺼내서 객관적으로 살펴볼 수 있다. 자신의 생각을 객관화시켜 검증해 보는 일은 배우는 사람이 갖추어야 할 자세이다. 자기 생각을 검증하는 일 없이 배운 것을 모두 자기 것으로 알게 되면 내면에서 생각이 충돌하게 되고 일관된 생각을 정립할 수가 없다. 그리고 새로 배운 것에 혹하여 다른 사람의 앎이나 과거의 앎을 무시하게 되는 우를 범할 수도 있다. 조선 선비 이덕무는 '능히 같고 다른 것을 고찰해서 옳고 그름을 갈라 판단하고, 의심나는 것을 직접 기록하고 변론을 덧붙인다면 앎이 더욱 깊어지고 마음을 붙임도 더욱 굳세게 될 것이다.'라고 하였다. 쓰기는 스스로의 앎을 고증하는 한 방법이다. 쓴다는 것은 내면에 든 배움을 다시 꺼내서 살펴보게 하는 중요한 작업이다. 한 편의 글을 완전히 이해했는지 확인하기 위해서도 필요하고 자신의 생각이 서로 모순되지 않은지를 검증하기 위해서도 필요하며 배운 조각들을 큰 덩어리의 생각으로 만들기 위해서도 필요하다. 그러므로 단비교육에서는 읽기와 더불어 쓰기도 중요한 학습단계다.

평가를 통해 배움 확인하기

개인의 학습 속도에 맞도록 평가한다

우리 전통 교육은 개인 맞춤형 수업으로 교육이 이루어졌다. 정해진 입학식도 졸업식도 없었고 한 학생이 들어오면 그 학생에게 맞는 그 학생만의 교육과정이 만들어졌다. 학생이 이미 가지고 있는 학업 수준과 능력을 선생님이 평가하여 어느 책으로부터 시작할지 정하고, 학생의 수준에 맞게 수업이 이루어지는 것이다. 오늘날처럼 한꺼번에 삼십 명이 같은 교재를 가지고 같은 속도로 공부해나가는 구조가 아니었다. 그렇기 때문에 평가 또한 그 학생만을 위한 평가가 이루어졌다.

수업이 개별적으로 이루어지니 평가도 개별적으로 이루어지는 것은 당연한 일이었다. 배우는 교재가 학생마다 다르고 배우는 속도가 다르니 배움을 평가하는 기준과 방식도 달라야 하는 것이다. 배움이 다르고 평가가 다르니 학생들은 경쟁의 상대가 아니다. 오직 자신이 세운 목표에 따라 공부를 해 나가고 평가 또한 자신이 공부한 내용을 선생님께 확인 받는 것이다. 오늘날 강조하는 수업 밀착형평가, 과정 중심 평가가 이미 과거에 이루어지고 있었던 것이다.

오늘날 학교에서 특정 과목에 학습 포기 학생이 많이 나타나는 이유는 또래 집단아이들의 속도를 못 따라 감으로써 생기는 학습 부진이 누적되기 때문이다. 누적된 학습 부진은 결국 학습 포기 상태로 학생들을 밀어 넣는다. 특정 과목에 대한 이해 정도가 앞서거나 뒤쳐져도 학생의 능력이나 학업 정도와는 상관없이 누구나 1년이 지나면 진급을 하게 된다. 이런 교육 시스템은 일부 학생에게는 혜택이지만 대다수 학생에게는 불합리한 것이다. 천천히 가더라도 꼭 필요한 공부를 차근차근 해 나가는 것이 오히려 학생들에게 도움이 된다. 동일한 시기에 진급해야 한다는 것 때문에 많은 학생들이 학교에서 보내는 많은 시간을 소모적으로 보내는 경우가 많다.

전통 교육에서는 공부를 시작하는 시기도 학생의 상황에 맞게 학생과 학부모가 결정했고, 학습 속도도 학생에게 맞도록 진행했다. 그리고 평가 또한 학생의 학습 수준과 속도에 맞게 이루어졌다. 평가가 학생의 학습 속도에 맞게 이루어지니까 학습 포기 상태가 나타나는 일은 적었다. 제각기 성향과 능력이 다른 학생들을 한꺼번에 같은 지점을 향해 달리도록 하는 경기는 불공정하다. 경기 방식 때문에 달리는 목적을 잃어버린다. 배움이 목적이어야 할 교육이 경쟁에서 이기는 것으로 변질되어 버리는 것이다. 이런 점에서 전통교육의 평가 방식은 지금의 우리 교육을 돌아보게 만든다.

완전학습이 이루어지도록 평가한다

과거 우리의 교육은 많은 학습량을 숨 가쁘게 소화해 내는 교육이 아니었다. 학생의 능력에 맞는 정도의 교육을 학생의 속도에 맞도록 공부하도록 했고, 학습한 내용은 완전학습이 되도록 평가했다. 완전학습을 위한 교육과 평가는 시대에 상관없이 언제나 중요시 해왔다.

전통교육에서는 완전학습을 위해 그날 배운 내용을 그날 선생님 앞에서 강(講)함으로써 확인을 받는다. 어린 학습자의 경우는 배운 내용을 외우는 것으로, 배움이 쌓인 학습자는 학습한 내용을 외우고 해석하고 자신의 견해를 말함으로써 확인을 받는다. 하루의 공부가 완전해야 다음날의 공부로 넘어갈 수 있었다. 그러므로 누적된 학습 부진 현상이 일어나지 않는다.

일강으로 완전학습에 이른 것을 확인하고도 열흘에 한 번씩 다시 선생님 앞에서 강(講)함으로써 다시 새기고, 한 달 간 배운 것을 모아서 선생님께 강(講)함으로써 다시 되새기고, 일 년간 배운 것을 다시 강(講)함으로써 완전학습에 이르도록 했다. 이는 시간이 지나면 배운 것이 잊혀지기 때문에 다시 되새기게 하는 효과가 있고, 과거에 배운 것들을 새로 배운 내용들과 관련지어 생각의 세계를 넓히는 효과도 있다. 무엇보다 개인의 학습 속도를 학생과 선생님이 알게 되고, 학생의 학습 속도에 맞추어 학습을 진행할 수 있기 때문에 학습자가 학습에서 소외되는 일은 생기지 않는다.

배움이 행동으로 드러났을 때 배움을 인정한다

소학: 어린이들을 가르치기 위해 주희(朱熹)와 그의 제자 유자징(劉子澄)이 편찬한 책으로 내편4권, 외편2권으로 총 6권으로 구성된 책이다.〈한글박물관〉.

단비교육에서의 학습은 배운 것이 행동으로 드러났을 때 제대로 배웠다고 인정한다. 배움은 삶을 위한 것이다. 우리가 가르치고 배우는 것이 삶과 관련이 없다면 의미가 없는 것이다.

과거 서당에서는 초학들에게 사자소학으로 공부를 시작했는데, 사자소학(四字小學)의 내용들을 외우고 해석하는 것만으로는 온전히 배웠다고 인정하지 않았다. 사자소학은 소학의 외편 중 두번째 권인 선행(善行)에서 따온 4자1구의 성어를 효행편, 형제편, 사제편, 붕우편, 수신편으로 엮어 만든 책이다. 사자소학은 아이들이 어렸을 때부터 지켜야 할 생활규범과 예법을 구체적으로 가르치는 교재인데, 선생님께 배운 내용을 생활 속에서 실천했을 때, 그리고 그 실천이 몸에 익어서 습관화 되었을 때 비로소 배웠다고 인정했다.

부모님께서 나를 부르시거든 빨리 대답하고 달려 나가고, 부모님께서 나를 부리시거든 거스르지 말고 게을리 하지 말라.

글자를 배운 것만으로는 배움이 아니었다. 글로 배운 내용을 몸으로 마음으로 실천할 때 배운 것이었다. 사자소학만이 아니다. 사대부들의 배움 또한 이와 다르지 않았다. 배운 내용을 사회적으로 실천할 때 비로소 배운 이로 인정받았고 군자로 불리어졌다. 오늘날 우리가 가르치고 배우는 교과는 과거의 공부와 다르다고 할지 모르겠다. 그러나 다시 생각해 보면 학생들에게 가르치는 어느 교과가 삶과 관련이 없단 말인가. 다만 가르치는 이가 삶과의 관련성을 모르고 가르쳤거나 배우는 이가 눈앞의 목표에 마음이 쏠려 배움의 목적을 잊은 것이다.

배움의 목적은 삶을 키우고 가꾸는 데 있다. 경쟁에서 이기기 위한 공부가 아닌 삶을 풍요롭게 하는 공부로 돌아가야 한다. 배움이 삶과 밀착될 때 학생들은 배움에 목마름을 느끼게 된다. 배움에 목마른 학생에게 배움을 열어주고 뚫어주는 교육이 되어야 한다는 것이 단비교육이 추구하는 바다.

제 III 부

한국 전통교육에서 길을 찾다

제 8 장

전통교육 속의 단비교육

수석교사 **우장문**

배움에 목말랐던 우리 조상

고구려에서는 백정과 마부도 책을 읽었다

우리나라는 주변에 어떤 학교가 있느냐가 집값을 좌우하기도 하고, 대학입학수능시험일의 듣기평가가 실시되는 시간에는 비행기도 제대로 뜨지 못할 정도로 학업에 대한 관심이 매우 높다. 자식을 공부시키기 위하여 외국에 보내고 아버지 혼자 유학비를 벌면서 외로운 생활을 하다가 죽음에 이르는 안타까운 사연이 종종 알려질 정도로 학구열은 가히 세계 최고라고 할 수 있다.

이러한 우리의 학구열은 한강의 기적을 만들었고, 작은 영토를 가졌지만 세계가 부러워하는 경제 대국으로 성장할 수 있는 바탕이 될 수 있었다.

지나치리만큼 학구열이 큰 것은 최근의 현상만은 아니다. 이미 삼국시대부터 학구열에 대한 기록을 찾을 수 있다.

중국의 『구당서』에는 고구려의 교육기관인 경당에 관하여 다음과 같이 기술하고 있다.

> "풍속이 서적을 사랑하여 고기를 파는 백정이나 마구간에서 말먹이는 천한 일을 하는 집에 이르기까지 각각 거리에 큰 집을 지어 이름을 경당[偏堂]이라고 하였다. 자제가 밤낮으로 여기에서 책을 읽고 활쏘기를 배워서 익히니 그 읽는 책은 오경과 『사기』, 『한서』, 범엽의 『후한서』, 『삼국지』, 손성의 『진춘추』, 『옥편』, 『자림』이다."

고기 파는 백정과 말먹이는 마부까지 공부를 했다는 것은 교육에 대한 열의가 얼마나 많았는지를 보여주는 예이다. 고구려 사람들은 중국 사람의 눈에 신기하리만큼 책을 많이 읽고, 활쏘기 등을 하였음을 보여주는 것이다. 또 경당에서 백정이나 마부까지도 공부했다는 것은 전국 곳곳에 수많은 경당을 만들어 많은 사람들이 공부했음을 보여주는 내용이다.

고구려에는 귀족교육을 담당했던 국가 최고 교육기관인 태학이 있었다. 이 태학이 귀족을 중심으로 소수에게만 교육을 담당했다면 경당은 누구나 쉽게 접근하고 배울 수 있는 초등교육기관 정도의 역할을 했을 것으로 추정된다. 뿐만 아니라 경당은 국가 주도로 만들기 보다는 지역의 주민들이 자발적으로 만든 민간교육기관이었다.

경당은 초등학교 정도의 교육을 했다고 추정은 하지만 오경은 물론 『사기』, 『한서』, 『삼국지』 등을 공부했다는 것은 학문적 깊이는 물론 풍부한 지식도 익혔음을 알 수 있다. 그리고 활쏘기를 배워서 익혔다는 것은 사냥이나 무술을 매우 중시했음을 보여주는 내용으로 만주 지방을 지배하고 수·당의 침입을 격퇴하는 등 동북아시아의 강자로 군림하는 데는 경당의 역할이 매우 컸음을 알 수 있다.

신라의 젊은이들은 학습 의지를 돌에 새겼다

삼국 중 가장 늦게 국가 조직을 갖춘 신라가 삼국 통일이라는 대업을 이룰 수 있었던 것은 교육의 역할이 매우 컸다. 황산벌 전투에서 백제의 명장 계백 장군과 맞서 이길 수 있었던 원동력은 목숨을 걸고 백제 진영으로 두 번이나 홀로 돌진했던 어린 관창이 매우 중요한 역할을 했다. 어린 관창이 기꺼이 목숨을 바칠 수 있었던 것은 교육의 힘이 그 바탕에 있었기에 가능했던 것이다. 관창이 나라를 위해 희생할 수 있는 용기를 배운 곳은 화랑도였다. 화랑도는 학문을 익히는 데서 끝난 것이 아니라 무술은 물론 아름다운 산과 큰 강을 찾아다니며 몸과 마음을 수련했기에 가능했던 것이다. 자연의 이치를 깨닫고 이를 즐길 수 있는 마음을 가지면서 호연지기를 꿈꿀 수 있었던 것이다. 단순한 지식 암기만으로는 진정한 충성심이 생겨나지 않았을 것이다. 수련을 하면서 자연스럽게 많은 이야기를 나눌 수 있었고 자연과 함께하면서 진정한 삶이 무엇인가를 깨달을 수 있었기에 가능했던 것이다. 그런 측면에서 현재의 교육 방법을 되돌아볼 필요가 있다.

화랑도가 어떻게 시작된 단체인지는 잘 알려져 있지 않다. 그러나 촌락공동체적인 전통과 중국 율령의 도입을 통해서 배운 관청 조직의 원리를 교묘하게 결합시켜 만든 조직체였다. 화랑 조직은 고구려의 경당과 비슷한 기능을 했던 것으로 생각된다.

화랑도가 연마한 도의는 진평왕 때 원광법사가 제정한 세속오계(사군이충, 사친이효, 교우이신, 임전무퇴, 살생유택)이다. 그 가운데서도 특별히 귀중하게 여기던 사회윤리 덕목은 충과 신이었다. 이러한 내용은 신라의 두 젊은이가 3년 내에 어떤 공부를 하겠다는 각오를 새긴 '임신서기석'을 통해서도 확인할 수 있다.

임신서기석

"임신년 6월 16일에 두 사람이 함께 맹세해 기록한다. 하늘에 맹세한다. 지금부터 3년 이후에 충도(忠道)를 지니고 허물이 없기를 맹세한다. 만일, 이 서약을 어기면 세상에 큰 죄를 짓는 것이라고 맹세한다. 만일, 나라가 편안하지 않고 크게 세상이 어지러워지면 모름지기 충도를 행할 것을 맹세한다. 또한, 따로 앞서 신미년 7월 22일에 크게 맹세하였다. 즉, 시·상서·예기·전을 차례로 습득하기를 맹세하되 3년 내에 하기로 하였다"

이러한 내용을 두 명의 젊은이가 돌에 정성들여 새기면서 학문을 연마하고자 맹세를 했다는 것은 당시 사람들이 어떤 과목을 공부했었는지 파악할 수 있다는 점에 의의도 있지만 더 중요한 7

것은 누가 시킨 것이 아니라 스스로 하고자 다짐하면서 적었다는 점이다. 이는 하나의 단면에 불과하지만 부모의 지나친 관심 속에서 틀에 짜인 학습 방법에 의하여 하나하나 만들어지고 있는 현재의 청소년들과 많이 비교되는 점이다.

단비교육이라는 것은 신라의 젊은이들이 스스로 하고자 했던 이러한 자발성을 불어넣어 주는 것이다. 시키는 것이 아니라 스스로 하고자 하는 의욕을 가진 학습자에게 필요한 내용을 적절하게 제공해주는 것이다.

독서삼품과는 신분보다 실력을 중시했다

통일신라는 원성왕 4년(788)에 독서삼품과라는 일종의 국가시험제도를 시행하였다. 철저한 신분제도에 의해 진골귀족들이 고위직을 모두 독점했던 관리 등용제도가 정착되었던 상황에서 새로운 관리 등용 방법을 시도하려고 했던 것이다. 기존의 틀로는 학문의 발달을 크게 기대할 수 없는 것은 물론 몇 몇 가문에 의하여 권력이 독점되는 폐단을 고쳐보려는 의미도 담긴 제도였다. 즉 기존의 관리 등용에 대한 불만을 해소하기 위하여 종래의 골품제에 따르지 않고 국립대학인 국학에서의 학문 성적과 시험을 통하여 관리를 등용하고자 했던 제도이다. 이 제도는 다음과 같이 구분하여 관리를 등용하고자 하였다.

상품: 춘추좌씨전, 예기, 문선을 읽고 그 뜻에 능통하며 논어, 효경에 밝은 자
중품: 곡예, 논어, 효경을 읽은 자
하품: 곡예, 효경을 읽은 자
특품: 5경과 3사, 제자백가에 겸하여 능통한 자는 순서를 뛰어 넘어 등용

독서삼품과는 기존에 골품제를 중심으로 이루어졌던 진골 중심의 관리 등용을 막고 인재 등용의 형평성을 시도하고자 했던 것이다. 그러나 기득권 세력인 진골귀족의 반대에 의하여 좌절되었다. 자발성을 바탕으로 학문의 발전을 꾀하고자 했던 독서삼품과는 실패한 것이다. 결국 실패는 학문의 경직성을 가져왔고 사회의 틀을 깨는 데도 실패한 것이다. 실력보다는 신분만을 중시하다가 결국 신라는 멸망의 길을 걷게 된 것이다. 학문을 스스로의 욕구와 자발성에 의하여 발전시키려 한 것이 아니라 사회의 틀에 갇히게 한 것이다. 자발성을 꺾어버린 독서삼품과의 실패는 교육 방법과 학습 방법을 연구할 때 반드시 생각해 볼 숙제다.

고려시대에는 사립학교를 더 선호했다

고려시대에는 어느 시기보다도 사립교육이 발달했었다. 국가 최고의 교육기관이었던 국자감의 교육 기능을 살리고자 국가적인 차원에서 많은 노력을 기울여야 할 만큼 사립 교육이 크게 발달했던 것이다. 이러한 사립 교육의 성향은 서당교육과 사학 12공도를 통하여 확인할 수 있다.

대표적인 초등 사립학교인 서당이 조선시대에 크게 발전하였지만 그 시작은 고려시대부터라고 할 수 있다. 고려시대 서당에 대한 기록은 송나라 사람 서긍(徐兢)이 지은 『고려도경』을 통해 알 수 있다.

> "여염집들이 있는 거리에는 경관과 서사들이 두셋씩 마주 바라보이고, 이곳에 백성의 자제들이 무리로 모여 스승에게 책을 배우며, 조금 장성하게 되면 뜻이 맞는 사람끼리 벗을 택하여 절간으로 가서 글을 익힌다. 그리고 아래로는 코흘리개 어린이까지도 역시 향선생(鄕先生)에게 배운다."

이와 같은 기록은 고려시대에도 이미 조선시대의 서당과 같은 민간 교육기관이 존재했음을 보여주는 것이다. 서당이 고려의 향교나 성균관은 물론 사학 12공도의 발전에 토대가 되었음은 두말할 나위가 없다.

고려시대는 국립대학인 국자감보다는 과거시험 위주로 교육했던 사립학교가 교육의 중심에 있었다. 사립학교의 성격을 띤 12공도 중에서 처음 설립한 사람은 '해동공자'라고 칭송을 받고 과거시험 감독관인 지공거를 수차례 지낸 후 은퇴하여 문헌공도(9재학당)를 설립한 최충에 의해서이다. 이후 지공거 등을 지낸 학자 출신의 여러 관료들이 은퇴 후 세운 학교가 11개에 이르면서 문헌공도와 함께 12공도, 혹은 12공도라 부르게 되었다.

12공도가 폭발적인 인기를 누릴 수 있었던 것은 당면 목표인 과거를 준비하는 학교의 성격을 띠고 있었기 때문이다. 또 과거에 치중하는 사회풍토 속에서 12공도 출신자들이 대거 과거에 합격하여 관직에 등용되자 성황을 이루게 된 것이다. 당시 귀족들의 성향이 글을 짓는 제술과를 중시하는 경향이 강했으나 국자감은 유교경전 중심의 교육과정이라서 사립학교가 성하는 원인이 되기도 하였다. 12공도가 중시되었음은 고려의 대학자인 이제현의 언급에서도 확인할 수 있다.

> "위로는 공경의 높은 관직을 지내고 있는 자에서부터 아래로는 지방에서 과거 공부하는 이에 이르기까지 모두 문헌공도에서 성인의 도를 익혔다."

12공도의 교육수준은 국자감과 비슷하였으나 국가의 교육기관인 국자감의 존재 자체를 고심할 정도로 고려 교육을 주도했다. 12공도가 성공할 수 있었던 것은 단순히 과거에 합격률이 높다는 수치로만 이야기 할 수는 없다. 교육방법에 있어서 일방적으로 진행하는 것이 아니라 함께 이야기하고 학습자 개인에 맞는 학습법을 취했기 때문에 가능했던 것이다.

권근은 『이목은 행장』에서 목은 이색의 교육 방법을 다음과 같이 소개하고 있다.

> "고려 말 목은의 교수법은 첫째 본문을 강의하고, 둘째 논란하고, 셋째 같고 다름을 판별·절충하고, 넷째 주된 뜻에 합하기를 힘쓰고, 다섯째 개성의 장점을 취하였다. …… 사방의 학자가 모여드니 여러 공이 경서를 나누어 수업하였다. 매일 강의가 끝나고 서로 모여 의문을 논란하여 각자 그 극에 달할 때 공이 태연히 중간에 들어와 판단, 절충하여 주자의 뜻에 합하기를 힘썼다"

고려시대 교육의 일부를 알 수 있는 내용이지만 교수법이 일방적인 것이 아니라 학생들끼리 논하는 시간을 많이 주었던 것이다. 그리고 개성의 장점을 취했다는 내용은 능력에 맞는 맞춤 수업을 진행했음을 보여주는 것으로 모든 학생에게 같은 내용을 일방적으로 심어주는 현재의 교육 방법에 생각해볼 점이 있음을 살피게 하는 것이다.

이렇게 고려시대의 교육에서도 단비교육의 근원을 찾을 수 있다. 즉, 학생 스스로 성장하게 만들기 위해서는 교사는 중재자 역할만을 하면 된다는 점과 교사는 학생들이 필요로 할 때 필요한 내용을 알려줌으로써 그 효과를 극대화시킬 수 있다는 점이다. 이러한 교육 방법이 단비교육이다.

조선의 서당과 서원은 교육의 기회를 넓혔다

서당은 고구려의 경당으로부터 그 뿌리를 찾을 수 있는 교육기관으로 향촌민을 계도하고 향촌민을 하나로 묶어주며 백성들에게 배움의 기쁨을 선사했던 조선의 사립 교육 기관이었다. 즉, 서당은 민중의 문자교육과 그 마을의 도덕적 학풍을 수립하고 전수하는 데 가장 큰 역할을 했던 것이다. 게다가 신분제를 매우 중시했던 사회였지만 서당의 입학자격은 신분적 제한이 없어 사, 농, 공, 상은 물론이고 천민의 자제들도 입학할 수 있었다. 이를테면 천인, 노비의 신분으로 16, 17세기의 유명한 학자였던 서기, 송익필, 홍세태 등은 모두 서당 출신이었다. 이러한 점에서 서당은 양반들의 사설 교육기관으로서 조선시대의 보편적 교육 실태를 알아볼 수 있는 대표적인 교육기관이라고 할 수 있다.

서당의 설립 목적은 남아들에게 인륜을 가르치고, 향촌사회에 있어서 상하의 분별과 예법 및 유학의 전파에 있었다. 그러므로 서당의 궁극적인 목적은 사학과 향교의 입학을 위한 준비 교육이었으나, 실제적으로는 지방의 청소년들에게 한문을 깨우쳐주고, 유교에 대한 초보적인 지식과 예법을 이해시키는 역할을 하였던 것이다.

서당이 초등교육의 기능을 하면서 비교적 자유롭게 운영되었다면 서원은 같은 사설교육기관이었지만 고등교육을 담당했고 좀 더 엄숙한 분위기에서 운영되었다.

서원은 1543년(중종 38) 풍기군수 주세붕이 고려 말 학자 안향에게 제사지내고 유생을 가르치기 위하여 경상도 영주시 순흥면에 백운동서원을 창건한 것으로부터 시작되었다.

서원은 사적으로 만들어진 것이었으나 교육과 제사 기능이 국가의 인재양성과 교화정책에 깊이 연관되면서 서원의 명칭을 부여한 현판과 그에 따른 서적·노비 등을 내린 경우가 있었다. 즉, 국가로부터 인정을 받는 서원이 생겨나

병산서원

게 되는데 이러한 서원이 사액서원이다. 이황의 요청으로 명종이 '백운동서원'에 대하여 '소수서원'이라는 어필 현판과 서적, 노비를 내리면서 사액서원의 효시가 되었다. 그 뒤 전국의 도처에 서원이 세워지면서 사액을 요구하여 숙종 때에는 크게 늘어났다. 그 뒤 영조 때에는 서원으로 인하여 지방민들이 많은 피해를 보는 폐단을 강력히 단속되면서 사액은 일체 중단되기에 이르게 되었다.

서원 교육은 원장·강장(講長)·훈장 등의 원임에 의하여 수행되었다. 원장은 퇴관한 관료이거나 당대의 유명한 유학자들이 맡는 것이 관례였다. 강장은 경학과 예절에 대한 강문을 담당하고, 훈장은 학문을 부지런히 익히고 덕과 도덕을 가르치는 책임자였다.

서원의 입학 자격은 시대별·지역별 혹은 서원별로 천차만별이었다. 그러나 대체로 서원의 입학 자격은 별로 까다롭지 않았고, 생원·진사를 대상으로 한 것이 일반적이다. 백운동서원·이산서원·서악서원의 원규에는 대체로 생원·진사를 우선 받아들였다. 그 다음 초시 합격자를 입학시켰으며, 초시 불합격자라도 향학심과 부지런한 자로서 입재를 원하면 유사가 유림들에게 승인을 받아 허락하도록 하였다.

무릉서원의 경우에는 나이와 귀천을 막론하고 학문에 뜻을 둔 자는 모두 입학할 수 있다고 규정하였다. 소수서원과 서악서원과 같은 곳에서는 그 고을의 수령 자제는 서원에 체류할 수 없도록 규정하고 있어서 관권개입을 금하였다.

서당도(김홍도)

조선시대 서당과 서원은 입학 자격을 엄격히 제한하지는 않았다. 서당이 누구에게나 기회를 주어 학문적 소양을 기르도록 하였다면 서원은 정원이 정해져 있기는 하였으나 누구나 정원 이외의 사람들이 들어와서 배우는 것 자체를 금하지는 않았다. 이렇게 우리 민족은 학문을 익힐 수 있는 기회가 삼국 시대부터 조선시대에 이르기까지 계속되었음을 알 수 있다.

다름을 인정했던 전통교육

예로부터 우리나라의 교육은 나이에 구애받지 않고 각 개인의 적성과 능력에 따른 교육을 실시하였다. 즉 한국의 전통교육은 재능에 따라 달리 교육하는 인재시교(因材施敎)의 교육 이념을 담고 있다. 인재시교는 사람마다 성품과 소질이 다르니 각 사람의 성품과 소질에 맞추어 교육을 시키라고 한데서 유래한 것이다.

우리의 전통교육은 학생들의 능력에 맞는 교육을 실시하였다. 즉 학습자의 능력에 따라서 학습량을 조절하고 진도를 달리했던 것이다.

조선시대 서당의 교수법을 예로 살펴보면, 『천자문』, 『동문선습』 등을 교재로 하여 한자를 가르치고, 그 다음에 단어를 붙여 음독하게 하였다. 그런 다음에는 구두(句讀)의 문리를 가르치고, 전체의 대의를 파악하게 한 다음, 마지막에는 학습자 스스로 풀이하여 읽도록 하였다. 강독은 개인의 능력에 맞도록 범위를 정하여 놓고 숙독하게 하였으며, 그 읽은 횟수를 세었다. 숙독한 것은 이튿날 암송시켜 통과한 후에 다음 단계로 넘어가도록 하였으며, 암송을 못하면 암송할 때까지 숙독하게 하였다.

하루의 독서량을 그 이튿날 배송(뒤돌아 앉아서 책을 외움)하며 합격한 다음에 새로운 학습으로 나아갔다. 배송은 학동의 능력에 따라 서로 달랐으므로 일종의 완전학습의 형태와 같은 것이다. 만일 배송을 하지 못하는 경우 그의 학업 성취도가 달성될 때까지 반복시켜 완전히 이해시키는 것을 목표로 하였다. 따라서 개인의 능력에 따라 학습 진도가 달라지게 마련이었다. 그러므로 뒤처진 학동들은 자정이 넘도록 등불 아래서 글을 읽는 소리가 끊이지 않았던 것이다.

이와 같이 서당에서는 한 자리에 모여서 수업을 하면서도 개인의 재능에 따라서 그 능력에 맞는 학습량을 제시하고 이를 토대로 수업을 진행하는 인간적인 교육을 진행하였던 것이다. 이는 30~40명의 학생을 모아놓고 일률적으로 수업을 진행하는 현재 우리 교육 상황에서도 심각하게 고민해볼 문제이다.

서당의 교육 방법에 대해서는 이상수의 교수방법을 통해서도 알 수 있다. 이상수는 『발몽정궤』에서 서당에서의 교수법으로 갱신고(更辛苦)와 순승척(循繩尺)을 제시하였는데, 이것은 학습자의 성숙과 준비성에 맞추어 학습을 시키되 힘겹게 무리해서는 안되며, 성취감을 중요시하여 어려운 것도 몇 번이고 되풀이해서 완전히 익혀가도록 해야 한다는 것이다.

갱신고와 순승척은 다음과 같다.

> "갱신고는 아이들을 가르칠 때에 먼저 법을 정하고 구두(句讀)가 간단하여 알 만한 것을 주고 꼭 자기가 풀게 하되 급히 풀게 하지 말고 맞지 않으면 고쳐 풀게 하며 또 맞지 아니하면 또 고치게 하라. 두 번, 세 번 하면 통하지 않는 이가 없듯이 차차 익혀 가면 글 푸는 법례를 알 것이다. 반드시 줄 수를 덜하여 5줄을 감당할 수 있어도 3줄 만 하게하고 차근차근 12, 13줄에 이르게 하라. 내일 배울 것은 먼저 살피게 하고, 구두를 정하여 통달한 연후에 나와 교육을 받게 하고, 싫어하고 사고하지 않는 자는 물리치고 꾸짖고 벌하여 반드시 스스로 힘쓰게 하라. 이대로 하면 어둡고 미련하여 할 수 없는 자는 할 수 없거니와 보통으로는 입학 십 수 년에 경서를 떼지 못할 자는 없는 것이다."

> "순승척은 어떻게 하는 것인가. 아이들을 가르칠 때에 먼저 법을 정하여 반드시 정통하게 외운 후에 가르치고 모르면 물러나서 다시 읽게 하여 이틀을 걸치게 하고 다시 틀리는 자는 반드시 벌하고 미봉책을 쓰지 말며 해석까지 외게 하고 반드시 돌아앉아 외게 하고 배울 적에 꼭 꿇어앉게 하라. 반드시 서상대로 글자를 짚어가게 하고 하루에 읽는 횟수를 정하고 일 회에

읽는 편수를 정하여 어기는 자는 벌하라. 가령 20편을 규정하면 이 수가 못되어도 안 되고 넘어도 안된다. 왜 그런고 하니 한번 정해진 한도를 지나치는 일이 있으면 미치지 못하는 일도 있을 것이기 때문이다."

위와 같은 이상수의 교수법은 '5줄을 감당할 수 있거든 3줄 만에 그치고'라는 글에서 알 수 있듯이 무리하지 말고 서서히 학습량을 늘려 나가면서 완전 학습을 하라는 것이다. 그러면서도 예절을 중시하고 일단 계획을 세웠으면 반드시 철저하게 정통하도록 하라는 것이다. 능력에 맞는 학습량을 제시하되 일단 제시된 내용은 통달하도록 철저한 교육을 해야 한다는 것이다. 학습자에게 과도하게 학습량을 정하지 않도록 하면서도 정해진 학습량은 철저하게 시킨다는 내용이다.

이상수의 교수법은 과거 훈장의 교수 형태를 그대로 드러낸 것으로 역사적 사실을 충분히 증명한 것이다. 그는 주입식을 타파하고, 스스로 깨우치게 하며, 규정을 엄격하게 지키고, 끈기 있게 노력을 다하게 하며, 긴장된 심신을 가다듬게 하였다. 이상수의 교수법을 통해서 우리의 전통교육은 서양식의 교육법에 전혀 손색이 없는 교수법임을 알 수 있다.

이덕무도 『사소절』에서 아동 교수법의 몇 가지 원칙을 제시하였는데, 아동의 재질에 맞도록 진도와 정도를 택하고, 그 뜻을 알기 쉽도록 설명하며 인내를 가지고 가르쳐야 한다는 것이다.

이렇듯 우리나라의 오랜 역사 속에 자리 잡아 온 전통적 교수법은 현대의 어떤 교수법에도 뒤지지 않을 뿐 아니라 오히려 개인의 능력에 따라 개별적으로 학습량을 정했다는 점에서 널리 연구하고 적용되어야 할 것으로 여겨진다. 일방적인 가르침이 아니라 학생의 호흡에 맞추어 함께 호흡해주는 수업, 이것이 단비교육이다.

성균관의 학령은 생활태도를 중시했다

현재 고입이나 대학입시에서 학생의 평소 생활을 매우 중시하고 있으며, 합격 여부에 많은 영향을 미친다. 성적도 물론 중요하지만 어떤 인성을 가지고 있고 평소에 학교와 사회에서 어떻게 생활해왔는지를 중요시 하는 것이다. 평소의 생활 태도를 중시했고 이것을 시험과 연계한 것은 전통교육에서도 마찬가지였다.

조선시대 최고의 과정이었던 성균관에 입학한 유생들은 동재와 서재에 나누어 기숙하면서 공부하였는데, 이들은 아침·저녁 식사 때마다 식당에 비치된 식사했음을 표시하는 명부인 도기(到記)에 서명하게 되어 있었다. 이것은 원점(圓點)을 계산하는 근거가 되는 것으로서, 아침·저녁에 두 번 식당에 들어가 서명해야 원점 1점을 얻게 되어 있었다. 이 원점은 오늘날의 출석 점수와 같은 것으로서 성균관 유생들로 하여금 동·서재에 기숙하면서 학업에 열중하게 하기 위하여 만든 것이다. 원칙적으로 원점 300점을 취득한 자, 즉 통산 교육 300일 이상 기숙하며 공부한 유생에게만 문과 초시인 관시에 응시할 자격을 주었던 것이다.

현재의 모든 학교에 교칙이 있듯이 성균관 유생들도 재학 중 철저히 학령의 적용을 받았는데 그 주요 내용은 다음과 같다.

① 평소에 경서 시험과 제술 시험을 실시하여 그 성적은 연말에 종합하여 식년시(3년마다 행해졌던 과거)에 참작한다.

② 노장·불교 관련·제자백가 관련 서적을 읽는 자, 고담이론(高談異論)을 좋아하는 자는 벌한다.

③ 조정을 비방하는 자, 사장(師長)을 모독하는 자, 권세에 아부

하는 자, 주색(酒色)을 말하는 자는 벌한다.

④ 오륜(五倫)을 범하는 자, 절개를 굽힌 자, 교만한 자, 스스로 자랑하는 자, 사치한 자, 교묘한 말과 보기 좋게 꾸민 얼굴빛으로 남의 환심을 사려는 자 등은 기숙사인 재(齋)에서 쫓아낸다.

⑤ 강경시험(講經試驗)의 점수는 익힌 정도에 따라서 대통(大通)·통(通)·약통(略通)·조통(粗通)으로 나누며, 조통 이하는 벌한다.

⑥ 매월 8일·23일은 정기휴일로 세탁하거나 부모를 찾아뵙는 여가를 준다.

⑦ 해마다 품행이 단정하고 시무(時務)에 밝은 유생 1, 2인을 천거하여 서용한다. 성균관 유생들이 재학 중 학습한 내용에 대한 교육평가로는 학령에 명시되어 있는 성적과 생활태도는 연말에 종합되어 식년시와 천거에 참작되었다.

성균관의 학령은 현재의 학생부 역할을 했음을 알 수 있다. 이러한 학령이 있었다는 점은 우리가 교수법과 교육 과정 및 입시를 서양식으로 적용했다는 생각이 잘못 되었음을 보여주는 것이다. 현재의 우리의 교육은 서양의 교육에 뿌리를 둔 것이 아니라 우리의 전통교육에 뿌리가 있음을 알아야 한다.

서원 교육, 평소 생활을 중시했다

서원의 교육내용은 성리학적이고 유교 도덕적인 것이 중심을 이루었다. 관학에서의 교육이 과거와 법령 규제에 얽매인 것과 비교할 때, 서원교육은 사학 특유의 자율성과 특수성이 존중되었다. 그렇지만 대체로 이황이 이산원규(伊山院規)에서 제시한 교재의 범위와 학습의 순서가 모범이 되었다.

평소의 생활을 중시했던 것은 성균관뿐만 아니라 서원도 마찬가지였다. 원생에 대한 교육은 원규에 의한 규제와 원생 자신의 자율적인 실천과 학습의 조화 속에서 이루어졌다. 원규에는 수학규칙(受學規則)·거재규칙(居齋規則)·교수실천요강·독서법 등 유학자로서 지켜야 할 준칙이 실려 있다. 예컨대 독서는 다독과 기송만을 일삼지 말고 정독과 사색에 힘쓸 것과 지와 행이 반드시 일치하여야 할 것을 강조하였다.

이에 따라 원생 각자에게 잘잘못을 누적해서 기록하는 일종의 생활기록부를 만들어, 경우에 따라서 기숙사에서 쫓아내기도 하였다. 또한, 본마음을 잊지 않도록 항상 마음을 기르며, 일을 처리하거나 개선하기 위하여 마음속으로 이리저리 따져 깊이 생각하는 존양궁리(存養窮理)를 매우 중요시 하였다. 서원의 전통적인 교수방법으로는 배운 글을 소리 높여 읽고 의리를 문답하는 강(講)이 있다.

강은 대개 열흘마다 하는 순강(旬講), 보름마다 하는 망강(望講), 매월 하는 월강(月講) 등으로 나뉜다. 또한 그 방법에 따라 암송낭독인 배강과 임문낭독(臨文朗讀)인 면강(面講)으로 분류된다. 낭독 뒤의 질의응답은 단순한 암송 위주의 학습법을 극복하는 단계이다. 강을 받는 데는 강의(講義)라고 하는 일정한 절차를 두어, 학습에 대한 진지성과 예의를 갖추도록 배려하였다.

강의 평가는 성균관과 서당 등과 마찬가지로 대통(大通)·통(通)·약통(略通)·조통(粗通)·불(不)의 5단계, 또는 통·약(略)·조(粗)·불의 4단계 평가척도로 하였다. 이 때 대통은 구두(句讀)에 밝고 설명에 막힘이 없어서 책의 취지를 두루 알 수 있는 가장 높은 학습수준을 갖춘 자에게 부여하였다. 가장 낮은 단계인 불은 낙제를 의미하였다.

조선의 성균관 유생과 서원의 원생은 학습 능력은 두말할 나위 없고, 평소의 생활 태도를 매우 중시했고, 이러한 내용들이 과거 시험의 응시에 자격에 부여했다는 것은 현재의 학교생활기록부와 매우 유사했음을 알 수 있다. 결국 학습 능력도 중요하지만 평소의 생활 태도를 중시했음은 예나 지금이나 마찬가지다.

읽기 교육을 중시한 전통교육

초등학교에서는 모든 학생들이 큰 소리로 일제히 소리 내어 책을 읽는 모습을 흔히 볼 수 있다. 독서가 집중되지 않을 때 소리 내어 읽으면 집중력이 커지는 것을 많은 사람들이 느끼고 있다. 읽기 방법은 속으로 조용히 읽는 경우도 있지만 크게 소리 내어 읽으면 더 큰 효과가 있다. 염불을 읽거나 성경을 읽을 때 소리 내어 읽는 것도 같은 원리인 것이다.

조선시대의 서당에서도 천자문 등을 공부할 때 크게 소리 내어 읽었다. 서당의 교수 방법은 강(講)이 주된 것이었다. '강'이란 이미 배운 글을 소리 높여 읽고 그 뜻을 질의 응답하는 전통적인 교수방법이다.

강은 대개 순강·망강·월강 등으로 나누어지지만, 서당에서는 일강(日講)이 위주였다. 또, 강에는 배강과 면강이 있다. 배강은 암송낭독이고 면강은 교재를 보면서 읽는 임문강독이다.

강을 하고 난 뒤에 전개되는 질의응답은 기계적인 기억에 빠지기 쉬운 함정으로부터 건져주었으며, 또 1 대 1의 대면(對面)학습이기 때문에 능력별 수업이 가능하였고, 교사와의 인격적인 교류가 이루어지기도 하였다.

강을 하는 데는 일정한 절차가 있어서 이를 강의라고 하였다. 서당교육에서도 곳에 따라서는 서원의 강의와 같이 백록동규(白鹿洞規)나 향약을 낭독하기도 하고, 사석(師席)에 대한 엄숙한 의식이 있었다.

그러나 대부분의 서당에서는 진퇴에 있어서 정중한 배례와 동접간의 읍례(읍을 하는 예의) 정도였던 것 같다. 강은 날마다 학동의 실력에 맞게 범위를 정하여 배우고, 그날의 학습량은 숙독하여 서산(書算)을 놓고 읽은 횟수를 센다. 보통 1회의 독서량은 100독(百讀)이었다.

현재 우리 교실에서는 학생의 소리는 들리지 않고 교사의 소리만 들린다. 즉 책을 읽고, 대화하는 소리가 들리지 않는 것이 중등학교 교실의 현재 모습이다. 조선시대에는 서당에서 성균관에 이르기까지 큰 소리로 읽으면서 암기를 했다. 소리를 내어 읽는 것은 모든 학습에 큰 효과가 있다. 소리 내어 읽을 때 글쓴이의 호흡을 느낄 뿐 아니라 학습의 주체가 될 수 있는 것이다. 이것이 바로 단비교육의 일면이다.

협동으로 이루어진 학습

현재 교육 현장에서는 4~6명의 학생이 머리를 맞대고 문제를 해결도록 하는 협동학습이 널리 유행하고 있다. 협동학습의 모둠에서는 모둠의 장이 있어서 모둠을 이끌면서 진행한다. 이러한 모둠을 이끄는 이끔이는 서당 교육에서도 이미 있었다. 서당의 구성은 훈장·접장·학동으로 이루어진다. 훈장은 서당의 총 책임자로 현재의 교장이면서 교사 역할을 했던 사람이다.

접장은 오늘날의 조교와 같은 성격을 지닌 일종의 보조교사이다. '접'이란 원래 '무리'라는 뜻을 지녔지만, 서당에서는 동급의 학도를 지칭한다. 고려시대의 사학인 도에서 접장제도가 있었던 것으로 보인다.

접장제도는 비교적 규모가 큰 서당에서 훈장 한 사람으로는 많은 학동을 일일이 가르칠 수 없을 경우, 학동 가운데서 나이와 지식이 많은 자를 뽑아 '접'의 장으로 세웠는데, 큰 서당에서는 접장의 수가 두 세 명도 되었다.

접장은 스스로 훈장에게 수업을 받는 한편 자신이 속한 '접'의 하급생들을 가르치고 지도하는 역할을 동시에 수행하였다. 따라서 접장은 하급생들에게 있어서 학업담당교사이자 훈육담당교사이고, 동문의 사형(師兄)이 되는 것이다. 그러므로 접장이 서당의 전통에 미치는 영향은 훈장보다 큰 경우가 많았다.

접장의 보수는 무료였으나 경우에 따라서는 학비가 면제되기도 하였다. 서당의 학동은 7~8세에 입학하여 15~16세에 마치는 것이 보통이었으며, 20세가 넘는 경우도 많았다.

학업 성취수준이 전혀 다른 학생들을 한 교실에 몰아넣고 한 가지 방법으로 수업하는 현재에 비해서 매우 효과적인 교육을 했던 것이 조선시대의 서당이었다. 몇 년 전까지만 해도 이를 보완하기 위하여 이동식 수업을 하기도 했지만 현재는 그것마저 이루어지고 있지 않다. 접장을 중심으로 학생들의 수준을 고려하여 서로 가르치게 하는 것은 현재의 협동학습과 일면 상통한다고 할 수 있다. 단비교육은 서로 가르치고 서로 배우는 교육으로 접장이 학생들을 이끌고 도와주던 서당 교육에 그 뿌리가 있다.

멋이 있던 교육과정과 평가방법

교육과정에는 학생에 대한 배려가 묻어 있다

초등학생이건 중·고등학생이건 체험학습 전날에는 마음이 설레서 잠을 설치하는 경우가 많다. 어디로 가서 술래잡기를 하든, 보물찾기를 하든, 아니면 놀이기구를 신나게 타든 간에 기억에 남는 일들이 많다. 소풍이라고 했던 이러한 일들은 단순히 하루를 노는 것만이 아니라 함께 야외로 나가서 자연을 체험하면서 몸을 부딪치고 즐기는 것이다. 실내 공간에서 벗어나 함께하면서 억눌렸던 감정을 풀기도 하고, 가지고 있던 숨은 재능을 보여줄 기회를 갖기도 하였다.

조선의 서당에서는 학동들이 더위에 지치고 힘들어하면 훈장과 함께 야외로 나가 시냇물에 발을 담그기도 하고 메뚜기를 잡기도 했다. 이는 1970년대 시골의 학교에서 볼 수 있었던 풍경과 유사한 것이다. 선생님들과 함께 물고기도 잡고, 고구마도 캐던 모습은 서당에서도 볼 수 있었던 풍경이었다.

조선의 서당 교육에서는 야외로 나가면서 기분을 전환시키는 교육과정뿐만 아니라 계절에 따라 학습 내용을 달리하는 배려도 있었다. 즉 서당에서는 계절과 학습의 내용 및 방법을 조화시켰던 것이다.

예컨대, 겨울에는 추위로 밖에 나가기가 어렵고, 쉽게 몸이 늘어지지 않기 때문에 경사와 같은 어려운 학과를 공부하게 하였다. 여름에는 더위로 집중이 어려운 점을 고려하여 시율과 같은 흥미 본위의 학습을 시행하였고, 봄, 가을에는 사기나 고문과 같은 글을 읽게 하여 선비로서의 뜻을 세우는 데 도움이 되게 하였다.

또한 봄, 가을에는 밤이 짧기 때문에 야독이 없는 대신에 사율을 짓게 하였으며, 글을 읽고 난 다음의 오후에는 서예를 익히게 하여 졸음과 게으름을 쫓아버리도록 배려하였다.

체육시간이나 음악시간과 같이 몸의 상태가 크게 작용하는 시간조차도 배려하지 못하는 요즘의 교육 현장에서는 조선의 서당의 교육 방법을 되새겨보아야 할 것으로 생각된다. 학생을 배려하고 학생 중심으로 하는 수업, 이것이 단비교육이다.

평가방법에도 낭만이 있었다

고려의 사학 12공도에서 행해졌던 교육 방법에 대해서 『고려사』에는 다음과 같은 내용이 있다.

> "매년 여름에는 귀법사라는 절의 승방을 빌려 '하과'라는 특별 강회를 열었으며, 학생 중에 급제하여 학문이 우수하고 재능이 많으나 아직 관직에 나아가지 않은 자를 택하여 교도로 삼아 구경과 삼사 등을 교육하였다. 또 간혹 선배들이 찾아오면 초에 금을 그어 놓고 시를 짓고(刻燭賦詩), 그 성적을 방을 붙여 순서대로 불러들여 술을 권하는데, 예의와 절도가 있어 모두 감탄하지 않는 이가 없었다."

이 내용을 토대로 『고려시대 사람들은 어떻게 살았을까』(김인호)에는 각촉부시를 아래와 같이 각색하여 꾸미고 있다.

> 촛불이 타들어 가고 있었다. 절의 강당에는 이따금 한숨소리만 들릴 뿐 모두 조용한 침묵으로 자기 앞의 종이를 응시하고 있었다. 더운 여름 날씨였지만 산 속 깊은 곳에 있는 절의 강당은 바깥의 따가운 햇볕과는 다르게, 시원한 바람이 이따금 스며들었다. 그래도 수십 명이 앉아 있는 데다가 무언가 모를 열기가 이들을 감싸고 있어, 방 안에 있는 사람들의 얼굴에는 어느덧 땀이 흘러내렸다.

밝은 대낮인데도 절의 강당 앞 쪽에는 붉은 빛의 커다란 양초를 켜놓았고, 방 안으로는 약한 바람에 촛불의 심지는 껌벅거리면서 점차 짧아져만 갔다. 그에 따라 가끔씩 머리를 들어 촛불이 타들어 가는 것을 힐끔힐끔 훔쳐보던 사람들의 표정도 굳어져 갔다.

나이 어린 이규보도 강당 한 구석에 앉아 있었다. 그는 주변을 둘러보지도 않고 심호흡을 하면서, 머릿속으로는 시구를 짜내고 있었다. 이윽고 그의 얼굴에 흐르는 미소, 그리고는 하얀 종이 위에 붓이 흐르듯 날아갔다. 아직 초가 반쯤 남아 있을 때, 그는 일어나 자신의 답안을 제출하고 밖으로 나갔다. 시원한 바람이 그를 감싸 안을 때, 가슴 속에도 청량감이 스치고 지나갔다. 방 안에 남아 있는 나머지 학생들은 그를 바라보면서 내심 부러운 눈치였다. 이윽고 붉은 초가 다 타들어 가 촛농만이 남자, 시험관 중 한 사람이 일어나 종을 쳤다. 답안지를 걷히고, 모두들 아쉬운 표정으로 자리에서 일어났다.

얼마 간의 시간이 지나고, 웅성거리면서 학생들이 강당에 다시 들어오자 시험관은 결과를 발표하기 위해 일어섰다. 일등은 역시 이규보였다. 모두들 예상했던 일이라는 듯 고개를 끄덕였다. 모두의 머릿속에는 관복과 모자를 쓴 이규보의 장래 모습이 떠올랐다.

이윽고 그 자리에서 작은 연회가 벌어졌다. 그러나 시끄럽고 떠들썩한 연회가 아니었다. 나이에 따라 차례로 술잔을 주고받으며 시를 화답하는 그런 연회자리였다. 연회는 종일토록 계속되다가 저녁 때에야 끝났다.

위의 장면은 각촉부시라고 불리는 일종의 문장시험을 이규보를 등장시켜 그려본 것이다.

고려 중기에는 최충의 문헌공도에서는 학생들의 평가 방법의 하나로 각촉부시를 사용하였다. 이것은 일종의 속작시 시험방법이다. 즉 최충을 거쳐 간 선배로서 간혹 9재를 찾는 제자가 있으면 초에 금을 그어 불을 켠 다음 생도들로 하여금 시간을 다투어 시를 짓게 하는 방법이다. 그 결과 성적의 순차에 따라 표창을 하였다. 또 최충은 매년 여름이면 하과(하계강습회)를 열었다.

각촉부시는 시계가 없던 시절에 시계대용으로 평가 시간을 측

정했던 것이다. 그런데 각촉부시는 그곳을 졸업한 제자들의 주도하에 이루어진다. 결국 서당에서 학문적으로 앞선 접장에게 지도를 받았듯이, 고려시대에도 선배와 후배의 끈을 매우 중시했음을 알 수 있다. 이와 같이 고려의 12공도와 조선의 서당에서는 같은 길을 걷고 있던 선후배가 서로에게 도움을 주면서 학습한 것이다. 이것이 단비교육의 한 장면이다.

성균관 유생들의 일상

조선시대 성균관 유생들은 기숙사에서 하루 종일 생활하였다. 매일 아침에는 학관(교사)들이 명륜당에 앉으면 유생들이 마당으로 들어와 읍례(인사)할 것을 청한다.

북소리가 한 번 울리면 유생들이 차례로 마당에 들어와 읍례를 한다. 마치면 각기 자신의 반으로 돌아가 학우들끼리 보고 읍례를 한다. 대표 학생이 학관 앞에 나아가 일강(그날의 강의)을 청하면, 상재와 하재에서 한 사람씩 나아가 강(전날 배운 것을 시험함)을 한다. 강에 통과한 사람은 통과 횟수를 연말에 계산하여 과거시험 치는 해에 합쳐서 계산해 주며 통과하지 못한 자는 매로 다스린다.

북이 두 번 울리면 학생들은 읽던 책을 가지고 각기 스승에게 나아가 먼저 배운 것에 대해 질의 토론한 다음 새로운 것을 배운다. 많은 내용을 배우기를 힘쓰기보다 깊이 연구하는 것이 중요하며, 졸거나 강의에 주목하지 않으면 벌을 준다. 책을 읽을 때는 먼저 글의 대의를 파악하고 그것을 응용할 줄 알아야 하지 글귀 자체에 얽매여서는 안 된다. 항상 사서오경과 역사서만을 읽어야 하며, 노장, 불서, 백가자집(제자백가 관련 서적) 등을 가까이 하는 자는 벌한다.

매달 글짓기를 행하는데, 초순에는 의(疑)·의(義)·논(論)을 짓고, 중순에는 부(賦)·표(表)·송(頌)을 지으며, 하순에는 대책(對策)과 기(記)를 짓는다. 문체는 간결하고 정확하여야 하고, 기괴하거나 편벽되어서는 안 된다. 문체가 경박하고 야비함을 드러내는 자는 퇴학시킨다. 또 해서체로 쓰지 않으면 벌한다.

강경(講經) 성적은 끊어 읽기가 분명하고 뜻풀이가 정통하여 여러 책을 넘나들며 막힘없으면 대통(大通), 완전하지는 못하지만 그래도 끊어 읽기가 능하고 한 경전에 뜻풀이가 자세하면 통(通)이라 한다. 또한 끊어 읽기가 능하고 한 경전의 한 장(章)의 뜻이 통한다면 약통(略通)이라 하고, 끊어 읽기가 능하고 한 장의 대충의 뜻도 통하지만 자세히 알지 못하면 조통(粗通)이라 한다. 여기서 조통 이하는 벌한다.

성균관 유생들은 식사 후 명륜당에 향한다. 오전에는 박사의 강의, 오후에는 배운 내용 복습하고, 공부해야 하는 것은 4서 5경 등 다양하다. 이들을 깨우치는 데는 산술적 시간은 3년 9개월 정도가 소요된다. 논어, 맹자, 중용 등 난해한 유교경전을 깨닫는 것은 불가능에 가까웠다. 따라서 까다로운 수업을 따르기 위해서 밤에도 잠을 이루기가 어려웠을 것이다. 공부하다가 죽을 정도의 지독한 공부벌레들로 구성되어 있었기 때문에 건강을 위하여 국가에서는 동재기숙사 끝 방에 약방을 만들어 놓았을 정도였다.

이러한 모습은 현재의 대학 입시를 앞둔 고등학교나 각종 입사시험이나 고시를 앞두고 치열하게 공부하는 대학생들과 유사한 모습이 아닐까한다.

놀이를 통한 학습

수업시간에 퍼즐 맞추기, 끝말 잇기, 노래가사 개사하기 등을 통하여 쉽게 내용을 익히는 경우를 종종 볼 수 있다. 각종 게임 등을 이용하는 이유는 내용을 암기하기 어려운 내용들을 지루하지 않게 쉽게 익히고, 즐거운 가운데 자연스럽게 내용을 익히기에 좋은 방법이다. 이러한 방법은 조선시대에도 있었다.

『한국민족문화대백과사전』(한국학중앙연구원)에는 시를 암기시키는 초·중·종 놀이, 조선 8도의 고을 이름을 익히는 고을 모둠 놀이, 복잡한 조선시대의 관직을 게임을 통해 익히는 승경도(陞卿圖) 놀이, 명승고적을 익히는 남승도(覽勝圖) 놀이 등이 있는데, 이를 간단히 소개하면 다음과 같다.

초·중·종 놀이로 시조를 익혔다

서원이나 서당에서 하던 학동들의 시조놀이로 학동들이 시구(詩句)를 암기하여 익히던 방법의 하나로 여가 시간에 하는 시조의 짝 맞추기 놀이이다.

동·서 양편으로 나누어 접장이 시조의 초장 또는 중장을 낭송하면 방바닥에 놓인 시조 모음 가운데서 맞는 짝을 가져가는 것으로서, 먼저 일정한 시조가 다 맞추어지면 그 결과의 매수에 따라 승부가 판가름 난다.

이 놀이는 현재도 쉽게 적용할 수 있는 방법이라고 본다. 그리고 현재 수업시간에 이용하는 퍼즐 맞추기, 서술형 평가에서 빈칸에 문장을 만들어서 넣기 등도 초·중·종 놀이의 일종이라고 할 수 있다.

고을 모둠 놀이로 고을 이름을 익혔다

서당의 학동들이 정해진 책의 글자와 자기가 아는 다른 글자를 맞추어 두 자로 된 고을 이름을 짓던 놀이다.

방법은 둘 또는 그 이상의 학동들이 둘러앉아 책의 글자 수가 많은 쪽을 펼쳐놓고 제각기 고을 이름이 될 만 한 글자를 한 자 찾아내는 것이다. 거기에다 자기가 알고 있는 다른 글자를 더해서 두 자로 된 고을 이름을 종이에 적으면 되는 것이다. 각자 알고 있는 고을 이름을 모두 쓰면 책을 덮고 종이에 쓴 고을 이름수를 세는 데 가장 많이 쓴 사람이 유리하다. 그러나 자기가 써낸 고을이 어디에 위치하는지를 상대가 물었을 때, 틀리거나 이름을 바르게 쓰지 못하면 점수가 깎인다. 따라서 고을 이름을 많이 썼다고 하여 반드시 이기는 것은 아니다.

예를 들어, 어떤 사람이 수원(水原)을 수원(水源)으로 청주(淸州)를 청주(靑州)로 잘못 쓰면 점수가 깎이는 것이다. 이 놀이를 통해서 청소년들은 우리나라 지리나 역사에 대한 식견을 넓힐 수 있었다.

이와 같은 학습 활동은 현재도 적절히 이용할 수 있을 것이다. 특히 지리 시간에 시도의 명칭을 익히는 데 매우 적절한 방법이다. 역사 시간에 역사적 인물을 찾는 데도 잘 이용할 수 있는 놀이 방법으로 생각된다.

승경도(陞卿圖) 놀이로 벼슬 이름을 익혔다

옛 벼슬의 이름을 종이에 도표로 만들어놓고 놀던 아이들의 놀이다.

주로 양반집 아이들이 즐겨 놀던 놀이로, 종경도, 승정도(陞政

圖), 또는 종정도(從政圖)라고도 하는데, 어느 것이나 '벼슬살이 하는 도표'라는 뜻이다.

조선시대 관리의 총 수는 중앙과 지방을 합해 모두 3,800명을 넘지 않았지만 등급이 많고 칭호와 상호관계가 매우 복잡하였다. 따라서 양반집에서는 어릴 때부터 이러한 관직에 대한 체계적인 관념을 자제들에게 익혀주기 위하여 이 놀이를 장려하였던 것이다. 승경도의 크기는 일정하지 않으나 보통 길이 1.5m, 너비 1m 정도이다. 전체 면적의 4분의 3에는 300여 개의 칸을 만들어 관직명을 써넣고 남은 공간에는 놀이의 규칙을 기입하는 것이다.

사방으로는 이른바 외직인 8동의 감사, 병사, 수사, 주요 고을의 수령을 배치하며, 중앙부의 첫 꼭대기에는 정1품을, 그 다음에는 종1품을 차례대로 늘어놓아 맨 밑에는 종9품이 오게 된다.

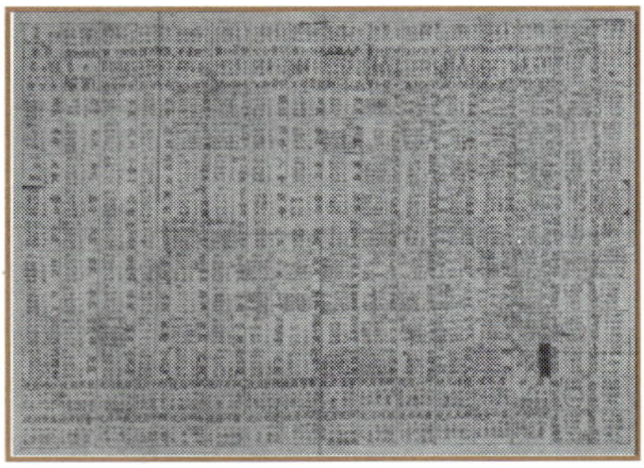

승경도, 국립민속박물관

벼슬자리의 수를 모두 다 써넣기도 어렵거니와 그렇게 하면 놀이에 긴장감이 없고 지루해질 염려가 있으므로, 도표의 크기에 따라 주요 관직만을 적당히 배치한다.

이 놀이를 할 때는 앞에서와 같은 관직도표 외에 승경도 알과 각색의 말이 있어야 하며 노는 사람은 4~8명까지가 적당하다. 승경도 알은 길이 한 뼘, 굵기 3cm 정도의 윤목(輪木)으로 다섯 마디의 모를 내고 그 마디마다 하나에서 다섯까지의 눈금을 새긴 것이다. 이를 윷으로 대신하는 일도 있다. 말은 일정한 형태가 없이 아무 것이라도 좋으나 구별이 쉽도록 빛깔을 달리하는 것이 좋다.

노는 사람을 두 패로 갈라 앉으며 순서에 따라 방망이를 두 번씩 굴려서 출신을 정한다. 첫 번 굴린 것은 출신의 큰 구별이 되고 두 번째는 출신의 작은 구별이 된다.

출신의 큰 구별은 문과 출신, 무관 출신, 산야에 숨어서 공부만 하다가 나라의 부름을 받아 벼슬길에 오르는 은일 출신(隱逸出身), 과거에 붙지 못한 채 벼슬을 사는 남행 출신(南行出身), 그리고 군대에서 복무하는 군졸 출신의 다섯 가지이다.

작은 구별은 문무과의 과거 중에서 증광과, 식년과 등으로 구별되는 데, 증광과는 경사 때에 임시로 보는 과거이며, 식년과는 3년마다 한 번식 정기적으로 베푸는 과거를 이른다.

은일 출신도 한 번 부름을 받은 것과 두 번 받은 것을 구별하며, 남행에도 생원이나 진사처럼 과거에 합격하거나 불합격한 것을 따지고, 군졸도 갑사, 정병으로 나눈다.

큰 출신이 결정되면 이에 따라 각 색의 말을 나누어 가진다. 문과는 붉은 말, 무과는 푸른 말, 남행은 노란 말, 군졸은 흰 말, 그리고 은일은 노란 바탕에 붉은 테를 두른 말이다. 두 번째 말을 굴린 사람은 그 숫자에 따라 자기 출신의 칸에서 벼슬살이를 시작한다.

예를 들어, 문과의 경우 5에서는 증광, 4에서는 식년, 3에서는 정시(庭試), 2에서는 별시(別試), 1에는 도과(道科)로 되어 있다면, 그 다음부터는 말을 굴려서 누가 빨리 가장 높은 자리(문과 출신은 영의정, 무과 출신은 도원수)에 올라가느냐에 따라 승패가 결정된다. 그런데 이 놀이에는 파직이나 사약을 받게 되는 경우도 있어 변화와 긴장을 더하게 된다.

남승도(覽勝圖) 놀이로 명승지를 알았다

남승도는 명승지를 유람하는 도표라는 뜻으로, 유람객이 일정한 지점에서 출발하여 도표 위에 그려진 각지의 명승지를 구경한 다음 다시 출발한 장소로 빨리 되돌아오는 놀이이다.

남승도 놀이판, 성신여자대학교 박물관

주로 청소년들이 하는 놀이로 5~6명이 함께 노는데, 6명이 놀 경우 놀이에 흥미를 주기 위하여 유람객을 시인, 한량, 미인, 스님, 농부, 어부의 여섯 부류로 나눈다. 명승지의 선정이나 노정은 도표를 만드는 사람이 적어 넣기에 따라 다르다. 구체적인 지명을 밝히지 않는 경우도 있고, 숭례문을 떠나 숭인문으로 돌아오는 것도 있으며, 명승지를 모두 중국에서 따 온 것도 있다.

일반적으로는 가로 1m, 세로 70~80cm 쯤의 장방형 종이에 장기판처럼 가로가 세로보다 조금 넓은 칸을 여러 개 그려 만든다. 각 칸의 왼쪽에는 명승지의 이름을 써 넣으며, 아래쪽에는 잔글씨로 1에서 6까지의 숫자와 함께 그 숫자에 따라 옮겨갈 방향을 적는다. 한가운데 서울이 배치되고 경기도의 서부로부터 충청·경상·전라·황해·평안·함경·강원·경기도의 동부와 같은 순서로 한 바퀴 돌도록 기입하는 것이 가장 일반적이다.

놀이를 하면서 학습을 익히는 이러한 방법들은 지금 수업이나 놀이 문화에서 사용하여도 전혀 손색이 없는 좋은 방법들이다. 생활 속에서 학습을 하는 이러한 방법은 우리 선조들의 지혜로움을 엿볼 수 있는 좋은 예라고 할 수 있다. 조금만 아이디어를 내면 학교생활에 지친 우리 학생들이 암기하기 복잡한 내용들을 지루하지 않고 쉽게 터득할 수 있을 것이다.

학생과 함께하며 지루하지 않고 즐겁게 수업하는 방법을 추구하는 것이 단비교육이다.

힘든 속에도 여유가 있던 서당(書堂)

서당에서는 책을 한 권 배우고 나면 축하 행사를 벌이는 책거리가 유행하였다고 하는데 이는 훈장에 대한 감사의 마음 표시이며 동시에 아동을 격려한 뜻이 담겨 있다. 이러한 행사 속에서도 다른 사람에게 감사하는 마음이나 격려하는 마음 등을 통하여 학문을 하는 것이 지식 습득에만 그치는 것이 아니라 다른 사람의 정서에 대한 이해와 배려가 중요함을 간접적으로 가르쳤다고 볼 수 있겠다.

책거리뿐만 아니라 일부 서당에서는 글을 배우다가 졸업을 하면 졸업장 대신 상징의 짐승을 한 마리씩 주기도 하였다. 성격이 게으르면 닭을 주고, 야심이 많으면 염소를 주고, 약삭빠르면 돼지를 주고 주의력이 산만하면 거위를 주고, 느리면 말을 주었다고 한다.

예를 들어, 정탁이 유학의 영남학파인 남명 조식의 문하에서 공부를 끝마쳐 졸업을 하고 문하를 떠나갈 때 스승 남명은 '뒷간에 소 한 마리를 매어 놓았으니 몰고 가도록 하라'고 하였다고 한다.

이는 실제의 소가 아니라 마음의 소로서 기가 세고 조급한 정탁에게 세상을 살아갈 때 소처럼 둔중하게 살아가라고 그의 결함을 일러주며 교훈을 하는 것이었다고 한다.

후에 정승의 자리에까지 오른 정탁은 큰일을 당할 때마다 이 마음의 소를 상기하며 교훈을 삼았다고 하는데, 이러한 일화 속의 졸업식 장면은 우리나라 현대의 교육이나 서양의 교육에서는 상상할 수도 없는 장면이지만 옛날 서당에서의 교육이 단순한 지식전달로 끝나는 것이 아님을 잘 보여주고 있는 예라고 할 수 있겠다.

상대의 기분이 상하지 않도록 간접적으로 마음의 짐승을 통하여 학생의 약점을 알려 주고 스스로 자신의 정서를 조절할 수 있도록 도와주었다는 것이 현대의 의미로서 정서지능의 개발을 도와주는 방법의 교육이었다고 볼 수 있다.

전통교육에 녹아 있는 단비교육

우리가 서양의 교수법이라고 생각하는 많은 것들은 이미 우리의 전통교육 속에 녹아 있는 것들이다. 그 중에 현재 교육에 적용되고 있고 적용되어야 할 교육 방법 등이 많다.

전통교육 속에는 학생이 학습의 중심에 있고, 수준에 맞게 스스로 깨우치도록 하였고, 교육과 예절을 중시하였고, 서두르지 않으면서도 완전한 교육을 추구했던 학습법을 찾아볼 수 있다.

첫째, 서당에서 널리 행해졌던 접장제 교육 방법을 꼽을 수 있다. 이는 현재 많은 학교에서 행해지고 있는 협동학습에서의 이끔이나 직소수업에서의 이끔이가 그 역할을 하고 있다고 본다. 서당에서의 접장은 학문적으로 조금 앞선 학동이 후배나 학문적으로 늦은 학생을 도와주는 것으로 현재 교실 수업에서의 협동학습 모형에서 흔히 볼 수 있는 것들이다.

둘째, 우리 전통교육에서는 개개인의 능력에 맞는 학습을 진행한다. 5줄을 외울 수 있는 능력에도 3줄만 외어오라고 하면서 충분히 숙지할 시간을 준다. 개인 간의 능력이 다르므로 진도도 당연히 다를 수밖에 없다. 그럴 때는 접장이나 진도나 앞서가는 학동이 가르치기도 하면서 내용을 익히면 다음의 학습량을 결정하고 이를 다시 깨우치면 다시 학습량을 정하면서 진행하는 것이다. 이러한 형태의 수업은 현재의 우리 교실에서도 일부 적용되기는 하지만 일반화되지는 않았다. 많은 학생들이 학교에 적응하지 못하고 공부에 취미를 붙이지 못하는 것은 바로 우리 현재의 교육 시스템에 문제가 있기 때문이다. 전통교육에서와 같이 개인의 능력에 맞는 학습을 할 수 있도록 해나갔을 때 학교에 적응하지 못하고 학교를 떠나는 문제를 해결할 수 있을 것이다. 개인의 수준에 맞는 수업을 위해서는 전통교육에서 답을 찾아야 할 것이다.

셋째, 전통교육에서의 매력은 기다리는 교육이다. 물론 강을 다음날 제대로 해오지 못했을 경우에 회초리로 다스리는 경우도 있지만 결코 서두르지 않는다. 능력이 모자라면 줄여주고, 능력이 있으면서 해오지 않았을 경우는 회초리로 자극을 주어서 학습 목표를 완성하고자 했다. 그러면서도 날씨가 무더울 때면 야외로 나가서 자연과 함께하기도 하고, 놀이 학습을 통하여 느리지만 목표를 향하여 나아가는 교육을 했다.

넷째, 논을 중시했다. 전통수업에서는 강을 한 후에 반드시 논을 했다. 논이라는 것은 대화를 통하여 글속에 숨어있는 의미를 제대로 파악하고 있는지 묻고 답하는 것이다. 전통수업은 글을 크게 읽으면서 암기를 하는 것을 중시했지만 자간에 숨어있는 의미를 매우 중시했던 것이다. 의미를 얼마나 이해하느냐에 따라서 대통, 통, 약통, 불통, 조통, 불로 나누어 평가했던 것이다.

다섯째, 서당이나 성균관 등과 같은 우리의 전통교육은 예절에서 시작하여 예절로 끝나는 교육이다. 물론 사서삼경 등을 몸에 익히면서 자연스럽게 마음에 새기기도 하겠지만 훈장이나 학관등에게 시작과 끝을 공손한 인사로 시작함은 물론 학동이나 유생들끼리 서로 존중하는 인사를 주고받았다는 것은 예의가 사라지고 있는 현 시점에 꼭 새겨보아야 할 전통교육의 장점이라고 생각한다.

여섯째, 우리는 전통적으로 크게 소리 내어 읽는 학습을 중시해왔다. 서당 개 삼년이면 풍월을 읊는다는 이야기에서 알 수 있듯이 글 읽는 소리는 서당의 담장을 넘어 행인들에게까지 배움에 대한 욕구를 느끼게 했다. 전통교육에서의 글 읽는 소리는 능력별로 진도를 달리했기에 같은 내용을 함께 읽는 것 보다는 다른 내용을 읽으면서 하모니를 이루었다. 이러한 교육방법은 교사가 다수의 학생을 앞에 두고 원맨쇼를 즐기고 있는 많은 선생님들이 눈여겨 봐야할 것이다.

일곱째, 조선시대에는 즐거움 속에서 스스로 학습하는 놀이가 많이 알려져 있다. 관직을 익히는 승경도 놀이, 고을 이름을 익히는 고을 모둠놀이, 시를 암기시키는 초·중·종 놀이, 명승고적을 익히는 남승도 놀이 등이 대표적이다. 이는 배우는 학생들의 어려움을 덜어주려는 지혜에서 등장한 것들로 학습 방법을 연구하는 현재의 학자들이 주목해야 할 것 중의 하나이다.

기다려 주면서도 완전학습을 추구하고, 예절을 갖추고 서로 도우면서 학습하는 우리의 전통교육, 이것이 단비교육이다.

제 9 장

공자의 단비교육법 연구

교수 **윤용남**

선사공자행교상(先師孔子行教像)

* 이 글은 「공자의 단비교육법 연구」(『東洋哲學』 44집, 韓國東洋哲學會, 2015. pp.259~290)의 주석을 삭제하고 일부 수정하여 전재(轉載)한 것임

서론(序論)

요즈음 우리나라의 공교육은 점점 뒷전으로 밀리고 사교육은 갈수록 기승을 부리고 있다. 이러는 와중에 학생들의 몸과 마음은 피폐해지고 학력, 특히 창의력과 자기주도 학습능력은 거의 마비된 상태이다. 여기에는 많은 원인이 있을 수 있지만, 여기서는 교육방법의 문제를 중심으로 다루고자 한다.

우리의 전통적인 교수법은 크게 두 가지로 나눌 수 있다. 하나는 초급과정에 속하는 것으로 글을 배우는 단계에서 주로 사용하였던 암기 위주의 교육이고, 다른 하나는 고급과정에 속하는 것으로 책을 읽고 이해하며 동학(同學) 간, 사제(師弟) 간에 이루어지는 문답 중심의 교육이다. 이 두 과정의 공통적인 특징은 철저한 '개인별 맞춤교육'이다. 배우는 사람마다 배우는 책과 진도가 모두 다르다. 초급에서는 각자 외우는 속도에 따라 진도를 나갔고, 고급과정에서는 정해진 과정이나 각자의 관심에 따라 문답과 토론을 하였다.

우리나라에 서양의 문물이 들어오면서 교수법도 함께 들어왔는데, 이때 우리의 전통적인 교수법이 밀려나게 되었다. 근대식 학교교육이 자리 잡으면서, 주로 사용한 교수법이 주입식 교육이다. 이것의 장점은 한꺼번에 다수의 학생에게 동일한 내용을 빨리 전수할 수 있다는 것이다. 이미 잘 다듬어진 내용을 동일하게 전달하는 데에는 가장 효과적인 방법일 것이다. 이것이 우리의 초급과정에서 사용한 암기 위주의 방법 및 교육열과 합해지면서 상승효과를 가져와 우리나라의 산업발전에 크게 기여하였다. 그러나 이러한 교육방법은 본래 초급과정에서 끝나야 하며, 서양에서도 그 방법의 부작용을 최소화하기 위해 실험 및 실습교육 등을 병행한다. 그런데 우리나라는 과거에 교육 환경이 열악하여 그런 방법을 병행하기 어렵자 그 실험 과정마저 외우게 하였다. 또한 서양은 우리처럼 교육열이 높지 않았기 때문에 부작용이 적었다. 그런데 현재의 우리나라는 과거보다 훨씬 교육 환경이 좋아지고, 선진국의 교육내용을 빨리 흡수해야 하는 시급성도 크게 줄었다. 그러나 교육 현장에서는 여전히 과거의 타성에 젖어서 주입식으로 동일한 내용을 전달하는 데에 급급하다.

한편에서는 여러 가지 새로운 교수법을 사용하려고 많은 교수자(敎授者)들이 노력하고 있지만 아직 중심에 제대로 자리를 잡지 못하였고, 여전히 주입식이 대세를 이루고 있다. 이러한 서양식 주입교육의 문제점을 몇 가지 열거하면 다음과 같다.

첫째, 학생에게 공부에 대한 호기심이나 자발성을 이끌어내기보다는 당위나 의무를 강요한다. 둘째, 학생의 역량이나 취향 등은 무시하고 획일적인 방법으로 획일적인 내용을 주입한다. 셋째, 전체적인 내용을 이해하기 보다는 단편적인 내용을 단순히 암기하는 데에 그친다. 넷째, 창의성이나 자기주도학습 능력을 현저히 퇴화시킨다. 다섯째, 학생 개개인의 수준별 학습이 이루어지지 않는다. 여섯째, 학우 간 지나친 경쟁심 유발로 건전한 대인관계를 훼손한다. 일곱째, 학생들을 하나의 절대적인 기준으로 서열화한다.

이러한 교육철학의 밑바탕에는 학습자의 인격을 무시하고 국가나 교수자가 제시하는 내용을 무조건 받아들여야 한다는 전제가 있다. 교육내용을 음미하고 재해석하며 자기 나름의 꿈을 키워가는 것은 전혀 용납되지 않는다. 더구나 그 교육에 적응하여 잘 따라오는 학생은 인격까지 훌륭하게 보지만 거기에 적응하지 못하는 학생은 낙오자가 되는 것은 물론 인간성까지 의심받는다. 그러나 그러한 낙오자가 나중에 큰 성취를 이루고, 인류에 공헌해왔다는 사실을 우리는 역사, 특히 서양교육사에서 확인할 수 있다. 다만 서양에서는 그러한 낙오학생에게 패자부활전의 기회를 제공하지만 우리는 그런 학생을 용납하지 않는다.

위와 같은 몇 가지 문제를 바탕으로 현재 우리나라의 교육은 많은 문제를 양산하였다. 이에 맹자가 말한 공자의 단비[時雨]교육법(『孟子』「盡心上」40)을 밝혀내어 한국 교육의 방향을 제시하고자 한다. 여기에서 다루는 내용은 전통교육에서의 초급과정이 아닌 『대학(大學)』을 배우기 시작하는 15세 이상에 적용하는 고급과정에 관한 것이다.

선행연구에서는 공자의 교육철학이나 교육관 등에 관한 내용은 매우 많지만 주입식교육 등 현대의 교육방법에 대응할 만한 공자의 교수법을 다룬 내용은 많지 않다. 이 연구에서는 공자의 교수법을 단비교육법으로 특징짓고, 이를 체계화하여 현재의 교육에 직접 활용하려는 것이다. 공자의 단비교육법은 실천 중심의 덕성교육에 최적화되어 있는 것이지만 오늘날의 지식교육에도 활용할 필요가 있다고 본다. 다만 여기에서는 공자 단비교육법의 원론만을 다루고, 구체적인 활용방안은 다른 기회로 미룬다.

선유지학(善誘志學)과 학습동기 유발

단비교육의 출발은 선유지학(善誘志學), 즉 학습자를 잘 유인하여 자발적으로 배우고자 하는 의지를 갖도록 하는 것이다. 이 문제는 교육방법의 문제라기보다는 교육목적이나 교육효과에 더 가깝다. 그러나 학습의 목적이나 효과 등을 분명히 밝혀 학생들로 하여금 공부에 열의를 갖게 하는 것은 가장 좋은 교육방법 가운데 하나이다. 공자는 무엇을 가르칠 것인가가 아니라 무엇을 배워야 하는가, 그리고 왜 배워야 하는가를 설명하고 있다. 즉 교수자(敎授者)를 중심으로 교육할 것을 먼저 생각하는 것이 아니라 학습자 중심으로 학습할 내용, 학습목표를 제시한다. 이것을 배우지 않으면 어떤 문제가 발생하는지를 가르쳐줌으로써 스스로 공부를 해야겠다는 결심을 이끌어낸다.

> 진항(陳亢)이 (공자의 아들) 백어(伯魚)에게 물었다. "자네는 역시 (아버지한테서) 특별히 들은 것이 있겠지?" 대답하였다. "아직 못 들었습니다. (아버지께서) 혼자 서계실 때, 제가 종종걸음으로 뜰을 지나가니 말씀하시기를, '시(詩)를 배웠느냐?' 하셔서 대답하기를 '아직 배우지 않았습니다.' 하였더니, '시를 배우지 않으면 말을 할 수 없느니라.' 하셨습니다. 저는 물러 나와서 시를 배웠습니다. 훗날, 또 혼자 서계실 때, 제가 종종걸음으로 뜰을 지나가니 말씀하시기를, '예(禮)를 배웠느냐?'고 하셔서 대답하기를 '아직 배우지 않았습니다.' 하였더니, '예를 배우지 않으면 설 수가 없느니라.' 하셨습니다. 저는 물러 나와서 예를 배웠습니다."(『論語』「季氏」13)

공자는 아들 백어에게 시와 예를 배울 것을 권하였다. 시는 시인의 감정을 솔직하게 풀어내는 것으로서 이를 읽는 독자로 하여금 착한 마음이 일어나게 하는 것인데, 이를 배우지 않으면 여러 가지 상황에서 어떻게 말해야 좋을지 알기 어렵다는 것이다. 예는 정해진 분수를 알게 하는 것인데 이를 알지 못하면 처한 상황에서 손가짐이나 발걸음을 어떻게 하고 어디에 있어야 하는지 모르게 된다는 것이다. 공자는 또 제자들에게도 시를 배울 것을 권하였다.

공자가 말하였다. "자네들은 왜 시를 배우지 않는가? 시는 (의지를) 불러일으킬 수 있고, (잘잘못을) 살필 수 있으며, 여러 사람과 화합할 수 있고, 원망(怨望)할 수 있다. 가까이는 부모를 섬길 수 있고 멀리는 임금을 섬길 수 있다. 새나 짐승, 풀, 나무의 이름도 많이 알게 될 것이다." (『論語』「陽貨」9)

공자가 백어에게 말하였다. "너는 주남(周南)과 소남(召南)을 배웠느냐? 사람으로서 주남·소남을 배우지 않으면 담벼락에 얼굴을 대고 선 것과 같은데!" (『論語』「陽貨」10)

국립고궁박물관
왕세자입학도(王世子入學圖)

시에는 시인의 감정이 그대로 표현되어 있으니, 그 시어(詩語)가 착한 것이면 그대로 따라 하고 싶은 의지를 불러일으키고, 악한 것이면 부끄러운 생각이 들어 반성하는 마음을 일으킨다. 시어에는 잘한 것을 칭찬한 것도 있고 잘못을 꾸짖은 것도 있으니 그것을 활용하여 자기 행동의 잘잘못도 살필 수 있다. 서로 사이좋은 내용을 표현한 시어를 보고 배우면 여러 사람과 잘 화합하면서도 휩쓸리지 않을 수 있다. 슬프고 원망스러운 내용을 표현한 시어를 보면 슬픔을 승화하고 책망을 도리에 맞게 할 수 있다. 또한 시에는 가족의 문제와 국가의 문제 등이 모두 망라되어 있으니 가깝게는 부모에게 효도하고 나아가 국가에 충성할 수 있다. 아울러 시에 나오는 동식물이나 물건 등의 이름도 저절로 알게 된다. 공자는 이처럼 시나 『시경』을 배울 때의 유익함을 갖추어 말하였다.

또 시경 첫머리에 나오는 주남·소남 편을 배우지 않으면 담벼락에 얼굴을 대고 바짝 붙어선 것과 같아서 다른 물건을 볼 수도 없고, 앞으로 나아갈 수도 없다고 한다. 공자의 이런 설명을 듣고 어찌 시를 배워야하겠다는 결심을 하지 않을 수 있겠는가?

또 다음과 같이 말하였다.

> 나에게 몇 해를 빌려주어서 마침내 『주역(周易)』을 배우게 한다면 큰 허물이 없을 것이다.(『論語』「述而」16)

이것은 공자가 스스로 배우고 싶은 목표를 세운 것이다. 이미 나이가 들어 죽을 날이 가까웠지만 하늘이 몇 년을 더 살게 해준다면 어려운 『주역』을 더 공부해서 앞으로 큰 허물이 없게 하겠다는 다짐이요 희망이다. 물론 이는 자신의 희망인 동시에 제자들에게 『주역』을 공부하라는 강력한 권고이다. 한편으로는 공자 같은 성인(聖人)이 무슨 잘못이 있다고 『주역』을 배워야 그런 허물이 적어질 것이라고 하는가 하는 궁금증과 배워보고자 하는 향학열을 동시에 일으킨다.

이처럼 공자는 배울 내용을 제시하기만 하고 어디서 어떻게 누구한테 배우라든지 하는 문제에 대해서는 전혀 언급이 없다. 이것은 혼자 알아서 책을 보면서 배우라는 뜻도 있는 것이다.

> 공자가 말씀하셨다. "말없이 기억하며, 배우면서 싫증 내지 않고, 남을 가르치면서 게으름을 피우지 않는 것 등이 나에게 무슨 어려움이 있겠는가?"(『論語』「述而」2)
>
> 공자가 말씀하셨다. "열 집 정도의 (작은) 고을에도 반드시 나만큼 충신

(忠信)한 자는 있겠지만, 나처럼 배우기를 좋아하는 자는 없을 것이다."
(『論語』「公冶長」27)

공자는 자기가 잘할 수 있다는 것을 거의 인정하지 않고 항상 겸손하였는데 오직 이 배우고 가르치는 것 두 가지는 자기가 잘한다고 하였다. 이는 공자가 성인이 된 것은 오히려 싫증 내지 않고 끝없이 배웠기 때문이라는 것을 증명하는 말이기도 하다. 공자는 평생 배우는 사람이었다. 이를 솔선수범하였고, 다른 사람에게 이 길이 사람의 길이라는 것을 보여주었다.

공자는 아들이나 제자에게 무엇을 배우고 왜 배워야 하는지, 그것을 배우지 않으면 어떻게 되는지를 분명히 밝혀서 제자들에게 학습동기가 일어나도록 하였다. 단비교육법의 첫출발은 학습자에게 무엇을 배워야 하는가를 잘 안내하여 학습의지를 갖도록 하는 것이다. 물론 배울 내용을 제시하는 데에도 학습자의 재능 등을 감안한 재성·보상(裁成輔相)은 필요하다.

재성·보상(裁成輔相)과 교육과정

학습자가 의지를 가지고 배우려고 하면 이에 알맞은 도움이 필요하다. 단비교육을 위해서는 대개 두 가지를 고려하여야 한다. 그 하나는 시의성(時宜性)이고 다른 하나는 내용의 적절성(適切性)이다. 시의성은 꼭 필요한 때에 교육이 이루어져야 한다는 것이니, 학습자의 수준이나 진도와 비교하여 너무 일러도 안 되고 너무 늦어도 안 된다. 적절성은 교육내용이 그 학습자의 상황에 꼭 맞아야 한다는 것이니, 이는 학습자가 학습하고자 하는 내용이나 적성, 특기 등에 꼭 맞아야 한다. 이와 관련하여 공자는 다음과 같이 말한다.

> 하늘과 땅이 사귀는 것이 태괘(泰卦☷)이니, 왕이 이를 보고 천지의 도(道)를 마름질하여 다듬고 천지의 마땅함[宜]을 지원(支援)하고, 이를 통해 백성을 돕는다.(『周易』「泰卦☷」 大象傳)
>
> '천지의 도'는 기(氣)와 형체 전체를 가지고 말한 것이고, '천지의 마땅함'은 시간과 형세가 만난 상황을 가지고 말한 것이다. 재성(裁成)은 그 전체를 마름질하여 그 마디가 지나치지 않게 하는 것이고, 보상(輔相: 支援)은 그 마땅함에 따라 거기에 미치지 못하는 것을 돕는 것이다. 예컨대 기화(氣化)의 유행은 죽 이어지는데 성인이 이를 마름질하여 춘하추동 사계절로 나누며, 지형(地形)은 광막하고 가로세로가 얽혀 있는데 성인이 이를 마름질하여 동서남북의 경계를 나눈다. 이것이 천지의 도를 마름질하는 것이다. 봄에 나고 가을에 죽는 것은 계절에 따라 저절로 그런 것이고, 높은 곳에 기장(黍)이 나고 낮은 곳에 벼가 자라는 것은 역시 토질(土質)에 맞아서 그런 것이다. 성인이 이를 지원하여 봄에는 밭 갈고 가을에는 거두며, 높은 곳에는 기장을 심고 낮은 곳에는 벼를 심게 한다. 이것이 천지의 마땅함을 지원하는 것이다.(『周易傳義大全』「泰卦 大象傳」下 小註)

태괘는 하늘과 땅, 음과 양이 서로 사귀면서 소통하여 만물이 생장, 발전하고 만사가 형통하는 형상이다. 이런 천지자연의 변화나 인간사는 본래 마디지어 있는 것은 아니다. 그러나 사람이 이에 적응하고 대응해 가기 위해서는 그 변화하는 양상이나 정도 등을 살펴 마디 짓고, 그 마디마다 사람들이 어떻게 대응해 나갈지를 정할 필요가 있다. 이것이 재성·보상이다. 이를 교육에 적용하면 학생들은 어려서부터 어른이 될 때까지 물 흐르듯이 성장, 발전해 가는데 여기에 구분을 두고 매듭을 지어 발전단계를 설정하고 그 단계마다 어떤 공부를 어떻게 해야 할지를 제시해야 한다. 또 학생의 재능을 찾아내어 그에 맞는 공부를 할 수 있도록 지원해야 한다.

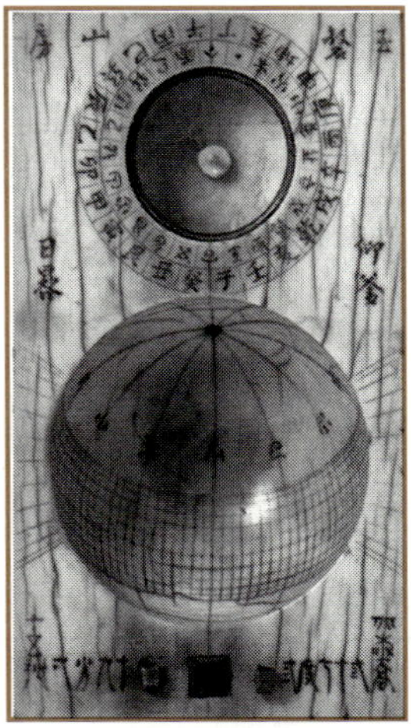

국립고궁박물관
강윤(姜潤)이 제작한 휴대용 앙부일구

처음에는 공부에 관심이 없어 학습할 의향이 없다가 공자의 가르침을 받고 학습동기가 유발되어 학습하고자 하는 열의가 뻗치면 교수자는 빨리 그를 파악하여 단계를 만들고 그 단계마다 어떤 공부를 할 것인지를 정해서 이끌어야 한다. 공자는 이 성장단계에 따른 공부를 다음과 같이 말하였다.

> 나는 15세에 학문에 뜻을 두었으며, 30세에는 자신도 모르게 학문의 길을 가고 있었으며, 40세에 어떤 일이든 어떻게 처리해야 하는지를 알았으며, 50세에 천명, 즉 왜 그렇게 처리해야 하는지도 알았으며, 60세에 듣자마자 모두 이해하고 처리할 수 있었으며, 70세에 마음대로 하여도 도리에 어긋나지 않았다.(『論語』「爲政」4)

공자는 여기서 사람의 일생을 10년마다 6단계로 재성(裁成)하고, 그 단계마다 지학(志學), 립(立), 불혹(不惑), 지천명(知天命),

이순(耳順), 종심불유(從心不踰)의 공부를 하도록 보상(輔相)하였다. 이때 10년의 간격은 절대적인 것이 아니고 학습진도에 따라 조정할 수 있을 것이다. 그러나 그 단계에 따른 학습내용은 생략하거나 건너뛸 수 없다.

> 군자에게 세 가지 경계할 것이 있으니, 젊어서는 혈기가 아직 안정되지 않았으니 경계할 것은 색(色)에 있고, 장성하여서는 혈기가 한창 강성하니 경계할 것은 싸움에 있고, 늙어서는 혈기가 이미 쇠하였으니 경계할 것은 얻는 데에 있다.(『論語』「季氏」7)

공자는 여기서 일생을 혈기의 변화에 따라 3단계로 나누고, 각 단계마다 혈기의 특성에 맞추어 경계할 것을 말하였다. 여기서 혈기의 특성에 따라 3단계로 나눈 것이 재성이고, 혈기의 특성에 따라 경계하는 것이 보상이다. 이는 단계별로 향상하는 공부가 아니라 각 시기에 조심해야 할 것이므로 단계별 학습진도와는 무관하다.

공자는 아래에서 학자의 적성과 능력에 따른 재성·보상을 말한다.

> (鄭나라에서) 외교문서를 작성할 때, 비심(裨諶)이 초를 잡고, 세숙(世叔)이 이를 토론하고, 담당자인 자우(子羽)가 수식하고, 동리(東里)의 자산(子産)이 윤문하였다.(『論語』「憲問」9)

정나라는 작은 나라로서 진(晉), 진(秦), 초(楚) 등의 강대국 틈에 끼어서 큰 나라들을 섬기고 있었으므로 외교는 나라의 존립이 달린 중요한 일이었다. 이에 상황 판단을 잘하고 꾀를 잘 내는 비심이 외교 방향을 정하고 기틀을 잡는다. 세숙은 박학다식하고 의리에 밝으므로 이를 다시 검토하여 문제가 없는지를 따진다. 외교 담당자인 자우는 사방 이웃나라의 의도를 잘 알므로 부족한 것은 보태고 지나친 것은 깎아낸다. 자산은 최고 책임자로서 앞의 세 사람이 해놓은 것을 바탕으로 최종 검토하면서 말을 다듬어 아름답게 한다. 공자는 대세를 보는 눈이 밝은 비심, 박학다식하고 전고(典故)에 밝은 세숙, 이웃나라의 사정에 밝은 자우, 그리고 이 일 전체를 아우르면서도 꼼꼼하게 챙기는 자산이 각자 서로 다른 재능을 가지고 있으며, 이것을 조화, 협력하여 일을 해나가는 것이 좋다고 하였다.

이를 바로 교육에 응용할 수 있으니, 서로 다른 각자의 재능을 계발할 수 있도록 도와야 한다. 적성이나 취미에 맞지 않는 공부를 강요하면 학생은 재미없을 뿐만 아니라 잘하지도 못하고, 나아가 성인이 되어 사회에 나와도 그간의 공부가 도움이 되지 않는다. 각자의 장점과 단점을 알고, 자기의 장점을 내어놓고 단점을 보완하면서 서로 협력해가는 것이 사람이 살아가는 방법이다.

모든 것을 다 잘하는 사람은 있을 수 없다. 반드시 장점이 있으면 단점도 있다. 설령 모든 것을 다 잘한다 하더라도 혼자서 그 일을 모두 할 수는 없다. 그러므로 자기가 제일 잘하는 것은 자기가 하고, 잘 못하는 것은 다른 사람과 협력해야 한다. 이것이 공자가 말하는 재성보상이며, 자기 자신을 돕고 남을 돕는 것이다.

단비교육에서의 재성보상은 두 단계로 나누어 볼 수 있다. 첫째는 학습자가 아직 무엇을 배울 것인지 정하지 못하고 있을 때, 배울 내용을 제시하는 단계이다. 이때는 현재 살고 있는 국가나 세계 속에서 자신이 어떤 일을 하는 것이 바람직할지를 정하는 일이다. 둘째는 무엇을 배울 것인지를 정한 다음에 이루어지는 미세조정의 단계이다. 이는 다시 두 측면을 고려해야 하는데, 하나는 발전단계와 수준에 맞추는 시의성이고, 다른 하나는 적성이나 취미, 학습성향 등에 맞추는 적절성이다. 여기서 앞의 첫 단계는 대교육과정이라 할 수 있고, 뒤의 둘째 단계는 세부교육과정이라 할 수 있다.

대시계발(待時啓發)과 수준별 교육

단비교육에서는 우선 적당한 때를 기다려 계발해주는 대시계발(待時啓發)이 중요하다. 단비교육에서의 시의성은 다시 둘로 나눌 수 있다. 첫째는 단계별로 나눈 과정을 건너뛰지[躐等] 않고 차례대로 나아가는 것이고, 둘째는 학습자가 일정한 기준에 스스로 도달할 때까지 기다리는 것이다. 먼저 단계별 교육에 대하여 공자는 다음과 같이 말한다.

> 자공(子貢)이 말하였다. "선생님의 문장(文章)은 들을 수 있지만 선생님이 성(性)이나 천도(天道)에 대하여 말하는 것은 들을 수 없다." (『論語』「公冶長」12)

공자의 덕(德)이 밖으로 드러나는 말이나 행동 등은 항상 보고 들을 수 있으나, 성이나 천도에 대한 말은 듣기 어렵다는 것이다. 이 구절은 자공이 평소에 듣지 못하던 성과 천도에 대한 공자의 말씀을 듣고나서 감격하여 한 말이라고 한다. 이는 자공이 이제 비로소 그런 철학적인 내용을 들을 수 있을 정도로 수준이 향상되었기 때문에 들을 수 있었던 것이다. 물론 다른 많은 제자들은 그것을 들어도 잘 알 수 없을 것이기에 공자가 말해주지 않은 것이다. 공자가 자신의 철학을 제자들에게 전수하고 싶지 않아서 가르치지 않는 것이 아니라 아직 가르칠 단계가 되지 못하였기 때문에 가르치지 않은 것이다. 가르치고 싶어도 가르칠 수 없는 공자의 안타까운 마음을 헤아려야 할 것이다.

> 중급 이상에겐 어려운 것을 말할 수 있지만, 중급 이하에겐 어려운 것을 말할 수 없다. (『論語』「雍也」19)

이 구절은 자질을 주로 말하지만 학력을 포함한다. 아직 단계에 오르지 못한 사람에게 어려운 내용을 말해주면 이해하지 못할 뿐만 아니라, 오히려 잘못되어 빗나갈 수도 있으므로 말해줄 수 없는 것이다.

자로(子路)가 귀신 섬기는 법을 묻자, 공자가 답하였다. "사람을 섬길 줄 모르면서 어떻게 귀신을 섬길 수 있겠는가?" 감히 죽음에 대하여 여쭙니다. 답하였다. "생겨남[生]을 알지 못하면서 어떻게 죽음을 알겠는가?" (『論語』「先進」11)

자로가 산 사람도 섬기지 못하면서 죽은 조상 섬기는 것을 알고자 하고, 생겨남에 대해서도 모르면서 죽음에 대해서 알고자 하므로 공자는 엽등(躐等), 즉 건너뛰지 말라면서 가르쳐주지 않는다. 배움에는 단계가 있으니 이를 건너뛰면 튼튼하고 충실한 공부가 되지 못하고 아는 체하기 좋은 공부나 명목상으로만 배운 공부가 되기 쉽다. 이것은 공부를 확장해나갈 때 그 바탕이 되지 못하고, 바탕으로 삼는다 하더라도 기초가 부실하여 다음 공부도 견실하지 못하게 된다. 이에 공자는 공부에서 엽등하지 않도록 하였다. 한편 공자는 엽등하지 않도록 하면서도, 그 제자가 스스로 자라기를 끈질기게 기다렸다.

① 번지(樊遲)가 인(仁)에 대해 물었다. 공자가 말하였다. "한가히 있을 때는 공손하고, 일을 할 때는 공경하고, 남과 어울릴 때는 충성스럽게 하라."(『論語』「子路」19)

② 번지가 지혜[智]에 대해 물으니, 공자가 답하였다. "사람의 도의에 힘쓰고 귀신을 공경하되 멀리하면 지혜롭다 할 수 있다." 인(仁)에 대해 물으니, 답하였다. "인자는 어려운 것을 먼저 하고 얻는 것을 나중에 하니 인하다고 할 만하다."(『論語』「雍也」20)

③ 번지가 인(仁)에 대해 물으니, 공자가 답하였다. "사람을 사랑하는 것

> 이다." 지혜[智]에 대해 물으니, 공자가 답하였다. "사람을 아는 것이다."(『論語』「顔淵」22)

호인(胡寅)은 위의 세 가지 문답 가운데 ①, ②, ③번의 차례로 가르침이 이루어졌을 것이라(『論語集註』「子路」19) 하였고, 주자(朱子)는 이에 대하여 분명한 증거는 없지만 그것이 맞을 것이라고 하였다. 왜냐하면 공(恭), 경(敬), 충(忠)을 먼저 가르쳐야 다음에 어려운 것을 할 수 있고, 그 다음에 그것이 밖으로 펼쳐져서 남을 사랑할 수 있기 때문이라고 한다. 공자는 번지가 처음 인을 물었을 때 완전하게 정의하여 전체를 가르치는 것이 아니라, 제자의 공부 수준에 맞추어, 그가 이해하고 받아들일 수 있는 정도만 가르치는 단계별 교육을 한 것이다. 아직 미흡한 단계에서 너무 어려운 것을 가르치면 받아들이지 못할 뿐만 아니라 부작용이 생기기 때문이다. 이처럼 학습자의 수준에 따라 교육과정을 재조정하는 것은 제자를 정확히 알아야 하므로 교육자의 입장에서는 매우 곤란한 일이다.

제자 스스로 성장할 때까지 기다리는 교육에 대하여 다음과 같이 말한다.

> 답답해하지 않으면 열어주지 않으며, 말을 더듬거리지 않으면 펴내주지 않는다. 한 모서리를 들어주었는데 세 모서리를 돌이키지 않으면 다시 가르쳐주지 않는다.(『論語』「述而」8)

학습자가 문제를 해결하지 못해 안간힘을 다 쓰며 답답해한 다음에 가르쳐주면 그 문제를 해결함으로써 그와 연관되어 있는 많은 문제를 스스로 풀 수 있는 힘이 생긴다. 또 알면서도 어떻게 표현해야 할지 몰라 말을 더듬거리고 있을 때, 그 표현 방법을 알려주면 역시 그 다음 문제는 스스로 해결할 수 있는 힘을 갖게 된다. 그래서 한 모퉁이를 알려주면 나머지 세 모퉁이는 스스로 유추해서 해결하려는 노력과 성장[擧一反三]이 뒤따를 때에 계속 가르쳐준다. 만일 그런 노력이나 성과가 없는데도 가르쳐주면 학습자와 교수자가 모두 시간과 힘만 낭비하게 되고 아무런 도움도 되지 않는다. 그러므로 공자는 제자가 거일반삼(擧一反三)하지 못하면 다시 가르쳐주지 않았다.

> 공자가 말하였다. "삼(參)아! 나의 도는 하나로 꿰었느니라."
> 증자가 답하였다. "예!"
> 공자가 나가시니, 문인이 물었다. "무슨 말씀입니까?"
> 증자가 답하였다. "선생님의 도는 충(忠)과 서(恕)일 뿐이다." (『論語』「里仁」15)

증자는 그동안 모든 일의 도리를 하나씩 알아내어 바르게 처리하면서 많은 고생과 노력을 하였다. 그런데 증자는 그 모든 일의 도리가 낱낱이 떨어져 있는 것으로만 알고, 전체가 하나로 꿰여 있는 것을 알지 못하고 있는 듯하였다. 이렇게 조금씩 조금씩 자라는 모습을 지켜보고 있던 공자는 비로소 때가 되었다고 판단하고 묻지도 않았는데 불러서 가르친다. 공자가 한마디를 하자 증자는 즉시 알겠다고 답한다. 증자가 그동안 공부하면서 몰라서 답답하고 힘들어하던 것이다. 그러므로 그게 무슨 말인지 즉시 알아챈 것이다. 만일 증자가 그동안 그런 노력을 하지 않았다면 공자가 길게 설명하더라도 알기 어려웠을 것이다. 즉 그동안 하나하나 모은 구슬이 있으니 꿸 것이 있는 것이다.

거일반삼은 기다림의 교육이다. 학생이 스스로 노력하여 자랄 때까지 기다리는 것이다. 그 기다림 끝에 비로소 가르칠 단계에 올라왔을 때에는 단 한마디만으로도 충분하다. 이를 공자와 증자의 대화에서 볼 수 있다. 공자의 말을 한자리에 앉아서 함께 들었더라도 아직 배울 단계에 오르지 못한 다른 제자들은 이해하지 못한다. 그러므로 증자에게 무슨 말인지를 묻는다. 이에 증자는 길게 설명하여 될 일이 아니므로 학자의 충서를 가져다가 공자의 충서에 빗대어 말해준다. 여기서 스승과 제자가 서로 가르치고 배우는 아름다운 모습을 본다.

> 안연(顔淵: 顔回)이 길게 탄식하며 말하였다. "우러러볼수록 더욱 높고 뚫을수록 더욱 견고하며, 바라볼 때는 앞에 있더니 홀연히 뒤에 있도다. 선생님께서 차례차례 잘 이끌어서 나의 지식을 문(文)으로써 넓히게 하시고 나의 행동을 예(禮)로써 요약하게 하시니라. (공부를) 그만두려고 하여도 그만둘 수 없어서 이미 내 재주를 다하고 보니, (이제 선생님의 도가) 우뚝하게 서 있는 듯하다. (그런데) 비록 따르고자 하여도 그 방법이 없도다." (『論語』 「子罕」9)

안연은 공자의 도가 처음에는 신기루같이 황홀하게 느껴졌다. 볼수록 높고 뚫을수록 단단하며, 앞에 있는 것 같더니 어느새 뒤에 있기도 하였다. 그러나 공자는 안연을 차근차근 단계 단계 이끌어 주었다. 어려운 고비마다, 힘들어 포기할 것 같을 때마다, 공자는 잘 이끌어주었다. 드디어 안연의 눈에 공자의 도가 뚜렷이 보였다. 이제 공자의 도는 손에 잡힐 듯 앞에 우뚝 서 있다. 공자의 도가 어디에 있는지 알았으니, 이제 오르기만 하면 된다. 그런데 이것은 공자도 도와줄 수 없다. 안연 혼자서 스스로 올라가야 한다. 그러나 이것은 하루아침의 노력으로 되는 것이 아니라 하루하루 거듭하여 몸에 배게 해야 한다. 노력보다는 익을 시간이 필요한 것이다.

공자는 노력하는 자는 이렇게 도와서 포기하고 싶어도 포기할 수 없게 차례차례 이끈다. 반면에 노력하지 않는 자는 도와주지 않는다. 아예 만나주지도 않는다.

> 유비(孺悲)가 공자를 뵙고자 하였는데 공자는 병을 핑계로 사양하였다. (공자의) 지시를 전달하는 자가 문을 나서자 비파를 들고 노래하여 유비가 들을 수 있게 하였다. (『論語』 「陽貨」20)

유비는 예전에 공자에게 사상례(士喪禮)를 배운 적이 있는데, 아마 그때 무슨 죄를 지은 것 같다. 그렇기에 만나서는 안 될 사람으로 보고 아프다고 핑계를 대고 만나주지도 않은 것이다. 그러나 그를 거절하기만 하면 공자가 정말로 아파서 만나지 못하는 것으로 오해하고 반성하지 않을까봐서 공자는 비파를 타며 노래를 불러 아파서가 아니라 만나기 싫어서임을 알게 한다.

만일 유비가 과거의 잘못을 뉘우치고 고쳤다면 공자가 만나주지 않을 리 없다. 또 공자가 만나서 깨우칠 수 있는 사람이라면 만났을 것이다. 그가 아직 배울 준비가 전혀 되어 있지 않기 때문에 충격요법을 사용하여 스스로 잘못을 깨닫게 하고자 한 것이다. 맹자는 이것을 불설지교(不屑之教), 즉 '깨끗하게 여기지 않는 가르침'이라고 하였다.

유비의 잘못은 스스로 알기 어려운 것이 아니라 이미 알고 있을 만큼 큰 것인데 반성하여 고치지 않은 것이다. 이에 공자가 아직 다음 가르침을 줄 단계가 아니라고 생각하여 만나지 않고 내쳐서 스스로 반성하고 고친 다음 오게 하려는 것이다. 그러나 직설적으로 만날 만한 사람이 아니라서 만나기 싫다고 말하면 그 사람의 인격에 너무 큰 상처를 주므로 아파서 못 만난다고 핑계를 댄 것이고, 그렇다고 아주 끊어버릴 수는 없으므로 정말 아픈 것은 아니라는 것을 알게 하였다. 공자의 가르침은 이만큼 사려 깊고 애정 어린 것이다. 유비가 잘못을 고치고 다시 오면 그때는 공자가 반갑게 맞을 것이다.

스승이 아무리 가르치고 싶어도 제자가 따라오지 않으면 할 수 없는 것이 교육이다. 목마를 때 물을 주고 배고플 때 밥을 주어야 하는 것은 당연한 이치다.

인재시교(因材施敎)와 재능별 교육

단비교육에서 시의성 다음으로 고려해야 할 것은 내용의 적절성(適切性)이다. 즉 배우고자 하는 사람이 무엇을 배우고자 하는지, 또 무엇이 부족하고 넘치는지 등을 고려하여 거기에 맞추어 교육해야 한다. 이것이 바로 재능에 따라 가르침을 베푼다는 인재시교(因材施敎)이다.

더구나 공자는 개념의 정확한 정의를 시도하지 않았다. 가장 궁금한 것 가운데 하나인 인(仁)의 정의에 대해서 구체적으로 이런 것이라고 밝히지 않았다. 제자들이 인(仁)을 물을 때마다 부족한 점이나 성향 등에 따라 답을 달리하였다. 결국 완벽한 이상적 인간상으로서의 인자(仁者)나 성인(聖人)의 모습은 공자의 생각 속에만 있고, 제자들에게는 그곳으로 향해 가는 길만 제시하였다.

내용의 적절성은 여러 가지로 말할 수 있지만, 첫째는 제자의 장단점을 검토하여 단점을 보완하고 장점을 길러주는 것이고, 둘째는 제자의 성격이나 성향에 맞추는 것이다. 공자가 제자의 단점을 보완한 예는 다음과 같다.

> 맹의자(孟懿子)가 효를 물으니, 공자가 대답하였다. "어김이 없는 것이다." (『論語』「爲政」5)
>
> 맹무백(孟武伯)이 효를 물으니, 공자가 대답하였다. "부모는 오직 그 질병을 걱정하신다." (『論語』「爲政」6)
>
> 자유(子游)가 효를 물으니, 공자가 대답하였다. "오늘날의 효는 잘 기르는 것이라고 한다. 개나 말조차도 다 잘 기르는데, 공경하지 않으면 무엇으로 구별하겠는가?" (『論語』「爲政」7)
>
> 자하(子夏)가 효를 물으니, 공자가 대답하였다. "얼굴색이 어려우니, 일이 있으면 제자가 그 수고로움을 지고, 술이나 밥이 있으면 선생이 잡숫게 하는 것을 효로 여겼던가?" (『論語』「爲政」8)

맹의자는 노나라의 대부인데 예를 어기고 참람하게 구는 경우가 많았다. 그러므로 공자는 어기지 말라고 한 것이다. 부모에게 잘하기 위해서 예를 어기는 것도 안 되지만, 다른 일을 하면서도 예를 어겨서는 안 된다. 예를 어겨가며 효를 행하면 그 예에 맞지 않는 봉양을 받는 부모도 난처하고 떳떳하지 못하며, 예를 어겨서 사람들로부터 욕을 먹으면 그것이 다시 부모에게 욕을 보이는 일이 된다. 해서는 안 되는 일을 하거나, 해야 할 일을 하지 않는 것은 모두 예에 어긋나는 것이며, 이는 다시 부모를 난처하고 구차하게 하므로 효가 아니다. 맹의자에게 권한 효는 자식이 예를 잘 지켜 부모를 떳떳하고 명예롭게 하는 것이라고 가르친 것이다.

맹무백은 노나라 대부 맹의자의 아들로서 부유하게 자라 교만하고, 욕심대로 하며 잘난 체하면서 도리를 어기는 일이 많았다. 이에 공자가 이 기회를 이용하여 부모의 마음을 빌려 완곡히 가르치고자 하였다. 부모는 자식의 문제에 대하여 무엇이든 걱정한다. 다만 다른 일은 일이 있을 때에만 걱정하지만 건강은 항상 걱정거리이다. 그러므로 만일 자식이 부모의 이런 마음을 헤아린다면 건강 걱정은 어쩔 수 없지만, 다른 걱정거리를 만들지 말아야 할 것이다. 즉 일을 소홀히 하여 그르치거나, 법을 어겨 죄를 짓거나, 몸을 함부로 하여 큰 병을 얻거나 하는 등의 일은 하지 말아야 한다. 맹무백에게 권한 효는 부모에게 자식에 대한 새로운 걱정거리를 만들지 말라는 것이다.

성균관대 박물관 공자성적도 聖門四科

자유는 공자 문하의 훌륭한 제자 가운데 한 사람이다. 그런데 자유는 부모님을 매우 사랑한 나머지 다소 버릇없이 군 적이 있는 것 같다. 즉 사랑하는 마음이 큰 것에 비해 존경하는 마음이 부족하였다. 다만 개나 말과 부모를 비교한 것은 자유가 크게 반성하도록 하기 위하여 충격요법을 쓴 것이다. 자유에게 권한 효는 사랑과 공경이 대등해지도록 공경에 더 힘쓰라는 것이다.

자하는 할 일이 있으면 자기가 하고 먹을 것이 있으면 부모님께 드리는 등의 봉양은 잘하였다. 그러나 이런 것은 효를 하는 데에 있어서 기본적인 것일 뿐이다. 부모를 더 깊이 사랑해야 한다. 사랑하면 온화한 기운이 있고, 온화한 기운이 있으면 부드러운 얼굴빛이 나게 된다. 그런데 자하는 강직한 사람으로서 도리에 맞게 할 일은 잘 하지만 부모 앞에서도 너무 경직되어 있다. 이에 부모님도 자하가 어려워서 다가가기 어렵다. 이는 공경하는 마음이 너무 커서 부드럽게 하지 못한 탓이다. 잘못하는 일은 없지만 친한 자식이 되어야 하지 가까이 하기 어려운 자식이 되어서는 안 된다. 아무리 나이가 들어도 부모에게는 어리고 귀여운 자식이 되어야 한다는 뜻이다. 이는 존경이 사랑보다 커서 생긴 일이다. 그러므로 공자는 얼굴빛을 부드럽게 하고 부모님께 친하게 다가가라고 한다. 자하에게는 사랑과 공경이 대등해지도록 사랑에 더 힘쓰라는 것이다. 여기서 자유와 자하는 서로 반대되는 잘못을 하고 있다. 자유는 공경은 부족하나 사랑은 넘치고, 자유는 사랑은 부족하나 공경은 잘한다.

네 사람이 똑같이 효를 물었는데 모두 서로 다르게 말한 것은 그들의 장점과 단점이 서로 다르기 때문이다. 이들에게 그저 효가 이런 것이라고 정의만을 말한다면 자기와는 별 관계가 없는 일이 되기 쉽다. 그러므로 공자는 이미 잘하고 있는 것은 거론하지 않고, 잘못하고 있는 일만 지적해서 쉽고 간단히 효에 다가가도록 하고 있는 것이다.

이 장단점의 문제를 교육에 연계시키려면, 교사는 학생을 어디로 이끌 것인지를 먼저 분명히 설정해야 한다. 그런 다음 학생의 장점과 단점을 살펴서 단점을 보완할 수 있도록 한다. 예를 들어, 어떤 문제를 해결하지 못해 애를 먹고 있을 때 그 문제를 바로 해결해 주는 것이 아니라 어느 공부가 부족해서 문제가 풀리지 않는지를 분석하여 그것을 먼저 공부한 다음에 문제를 풀 수 있도록 이끈다. 예를 들어 주요 어휘를 잘 이해하지 못한 것이라면 먼저 그 개념에 대한 이해를 하도록 하고, 선행하는 이론이나 원리를 모르는 것이라면 먼저 그것들을 공부하도록 지도한다.

다만 공자가 지도한 것은 인격의 완성을 위한 것이므로 어떻게든 단점을 보완해서 완전한 인격을 만들어야 하겠지만, 오늘날의 공부는 학문이나 기술 등에 관한 것이 위주이므로 단점에 얽매이기보다는 장점을 더 살려나가야 하므로 그런 점을 감안하여 잘 절충해야 한다.

또 공자가 제자들을 장점에 따라 덕행, 언어, 정사(政事), 문학 등 네 분야[四科]로 나눈 것도 있으니, 여기에서도 재능에 따라 교육을 달리할 수 있음을 알 수 있다.

다음으로 공자가 제자들의 성격이나 성향에 맞추어 한 교육은 다음과 같다.

> 자로(子路)가 여쭙기를, "들으면 실행합니까?"라고 하니, 공자가 대답하였다. "부형(父兄)이 계신데 어떻게 들으면 실행하겠는가?"
>
> 염유(冉有)가 여쭙기를, "들으면 실행합니까?"라고 하니, 공자가 대답하였다. "들으면 실행하라."
>
> 공서화(公西華)가 말하였다. "자로가 '들으면 실행합니까?'라고 여쭈니, 선생님께서 '부형이 있다.'고 하시고, 염유가 '들으면 실행합니까?'라고 여쭈니, 선생님께서 '들으면 실행하라.'고 하셨습니다. 저는 미혹하여 감히 여쭙니다." 공자가 대답하였다. "염유는 소극적이므로 나아가게 하였고, 자로는 이기려고 하므로 물러서게 하였다."(『論語』「先進」21)

다른 사람으로부터 어떤 해야 할 일을 들으면, 이것을 바로 행동에 옮겨야 하는지를 두 사람이 각각 공자에게 물었다. 그런데 공자의 답은 서로 달랐다. 이 두 사람이 질문하는 현장에 우연히 모두 있었던 공서화가 이를 이상하게 여겨 공자에게 그 이유를 물었다. 염유는 소극적이고 우유부단해서 실천력이 약하지만 부형에게 다시 여쭈어야 하는 의리를 어길 가능성은 없으므로 실천을 재촉하여 빨리 실행하라 한 것이고, 반면에 자로는 항상 행동적이고 남보다 앞서려는 욕심을 가지고 있어서 실행력은 강한 반면 부형에게 말씀드리고 허락을 받는 일은 소홀히 하는 면이 있으므로 천천히 전후좌우를 살피면서 하라고 한 것이다. 결국 염유와 자로는 성격이 서로 다르므로 그에 대한 교육도 서로 다르게 한 것이다. 여기서 이런 경우에 발생하는 모든 문제를 다 나열하고 완전하게 해야 한다고 가르친다면 이를 듣는 사람은 아전인수식으로 해석하여 자기가 잘하고 있는 점을 내세워 지금처럼 하면 된다고 생각할 가능성이 더 많다. 그렇지 않으면 오히려 전체를 수렴하여 종합하지 못하고 우왕좌왕하기 십상이다. 그러므로 공자는 각자에게 맞는 내용만 뽑아 요약해서 가르친 것이다.

> 궐당(闕黨)의 동자가 명령을 전달하였는데, 어떤 이가 물었다. "공부에 진보가 있습니까?"
>
> 공자가 대답하였다. "나는 그가 앉은 자리를 보고, 선생과 나란히 걷는 것을 보니, 진보하기를 구하는 자가 아니라 속히 이루고자 하는 자이다." (『論語』「憲問」47)

궐당의 젊은이가 공자와 그 손님의 말을 전달하는 임무를 맡고 있었는데, 어떤 이가 공자가 그의 학문적 성취를 가상히 여기고 총애하여 그런 중요한 일을 맡겼는가 하고 의심하였다. 명령을 전달하는 임무를 맡은 자는 방구석에 앉고, 손님과 어깨를 나란히 하여 걷는 것이 아니라 뒤를 따르는 것이 예이다. 그런데 궐당의 동자는 어른과 같은 줄에 나란히 앉으려 하고, 걸을 때에도 어른과 어깨를 나란히 하여 걸으려고 하였으니, 이것은 자신을 낮추는 겸손한 마음은 없고 빨리 어른이 되고 싶은 마음만 있는 것이다. 이를 본 공자는 어른들의 명령을 전달하는 일을 시켜 어른과 젊은이의 서열과 겸손한 태도를 가르치려고 하였다. 즉 그를 총애하여 어려운 직책을 맡긴 것이 아니라, 지나치게 속성(速成)하려는 욕구를 억눌러 바른 길로 인도하기 위한 교육의 일환이라는 것이다.

인(仁)에 대해서 세 사람의 성향에 따라 달리 답변한 것이 있다.

> 안연(顔淵)이 인(仁)에 대하여 묻자, 공자가 답하였다. "사욕을 이기고 예로 돌아오는 것이 인을 하는 것이다."(『論語』「顔淵」1)
>
> 중궁(仲弓)이 인에 대하여 묻자, 공자가 답하였다. "대문을 나가서는 큰 손님을 만난 듯이 하고, 백성을 부릴 때에는 큰제사를 받들 듯이 하고, 자기가 하고 싶지 않는 것을 남에게 베풀지 마라."(『論語』「顔淵」2)
>
> 사마우(司馬牛)가 인에 대하여 묻자, 공자가 답하였다. "인한 자는 그 말을 삼간다."(『論語』「顔淵」3)

세 사람이 똑같이 인에 대해 물었는데, 공자가 서로 다르게 답한 것은 세 사람의 성향이 서로 다르기 때문이다. 안연에게 답한 극기복례는 자기에게 사사로운 욕심에서 일어나는 생각이 있으면 즉시 제거하고 도리에 맞게 하는 것이다. 이것은 안연의 성격과 공부가 청명하고 강건하여 그런 사욕을 적극적으로 물리치고 예에 맞게 실행할 수 있으므로 그렇게 하라고 한 것이다. 중궁에게 말한 주경행서(主敬行恕), 즉 경을 주로 하면서 서(恕)를 행하는 것은 중궁이 공손하고 온순하여 항상 조심조심 잘못을 저지르지 않으려고 노력하므로 그것을 더 잘하도록 한 것이다. 또 안연은 공부의 정도가 높아서 생각이 일어나자마자 사욕인지 도리인지를 알 수 있고, 알면 사욕을 물리치고 예로 돌아올 수 있는 역량이 있으므로 그렇게 하라고 한 것이다. 한편 중궁은 아직 공부의 정도가 낮아서 잘 알기 어렵고 알아도 강력하게 실행하는 힘이 부족하므로 모든 일을 삼가서 아는 잘못을 하지 않도록 하라는 것이다.

사마우는 조심하지 않는 경우가 많은 자로서 항상 말이 많고 말을 앞세우는 자이므로 그것부터 고쳐보라는 것이다. 이것을 고치려면 경(敬)이 필요하고 경을 잘하면 나중에 극기복례도 할 수 있으므로 사마우의 현재 상황에 잘 맞으면서도 인의 경지를 높일 수 있는 방법이다.

이처럼 같은 질문에 서로 다른 답을 하는 것은 공자가 제자의 성격과 공부의 정도에 따라 그에 맞게 교육하는 전형적인 예이다. 이렇게 교육하기 위해서는 먼저 제자들을 자세하고 정확하게 관찰하여 바로 알아야 하고, 다음에는 그에 맞는 다양한 교육내용과 교육방법을 가지고 있어야 한다.

이러한 것을 현대 교육현장에서의 문제와 연결하여 '외부 자료를 받아들여 처리하는 방식'에 따라 학습성향을 다음과 같이 나눌 수 있을 것이다. 문자처럼 기호화된 것을 잘 입력하고 처리하는 문자처리형, 논리적으로 정리되고 이해되어야 잘 처리하는 수리처리형, 사진을 찍듯이 있는 그대로의 모양을 잘 처리하는 그림처리형, 소리처럼 모양을 가지고 있지 않은 것들을 잘 처리하는 소리처리형 등이 있다. 문자처리형은 문자화된 자료를 잘 기억하기는 하지만 이를 재처리하여 사색하는 능력이 부족하여 창의력이 부족하고, 수리처리형은 대상을 논리적으로 정리하고 연관시켜 기억하려고 하므로 기억에 시간이 걸리고 많이 기억하지 못하지만 입력된 자료를 재처리하는 과정에서 창의력을 발휘한다. 그림처리형은 대상을 사진 찍듯이 그대로 입력하므로 정확하고 자세하지만 분석력이나 논리력은 부족하며, 반면에 예술적 창의력을 가진다. 소리처리형은 무형의 대상을 잘 처리하므로 속도가 빠르고 상상력이 풍부하며 언어 유창성이 있지만 논리적 분석력은 부족한 편이다. 이렇게 자료를 입력하고 처리하는 방식에 따라 여러 가지 장단점이 있으므로 그에 맞추어 학습자를 이끌어주면 학습지도에 많은 도움이 될 것이다.

대문해혹(待問解惑)과 단비교육

위에서 단비교육의 시의성과 내용의 적절성에 대하여 검토하였다. 그런데 이것을 구체적으로 실행하려면 어떻게 해야 하는가가 문제이다. 교육은 먼저 태어난 어른, 즉 선생(先生)이 젊은 사람을 가르치거나, 먼저 안 선각자가 아직 모르는 사람을 가르치는 것이다. 아무리 그렇다고 하더라도 배움에 관심이 없는 사람에게 아무 때나 아무거나 가르칠 수는 없다. 그러므로 먼저 배우겠다는 의사가 분명해야 한다. 그러므로 공자는 "포 한 묶음 이상을 가지고 와서 예를 다한 사람은 가르치지 않은 적이 없다."(『論語』「述而」 7)고 하였고, 주자(朱子)는 그 주석에서 "와서 배울 줄을 모르면, 가서 가르치는 법은 없다."고 하였다. 예의를 갖추어 배우겠다는 뜻과 정성을 보여야 가르칠 수 있는 것이다. 이런 원칙을 쉽게 적용할 수 있는 것이 대문해혹(待問解惑), 즉 묻기를 기다려 그 의혹을 풀어주는 것이다. 예를 갖춰 질문하면 그 질문 수준에 맞추어 답변하고, 묻지 않으면 답하지 않는다. 묻지 않는데 가르치는 것은 길을 묻지 않은 사람에게 길을 가르치려고 하는 것처럼 어리석은 짓이다. 첫째는 애당초 배울 뜻이 없기 때문이고, 둘째는 그가 어디로 가고자 하는지 모르기 때문이고, 셋째는 언제 가르칠지 모르기 때문이다. 이런 상황에서 가르치겠다는 것은 첫째는 상대를 무시하는 것이고, 둘째는 자신의 지식을 과시하는 것이다. 이에 여러모로 궁리해보고 해결이 안 될 때 와서 묻고, 이에 답변하면 한마디로 해결할 수 있고, 수없이 많은 시행착오와 노력을 지켜본 다음에 가르치면 역시 한마디로 답답함을 뚫어줄 수 있다. 이런 방식이 때로는 많은 시간과 노력을 허비하는 것처럼 보이지만, 모르는 것은 모르더라도 아는 것은 확실히 알며, 하나를 가르쳐주면 열을 아는 능력을 배양하여 독립할 수 있도록 하는 방법이다. 이에 공자의 단비교육은 대문해혹의 문답법(問答法)을 기본으로 한다.

> 자공(子貢)이 정치를 묻자, 공자가 답하였다. "식량을 넉넉하게 하고, 군사를 넉넉하게 하면 백성이 믿을 것이다."
>
> 자공이 물었다. "어쩔 수 없이 반드시 버려야 한다면 이 셋 가운데 무엇을 먼저 합니까?" 답하였다. "군사를 버린다."
>
> 자공이 물었다. "어쩔 수 없이 반드시 버려야 한다면 이 둘 가운데 무엇을 먼저 합니까?" 답하였다. "식량을 버린다. 자고로 (사람은) 다 죽는 것이거늘 백성에게 믿음이 없으면 혼자 살 수 없느니라."(『論語』「顔淵」7)

자공은 공자 문하에서 우수한 제자 가운데 한 사람으로서 이처럼 한 가지를 물어도 그냥 대충 묻는 것이 아니라 조금씩 깊이 파고들어 바닥을 드러내어 보였다. 국가를 유지하기 위해서는 식량과 군사와 신의가 있어야 한다는 공자의 말을 듣고, 세 가지가 필요한 줄로 알고 물러나는 것이 아니라 만일 무슨 변고가 생겨서 그 가운데 하나를 버려야 한다면 어떻게 할 것인가를 묻는다. 이에 군사를 먼저 버리고, 다음으로 식량을 버린다고 한다. 그런데 식량이 없으면 죽는다. 그렇다고 신의를 먼저 버리면 식량이 있더라도 그것을 서로 나누어 먹을 수 없으므로 식량이 없어서 죽거나 신의가 없어서 죽거나 죽기는 마찬가지이다. 이에 사람은 누구나 한 번 태어나면 다 죽는 것이니 신의를 마지막까지 남기고 식량을 버려야 한다고 한다. 신의를 끝까지 지키면 다시 회생할 가능성이 있을 것이다. 이것이 국가를 보전하는 길이다. 여기서 간단명료한 질문과 답으로 국가를 보전하는 도리를 명쾌하게 파헤쳤다.

자하(子夏)가 물었다. "'어여쁜 웃음 예쁜 보조개, 아름다운 눈 뚜렷한 눈동자! 흰색 바탕으로 채색하였구나!'는 무엇을 말하는 것입니까?" 공자가 답하였다. "그림을 그리는 일은 흰색 바탕이 있은 뒤에 하는 것이다." 물었다. "예(禮)가 나중입니까?" 공자가 답하였다. "나를 일깨우는 자는 자하로구나! 이제 더불어 시를 논할 만하다."(『論語』「八佾」8)

자하는 어떤 옛 시의 '흰색 바탕으로 채색하였구나!'는 말이 이해가 되지 않아서 공자에게 물었다. 공자는 그것은 흰색 바탕 위에 그림을 그린다는 뜻이라고 하였다. 이에 자하는 충실과 신의가 흰색 바탕이 되고 예는 그 위에 그린 그림과 같으냐고 확인하였다. 여기서 자하는 그 시의 깊은 의미를 알아채고, 예가 아무리 보기 좋다 하더라도 충실과 신의가 바탕이 되어야 하는 것이냐고 공자에게 질정하니 공자는 흐뭇해하며 나를 깨우친다고 칭찬하였다. 여기서 교학상장(教學相長), 즉 스승과 제자가 서로 성장하는 아름다운 모습을 본다.

한편, 질문을 제대로 하지 못해서 좋은 답변을 얻지 못하고, 공자는 또 이를 걱정하여 다른 제자를 통해 간접적으로 가르치는 경우도 있다.

번지(樊遲)가 곡식 심는 것을 가르쳐 달라고 하자, 공자가 답하였다. "나는 늙은 농부만 못하다." 채소 심는 것을 가르쳐 달라고 하자, 공자가 답하였다. "나는 늙은 원예사만 못하다."

번지가 나가자, 공자가 말하였다. "소인이구나, 번지여! 윗사람이 예의를 좋아하면 백성이 감히 공경하지 않을 수 없고, 윗사람이 의리를 좋아하면 백성이 감히 복종하지 않을 수 없으며, 윗사람이 신의를 좋아하면 백성이 감히 사실대로 하지 않을 수 없다. 이렇게 하면 사방의 백성이 그 자식을 포대기로 싸서 업고 올 것이니 어찌 곡식 심을 일이 있으리오."(『論語』「子路」4)

번지는 정말로 농부가 되고자 하여 농사짓기를 배우려는 것이 아니라 백성을 잘 다스리려면 농사도 함께 지어야 한다고 생각하고 배우려는 것이다. 이에 공자는 위정자가 그럴 겨를이 없으므로 배울 필요가 없다고 생각하여 잘 모른다고 핑계를 대며 완곡히 거절하였다. 이에 번지는 다른 방법이나 이유를 자세히 묻지 않고 나가버렸다. 그런데 공자는 또 번지가 정말로 늙은 농부를 찾아 농사를 배우면 그것도 크게 잘못되는 일이므로 다른 사람에게 이유와 해결책을 설명하여 간접적으로 번지의 귀에 들어가도록 하였다. 공자는 거일반삼(擧一反三), 즉 한 모퉁이를 가르쳐주면 나머지 세 모퉁이는 스스로 알아차려야 다음을 가르쳐준다. 그런데 번지는 그렇게 노력하지 않았다. 그래서 질문하지 않으니 답변도 하지 않은 것이다.

> 재아(宰我)가 물었다. "삼년상에서 기년(期年: 1년)도 너무 깁니다. 군자가 삼년 동안 예(禮)를 하지 않으면 예가 반드시 무너질 것이며, 삼년 동안 음악을 연주하지 않으면 음악이 반드시 무너질 것입니다. 묵은 곡식은 벌써 없어지고 햇곡식이 이미 나왔으며, 불을 피우는 나무를 뚫어서 불을 바꿨으니 기년만 하고 그칠 만합니다." 공자가 묻기를, "쌀밥을 먹고 비단옷을 입는 것이 그대에게는 편안한가?" 하니, 답하였다. "편안합니다."
>
> "그대가 편안하면 그렇게 하라! 군자가 상(喪)을 치름에 맛있는 것을 먹어도 달지 않고 음악을 들어도 즐겁지 않고, 있는 곳이 불편하므로 하지 않는 것이다. 지금 그대가 편안하다면 그렇게 하라!"
>
> 재아가 나가니, 공자가 말하였다. "재아의 어질지 못함이여! 자식이 나서 삼 년이 지난 후에 부모의 품을 면한다. 삼년상은 천하에 공통된 상례이니, 재아도 부모에게서 삼 년의 사랑을 받았음이여!" (『論語』 「陽貨」 21)

재아는 당시 사람들이 삼년상을 너무 길다고 여기는 것에 대하여 공자에게 질문하였다. 공자 문하에 오래 있었던 재아가 공자의 생각을 전혀 모르지 않을 터인데 자신의 생각을 숨기지 않고 물은 것이다. 또한 나름대로 논리를 전개하여 공자를 설득하고자 하였다. 즉 모든 것이 1년이면 다 새로 바뀌므로 부모에 대한 생각도 1년이면 슬픈 마음이 없어져 맛있는 것을 먹고 음악을 즐겨도 마음에 불편함이 없다고 한다. 이에 공자는 정말 마음에 불편한 생각이 없으면 그렇게 하라고 한다. 이에 재아는 더 이상 자신의 의견을 개진하지 않고 나간다. 그러나 공자는 또 재아가 정말로 마음이 편안하다면서 기년상을 할까봐 제자들에게 말하여 간접적으로 전해지도록 한다.

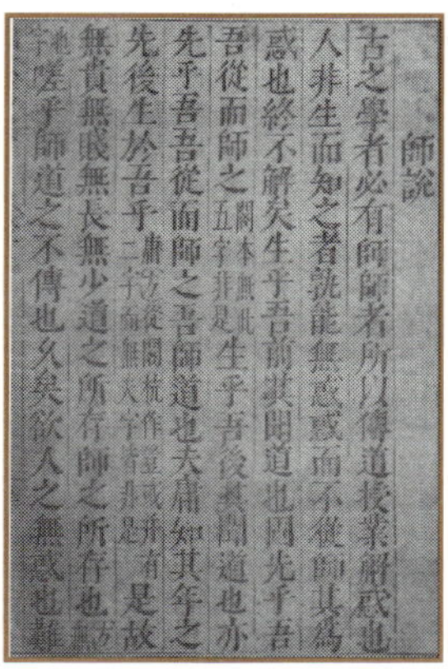

師說

古之學者必有師師者所以傳道授業解惑也人非生而知之者孰能無惑惑而不從師其爲惑也終不解矣生乎吾前其聞道也固先乎吾吾從而師之 生乎吾後其聞道也亦先乎吾吾從而師之吾師道也夫庸知其年之先後生於吾乎 是故無貴無賤無長無少道之所存師之所存也嗟乎師道之不傳也久矣欲人之無惑也難

국회도서관
朱文公校昌黎先生文集(及)外集(OL812.14081 ㅎ161ㅈ)

생각건대 물을 때 가르치고, 묻는 것을 가르치면 단비교육에 있어서의 시의성과 적절성을 모두 해결할 수 있다. 또 이렇게 하면 제자는 궁금증을 풀 수 있고, 스승은 학문을 전수할 수 있다. 또 모르는 것은 누구에게든 물어야 하니, 불치하문(不恥下問) 즉 아랫사람이라도 묻는 것을 부끄러워하지 않아야 한다. 진리 앞에 스승과 제자가 평등하다. 모르면 누구에게든 묻고, 물으면 아는 대로 답한다. 이러한 상호 노력으로 교학상장이 이루어진다. 이에 공자는 문답법을 학습방법인 동시에 교육방법으로 사용하였다.

결어(結語)

공자는 생이지지(生而知之), 즉 나면서부터 안 성인라고 하는데 『논어』를 보면 평생 배우다 간 사람처럼 보인다.

> (새로) 배우는 것은 이해하지 못할 것같이 하고, (이미 아는 것은) 오히려 잃어버릴까 두려워한다.(『論語』「泰伯」17)
>
> 그 위인이 (모르는 것을) 알아내려고 밥 먹는 것을 잊고, (그 안 것을) 즐거워하느라고 근심을 잊어서 장차 늙음이 오는 줄도 모른다.(『論語』「述而」19)

새로 배우는 것은 아직 알 수 없어서 몸이 다는데, 오히려 이미 알고 있는 것까지 잃어버릴까 노심초사하며 밥 먹는 것조차 잊어버리고 노력한다. 그러다가 알게 되면 그것을 즐거워하며 근심을 잊는다. 이렇게 세월을 보내면서 늙는 줄도 모르고 공부와 기쁨을 반복한다.

공자는 무엇을 왜 그토록 배우고 싶어 했을까? 공자의 단비교육에서는 공자처럼 스스로 배우고 싶어서 발분망식(發憤忘食)하도록 동기를 부여하는 것이 가장 중요한 일이다. 동기를 유발해서 학습자가 배우고자 하는 뜻을 가지면 이제 이를 이끌어 안내해야 한다.

> 공자가 말하였다. "어떤 용렬한 사람이 나에게 묻는데 (그가) 아무리 아는 것이 없더라도, 나는 그 두 끝을 들추어내어 다 말해준다."(『論語』「子罕」8)

공자는 누구든 배우고자 하면 가르치지 않은 적이 없다. 아무리 무식한 사람이 와서 물어도 그가 물어본 것 속에서 이끌어낼 만한 모든 것을 찾아내어 가르친다. 이것이 재성·보상이다. 아무것도 모르는 무식쟁이한테 난해하고 고원한 것을 가르치는 것이 아니라, 가르쳐야 할 전체 가운데 그가 알고 있는 수준은 어디인가를 찾고, 어떻게 그 단계를 재조정해서 그를 이끌 것인지를 결정한다. 하나를 가르쳐주고 그가 스스로 나머지 세 모퉁이를 알아낼 때까지 기다린다. 그래서 다음 단계로 올라오면 또 한 단계를 제시하여 올라오게 한다. 이렇게 한 계단 한 계단 올라오다보면 자신도 모르는 사이 정상에 다다를 것이다.

주입식 교육에서는 교수자가 크게 고민하지 않아도 된다. 자기가 알고 있는 것을 일방적으로 주입하면 된다. 그러나 단비교육에서는 교사의 역할이 매우 무겁다. 우선 학습자의 상황에 따라 재성·보상을 다시 해야 한다. 아주 우수한 학습자와 최저의 학습자를 동일한 단계로 나누어 가르쳐서는 안 되니, 항상 그것을 염두에 두고 이끌어야 한다. 다음으로는 언제가 적당한 때인지를 알아내야 하고, 다음으로는 그 부족한 것이 무엇인지 찾아내야 한다. 또 어떤 성향이어서 어떻게 가르치는 것이 더 좋은지도 알아야 한다. 이런 어려움을 조금 쉽게 풀 수 있는 방법은 대문해혹하는 문답법이다. 물을 때까지 기다려서, 묻는 것에 답하되, 질문의 수준에 맞추어 답하면 된다. 그러나 어디서 막혀서 모르는지 어떤 방법으로 가르칠 것인지는 여전히 고민해야 한다. 마지막으로 가장 난처한 것은 교사가 모르는 것을 질문했을 때이다. 그러므로 교사는 쉴 새 없이 골목골목 무엇이든 두루두루 공부를 해 놓아야 한다. 그래서 공자는 제자들의 질문에 답하기 위해서 평생 쉴 새 없이 공부했는지도 모른다. 제자들이 언제 어떤 질문을 할지 몰라 전전긍긍한 것은 아닐까?

한편, 학습자의 숫자가 많은 것은 크게 문제되지 않는다. 교학상장이니, 학생들끼리 서로 묻고 가르치면서 발전하도록 이끌면

비교적 쉽게 해결할 수 있고, 학생들의 배움도 더 견고해지기 때문에 일거양득이다.

개인별 맞춤교육인 단비교육에서 가장 어려운 것은 결국 재성·브상이다. 즉 학생이 배우고자 하는 내용을 재능이나 성향, 수준에 따라 어떻게 개인별로 맞추어 재구성하는가가 문제이다. 학습자 개개인의 상황에 꼭 맞아야만 포기하지 않고 학습에 전념할 수 있기 때문이다. 질문은 학습자가 하지만 거기에 맞추어 답변하는 것은 교수자가 해야 하는데, 천편일률적으로 답변할 것이 아니라 학습자의 상황에 맞추어 해야 한다.

참고문헌

교육부(2015). 「2015 개정 교육과정」 질의응답 자료. 교육부.

교육인적자원부(2001). 고등학교 교육과정 해설: [1] 총론. 교육부 고시 1997-15호. 서울: 대한교과서주식회사.

구병두(2006). 공부 못하는 게 아이들만의 책임인가요?. 고양: 공동체.

김경식(2008). 한민족교육문화사. 파주: 교육과학사.

김덕영(2007). 입시 공화국의 종말. 서울: 인물과사상사.

김진혁(2011). KBS 다큐멘터리 행복해지는 법. 파주: 리더스북.

목영해(2015). 쉽고 간결한 교육사. 파주: 교육과학사.

문용린(2014). 문용린의 행복교육. 파주: 리더스북.

박연호(2013). 사료로 읽는 한국교육사. 서울: 북이데아.

손승남·이지헌·김선구·김희봉(2012). 교육의 역사와 철학. 서울: 학이당.

송영일(1998). 조선 성종조 경연 진강 연구. 한국교원대학교 박사학위 논문.

송재환(2014). 부모는 무엇을 가르쳐야 하는가 - 동양고전에서 깨닫는 부모노릇. 서울: 글담출판.

역사교육연구소(2015). 어린이들의 한국사. 서울: 휴먼어린이.

열린사회참교육학부모회(2013). 왜, 선행학습을 금지해야 할까?. 서울: 베이직북스.

윤용남(2015). 공자의 단비교육법 연구. 동양철학, 44, 259-290.

이득재(2008). 대한민국에 교육은 없다 - 왜 교육이 우리를 미치게 하는가?. 서울: 철수와영희.

이만규(2010). 다시 읽는 조선교육사. 서울: 살림터.

이원석(2014). 공부란 무엇인가? - 우리 시대 공부의 일그러진 초상. 서울: 책담.
이원호(2002). 조선시대 교육의 연구. 서울: 문음사.
장재천(2012). 조선 성균관 교육 문화. 파주: 교육과학사.
조화태 · 정재걸(20007). 교육사. 서울: 한국방송통신대학교출판부.
한국역사연구회(1997). 고려시대 사람들은 어떻게 살았을까1. 서울: 청년사.
한국정신문화연구원(1991). 한국민족문화대백과사전. 성남: 한국정신문화연구원.
황인창(2008). 교육사와 교육철학. 서울: 교육아카데미.
『經書』(論語 · 論語集註, 孟子 · 孟子集註), 成大 大東文化硏究院, 1979.
『書傳』, 學民文化社, 1989.(庚辰新刊 內閣藏板, 1板20行18字)
『禮記』, 學民文化社, 1990.(1板20行18字)
『周易』, 學民文化社, 1989.(庚辰新刊 內閣藏板, 1板20行18字)
『朱子語類』, 影印本, 1978.(辛卯(1771년 英祖47)入梓, 嶺營藏板, 1板20行22字)
『春秋』, 學民文化社, 1990.(蔡濟恭跋文本, 1板20行18字)
Cedefop(2014). *Terminology of European education and training policy (Second Edition) - A selection of 130 key terms*. Luxembourg: Publications Office. Retrieved from: www.cedefop.europa.eu/EN/Files/4117_en.pdf.
Commission of the European Communities(2005). *Proposal for a recommendation of the European Parliament and of the Council on key competencies for lifelong learning.* http://docs.china-europa-forum.net/doc_46.pdf
Commission of the European Communities(2006). *Recommendation of*

the European Parliament and the Council of 18 December 2006 on key competences for lifelong learning. Retrieved from: http://eur-lex.europa.eu/legal-content/EN/TXT/?uri=celex%3A32006H0962.

Connell, J. D.(2010). 뇌 기반 교수 학습 전략. 파주: 학지사.

National Research Council.(2012). *Education for life and work: Developing transferable knowledge and skills in the 21st century*. Report Brief. Washington, DC: National Academies Press. Retrieved from: http:// sites.nationalacademies.org/cs/groups/dbassesite/documents/webpage/dbasse_070895.pdf.

OECD(2003). *Key competencies for a successful life and well-functioning society. The definition and selection of key competencies: Executive summary*. Summary of report by S.D. Rychen & L.H. Salganik (Eds.). Göttingen: Hogrefe and Huber Publishers. Retrieved from: www.oecd.org/dataoecd/47/61/35070367. pdf.

OECD(2005). *Definition and Selection of Competencies: Theoretical and conceptual foundations (DeSeCo)*. Retrieved from: https://www.oecd.org/edu/skills-beyond-school/41529556.pdf.

P21(Partnership for 21st Century Skills).(2011). *Framework for 21st century learning*. Retrieved from: www.p21.org/our-work/p21-framework.

Rychen, D. S. & Salganik, L. H. (Eds.).(2001). *Defining and selecting key competencies*. Cambridge: Hogrefe & Huber Publishiers.

Singapore Ministry of Education(2010). *Framework for 21st century competencies and student outcomes*. Retrieved from: www.moe.gov.sg/education/21cc/.

사설. 칼럼

이범(2009. 6. 1). "[야! 한국사회] 오바마는 왜 한국 교육을 부러워할까?". 한겨레.

김현준(2015. 12. 23). "미국의 학업중단 숙려제도 운영 현황". 교육정책네트워크 정보센터.

"2012학년도 초중고 학업중단 현황 조사결과 발표"(2013. 9. 4). 정책브리핑.

"기쁨 강박 시대 … 3명 중 1명 "SNS서 행복 과장해봤다"(2015. 6. 18). 중앙일보 종합 14면.

"무엇이 아이들을 죽이고 있나: 통계로 보는 청소년"(2013. 10. 10). 슬로우뉴스.

"'입시 지옥' 거친 학생들의 돌직구 "학교는 수능 익숙한 학생 찍어내는 공장""(2015. 1. 19). 한겨레.

"자퇴여고생의 일침 "학교에 배움이 있습니까?"(2015. 7. 11). 오마이뉴스.

"학업중단학생 줄었지만… 조기 유학 열풍 여전"(2015. 9. 7). 한국일보.

저자약력

윤용남 / master@uri42.net / yyoon@sungshin.ac.kr

동국대학교 문과대학 철학과(문학사)
한국학중앙연구원 한국학대학원 철학종교학과(문학석사)
성균관대학교 대학원 동양철학과(철학박사)
현재 성신여자대학교 사범대학 윤리교육과 교수

노석준 / szroh@sungshin.ac.kr

전남대학교 교육학과(교육학사)
전남대학교 대학원 교육학과(교육학석사)
인디애나대학교 교수체제공학과(교육이학석사)
인디애나대학교 교수체제공학과(Ph.D.)
현재 성신여자대학교 사범대학 교육학과 교수

김호범 / khb6237@hanmail.net

인하대학교 수학과
인하대학교 교육대학원 수학교육전공
현재 동구중학교 수석교사

류미경 / ozmomo@daum.net

경상대학교 사범대학 국어교육과
세종대학교 교육대학원 평생교육 · HRD 전공(교육학석사)
현재 별가람중학교 수석교사

우장문 / woojangmun@hanmail.net

충북대학교 역사교육과(교육학사)
고려대학교 대학원 역사교육과(교육학석사)
경기대학교 사학과(문학박사)
현재 대지중학교 수석교사

이영옥 / ilovekhs95@naver.com

성신여자대학교 사범대학 윤리교육과
대진대학교 교육대학원 상담심리전공(상담심리석사)
현재 의정부 천보중학교 수석교사

장양기 / maremore@hanmail.net

충북대학교 지리교육과(교육학사)
충북대학교 대학원 지리학과(문학석사)
현재 학익여자고등학교 수석교사

조승조 / cho8025@naver.com

세종대학교 경영학과
현재 의정부광동고등학교 교사

진은경 / irenajin@hanmail.net

경북대학교 사범대학 교육학과(학사)(영어교육 부전공)
협성대학교 교육대학원 영어교육전공(석사)
현재 동백고등학교 수석교사

저 자
인 지

전통교육에 기초한 단비교육

초판 1쇄 발행 / 2016년 7월 30일
초판 2쇄 발행 / 2019년 7월 31일

●

공저자 / 윤용남 · 노석준 · 김호범
류미경 · 우장문 · 이영옥
장양기 · 조승조 · 진은경
발행인 / 이 중 수
발행처 / **동 문 사**

●

서울특별시 서대문구 홍제원 1길 12
(홍제동 137-8)
Tel : 02)736-3718(대), 736-3710, 3720
Fax : 02)736-3719
등록번호 : 제9-17호
등록일자 : 1974년 4월 27일
가격 : 14,000원

●

ISBN : 978-89-8251-831-7(93370)
E-mail : dong736@naver.com
Homepage : www.dongmunsa.com